Martin Berger

eBay-Recht

Der Praxisratgeber für Käufer und Verkäufer

4., überarbeitete Auflage
2016

Inhalt

Vorwort...11
1. Der Vertragsschluss bei eBay...13
2. Ihr Recht als Verbraucher: Sonderregelungen beim Verbrauchsgüterkauf........13
3. Worauf Sie als Käufer achten müssen..19
   3.1. Verpflichtung des Käufers zur Vorkasse?...19
   3.2. Recht auf Barzahlung bei Selbstabholung bzw. auf Nachnahmeversand?.......20
   3.3. Die Frage nach der zuverlässigen Versandart.. 21
      3.3.1. Haftung bei Beschädigung/Verlust der Ware auf dem Versandweg..........21
      3.3.2. Beweisschwierigkeiten beim Brief- und Päckchenversand......................22
   3.4. Probleme mit dem Versandpreis und Abweichung von der vereinbarten
      Versandart...23
   3.5. Gewährleistung: Wenn die Ware defekt ist oder von der Beschreibung
      abweicht. 28
      3.5.1. Allgemeines...28
      3.5.2. Besonderheiten beim Verbrauchsgüterkauf (Hinsendekosten).................29
      3.5.3. Nacherfüllung (Reparatur oder Ersatzlieferung)....................................29
         3.5.3.1. Durchführung der Nacherfüllung...30
         3.5.3.2. Käufer beseitigt den Mangel selbst.. 31
         3.5.3.3. Unzumutbarkeit der Nacherfüllung...32
      3.5.4. Minderung des Kaufpreises...34
      3.5.5. Rücktritt vom Vertrag...35
         3.5.5.1. Rückgewähr der gegenseitigen Leistungen.................................35
         3.5.5.2. Erstattung der Versandkosten...36
         3.5.5.3. Erheblichkeit des Mangels..38
      3.5.6. Schadensersatz...40
         3.5.6.1. Verschulden bezüglich der Lieferung einer mangelhaften Sache.......40
         3.5.6.2. Verschulden bezüglich Verletzung der Nacherfüllungspflicht............41
         3.5.6.3. Kleiner Schadensersatz..41
         3.5.6.4. Großer Schadensersatz..41
         3.5.6.5. Mangelfolgeschaden..41
         3.5.6.6. Aufwendungsersatz...41
      3.5.7. Mängelbegriff: Was ist überhaupt ein Mangel?.....................................42
      3.5.8. Verjährung der Gewährleistungsrechte..43
      3.5.9. Gewährleistungsausschluss: Aber richtig!..44
         3.5.9.1. Gewährleistungsausschluss bei „normalem" Kaufvertrag.................44
         3.5.9.2. Arglistiges Verschweigen eines Mangels.....................................44
         3.5.9.3. Richtige Formulierung..45
         3.5.9.4. AGB-Problematik...46
      3.5.10. Gewährleistungsbegrenzung beim Verbrauchsgüterkauf.......................48
   3.6. Die Garantie..50
   3.7. Widerrufrecht..52
      3.7.1. Widerrufsfrist...53
      3.7.2. Widerrufsform..54
      3.7.3. Kein Widerrufsrecht bei bestimmten Sachen..55

3.7.4. Widerrufsfolgen...56
    3.7.4.1. Erstattung der Versandkosten...56
    3.7.4.2. Erstattung des Kaufpreises / Wertersatz...........................58
3.8. Anfechtung des Vertrags..62
    3.8.1. Erklärungsirrtum...64
    3.8.2. Motivirrtum..64
    3.8.3. Inhaltsirrtum..65
    3.8.4. Anfechtung wegen arglistiger Täuschung.............................65
    3.8.5. Anfechtung durch Verkäufer und vorzeitige Beendigung des Angebots.....66
3.9. Keine Ware erhalten..67
3.10. eBay Käuferschutz bei Bezahlung mit PayPal...............................70
3.11. Gestohlene Ware..70
3.12. Verkaufsagenten..71
3.13. Manipulation durch Verkäufer...71
4. Worauf Sie als Verkäufer achten müssen..72
  4.1. Einstellen des Artikels...72
    4.1.1. Vorkasse..75
    4.1.2. Selbstabholung..75
    4.1.3. Streichen von Geboten und Anfechtung durch den Verkäufer........76
    4.1.4. „Spaßbieterklausel"..77
    4.1.5. Impressumspflicht..78
    4.1.6. Versandbesonderheiten beim Verbrauchsgüterkauf für Verkäufer.....78
  4.2. Was Sie nicht verkaufen dürfen..78
    4.2.1. Verstöße gegen Geschmacksmuster, Marken- und Urheberschutz und sonstige Leistungsschutzrechte.....................................79
    4.2.2. Verbot nach eBay-AGB..81
  4.3. Gewährleistungsausschluss...82
    4.3.1. Verbraucher als Verkäufer...82
    4.3.2. Gewährleistungsbegrenzung durch Unternehmer als Verkäufer......84
  4.4. Informationspflichten des Unternehmers gegenüber Verbrauchern.....85
    4.4.1. Widerrufsrecht..86
      4.4.1.1. Widerrufsfrist...87
      4.4.1.2. Muster-Widerrufsbelehrung..88
      4.4.1.3. Muster-Widerrufsformular...88
      4.4.1.4. Widerrufsfolgen...89
    4.4.2. Identität des Unternehmers: Offenbaren Sie sich!.................91
    4.4.3. Postanschrift und ladungsfähige Anschrift.............................91
    4.4.4. Zahlungs- und Lieferbedingungen..91
    4.4.5. Informationen zum Vertragsschluss.......................................92
    4.4.6. Hinweis auf etwaigen Austausch oder Lieferungsvorbehalt......92
    4.4.7. Angabe des Gesamtpreises inklusive Mehrwertsteuer..........92
    4.4.8. Angabe zusätzlich anfallender Liefer- und Versandkosten, Steuern und Abgaben..92
    4.4.9. Hinweis auf die Gültigkeitsdauer eines befristeten Angebots......93
    4.4.10. Folgen mangelhafter Information des Verbrauchers............93
  4.5. Allgemeine Informationspflichten..93

- 4.5.1. Vertragstextspeicherung..93
- 4.5.2. Information über die technischen, zum Vertragsschluss führenden Schritte..94
- 4.5.3. Sonstiges..94
- 4.5.4. Link zur EU Schlichtungsplattform..94
- 4.5.5. Preisangaben und Impressumspflicht..95
- 4.5.6. Zusammenfassung der gebräuchlichsten Unternehmerpflichten..96
- 4.5.7. Muster-AGB..97
- 4.6. Nach Vertragsschluss..101
  - 4.6.1. Vertragsabwicklung..101
  - 4.6.2. Verlust auf dem Transportweg..101
  - 4.6.3. Beweisschwierigkeiten bei falscher Lieferung..103
  - 4.6.4. Versandpflicht..104
  - 4.6.5. Fehlerhafte Angaben zum Versand..104
- 4.7. Was tun, wenn der Verbraucher sein Widerrufsrecht ausübt?..105
  - 4.7.1. Wertersatz..106
- 4.8. Käufer macht Gewährleistungsrechte geltend..106
- 4.9. Käufer zahlt nicht..109
- 5. Bewertungen..111
- 6. Zugang von beweiserheblichen Willenserklärungen..113
- 7. Missbrauch Ihres eBay- Nutzerkontos..115
- 8. Das Mahnverfahren..116
  - 8.1. Risiken..117
  - 8.2. Kosten..118
  - 8.3. Der Mahnbescheidsantrag..118
- 9. Abmahnungen..122
  - 9.1. Abmahnung erhalten, was müssen Sie tun?..123
- 10. eBay-Kleinanzeigen..123
  - 10.1. Nutzungsbedingungen..124
  - 10.2. Vertragsschluss..125
  - 10.3. Die vorvertragliche Haftung..126
  - 10.4. Gewährleistung und Haftung..127
  - 10.5. Der gutgläubige Erwerb..129
  - 10.6. Versand..132
- 11. Steuerliche Aspekte..135
  - 11.1. Wann wird aus steuerrechtlicher Sicht aus einem privaten Verkäufer ein Gewerblicher Händler?..136
  - 11.2. Der gewerbliche Händler und die Steuern..137
    - 11.2.1. Die Steuererklärung..137
      - 11.2.1.1. Einkommensteuer..138
      - 11.2.1.2. Umsatzsteuer..139
      - 11.2.1.3. Gewerbesteuer..141
- Sachverzeichnis..143

Vorwort

eBay – das ist die Geschichte von der kleinen privaten Plattform für die Kontaktaufnahme zwischen Sammlern von „PEZ"-Süßigkeitsspendern, hin zum größten und erfolgreichsten Internet-Auktionshaus der Welt. Der „PEZ"-Gründungsmythos ist wohl eine PR-Legende, der eBay-Erfolg jedoch ist offensichtlich und kaum zu wiederholen.

Das virtuelle Handeln über die Auktionsplattform eBay hat sich nicht nur in Deutschland zu einer Art Volkssport entwickelt. Jeden Monat bieten private Verkäufer mehr als 20 Millionen Artikel zum Verkauf an, wobei die meisten Waren den Kategorien Handys & Kommunikation, Auto- und Motorradteile, Möbel & Wohnen und Kleidung & Accessoires zuzuordnen sind.

Die mehr als 16,5 Millionen allein in Deutschland registrierten aktiven Nutzer, konnten im Jahr 2013 auf ein Angebot von durchschnittlich 70 Millionen Artikeln in 50.000 Kategorien zugreifen[1].

Die Deutschen Internetnutzer verbringen durchschnittlich 112 Minuten im Monat bei eBay, die daraus resultierenden Vermarktungschancen eines Artikels sind auch für Nicht-Wirtschaftsfachleute klar zu erkennen. Doch der Charakter der Auktionen hat sich in den letzten Jahren geändert: Der Trend geht weg vom reinen Handel zwischen privaten Anbietern und eindeutig in Richtung gewerblicher Verkauf von neuen Waren an private Käufer.

Dabei möchten Verkäufer ihre Artikel einer möglichst großen Anzahl von potenziellen Kunden vorstellen und wünschen sich einen maximalen Verkaufserlös. Käufer hingegen sehen ihre Chance, gebrauchte oder neue Gegenstände möglichst billig zu erwerben und später eventuell weiterzuveräußern. Im Unterschied zu den fast gänzlich verdrängten stationären An- und Verkaufsläden findet beim Handel über eBay kaum persönlicher Kontakt zwischen den Vertragsparteien statt, die Ware wird grundsätzlich ohne sie vorher gesehen und getestet zu haben nach Zahlungseingang verschickt.

Dabei ist es kaum verwunderlich, dass ausstehende Zahlungen, Manipulationen, Betrug oder defekte Artikel häufig vorkommen. Aus der Zunahme von Streitfällen in der anwaltlichen Praxis und aus eigener Erfahrung im Umgang mit eBay zeigt sich, dass der überwiegende Teil aller privaten und gewerblichen Verkäufer sich nicht über die Risiken von fehlerhaften Belehrungen und Vereinbarungen bewusst ist. Folge: Geschätzte 60 % aller privaten Gewährleistungsausschlüsse sind unwirksam. Und aufgrund ständig neuer Rechtssprechung und Belehrungspflichten für Unternehmer ist der überwiegende Teil aller Angebote mit rechtlichen Fehlern versehen, die zu einschneidenden Konsequenzen führen können. Unternehmer verletzten oftmals die gesetzlichen Informationspflichten, was zu kostenintensiven Abmahnungen von Mitbewerbern führen kann.

Wie Sie sich in solchen Situationen verhalten, Klauseln wirksam formulieren, welche Rechte Sie haben und vor allem welche Rechte auch tatsächlich durchgesetzt werden können oder ob Sie auf die Durchsetzung eines Rechtes lieber verzichten sollten, zeigt dieser Ratgeber anhand von 67 Beispielfällen.

Wo möglich, wurde nach Schilderung des entsprechenden Falls versucht, eine klare und allgemein gültige Antwort zu geben. Bitte beachten Sie, dass die Rechtslage je nach

---

[1] Offizielle eBay Angaben vom August 2014; vgl. http://presse.ebay.de/fakten-deutschland .

Einzelfall durchaus variieren kann.

Der Schwerpunkt dieses Buches liegt weniger auf der rechtswissenschaftlichen Aufarbeitung des Themas, sondern erläutert dem eBay-Anwender plausibel typische Rechtsfragen und gibt anhand der praktischen Beispiele geeignete Rechtstipps.

Die Randnummern am Seitenrand dienen der besseren Orientierung und werden innerhalb des Textes mit „Rn." abgekürzt.

HINWEIS

Es sollte beachtet werden, dass viele Rechtsfragen im Bereich des „eCommerce" noch nicht eindeutig durch höchstrichterliche Entscheidungen geklärt sind und sich dieses Rechtsgebiet über die nächsten Jahre weiterentwickeln wird. Dieser Ratgeber kann daher trotz Bemühens um eine aktuelle und sorgfältige Darstellung von Rechtsfragen und Gerichtsentscheidungen nicht den Anspruch auf eine vollständige und auf den Einzelfall bezogene richtige Darstellung des Rechts erheben. Der Verfasser kann keine Gewähr für die Richtigkeit der Angaben übernehmen. Im Zweifelsfall kann anwaltliche Beratung notwendig sein. Stand der Rechtssprechung ist Jahresbeginn 2016.

1. Der Vertragsschluss bei eBay

Auch wenn sich dieses Buch als Praxisratgeber für Anwender versteht, ist es mir wichtig, Ihnen die grundlegende Rechtsnatur des Vertragsschlusses bei eBay-Auktionen zu erläutern, damit Sie die nachfolgenden Problemlösungen nachvollziehen können. Häufig wird umgangssprachlich vom „Ersteigern" über eBay gesprochen. Finden hier aber wirklich die Vorschriften einer Auktion Anwendung? Ganz klar nein! Wer Sachen bei eBay kauft oder verkauft, schließt mit seinem Handelspartner einen ganz normalen Kaufvertrag[2] nach den §§ 433 ff. BGB. Lediglich die Art und Weise des Vertragsschlusses ist durch eBay gesondert geregelt.

Bereits bei Registrierung erkennt jeder Nutzer die eBay-eigenen Allgemeinen Geschäftsbedingungen (AGB) an. Wird ein Artikel bei eBay eingestellt, ist das bereits als Kaufangebot zu sehen, da der Verkäufer automatisch die rechtsverbindliche Erklärung abgibt, das Höchstgebot nach Ablauf einer bestimmten Frist annehmen zu wollen. Irrelevant ist dabei, dass sich dieses Angebot nicht an eine konkret bezeichnete Person richtet.

Der Verkäufer schließt bei einer Auktion mit demjenigen einen Kaufvertrag, der innerhalb des vorher festgelegten Angebotszeitraumes das Höchstgebot abgibt[3]. Diese komplexe Konstruktion wird somit durch die Anerkennung der eBay-AGB vorgenommen.

Abweichungen von diesem Grundsatz sind durch das Bestimmen eines Mindestgebots oder durch die Möglichkeit des Sofort-Kaufs zum Festpreis möglich:

Bei Sofort-Kauf zu einem Festpreis kommt der Kaufvertrag mit Bestätigung der Annahmeerklärung zustande[4].

In Einzelfällen können Kaufinteressenten dem Verkäufer auch einen Preis vorschlagen. Daraufhin kann der Verkäufer das Angebot annehmen, ablehnen oder einen Gegenvorschlag machen. Ein Kaufvertrag kommt dann durch Einigung zwischen Käufer und Verkäufer zustande. Der vorgeschlagene Preis ist wie bei den eBay-Auktionen bindend.

Bevor Sie eine rechtsverbindliche Erklärung abgeben, werden Sie entsprechend der neuen Rechtslage von eBay darauf hingewiesen, dass Sie einen „rechtsverbindlichen Vertrag mit dem Verkäufer eingehen"[5].

2. Ihr Recht als Verbraucher: Sonderregelungen beim Verbrauchsgüterkauf

Grundsätzlich kommen bei eBay wie oben dargestellt ganz normale Kaufverträge zustande. Zu beachten ist jedoch, dass es im Kaufrecht abweichende Sonderregelungen gibt, wenn ein sogenannter Verbrauchsgüterkauf[6] vorliegt. Diese Sonderform des Kaufes basiert auf einer europarechtlichen Verbrauchsgüterkaufrichtlinie, die der Gesetzgeber in das deutsche BGB einfügen musste. Diese Sonderregeln dienen dem **Schutz privater Käufer**, die aufgrund mangelnden Wissens und Erfahrungen im Rechtsverkehr gegenüber „gewerblich" handelnden Verkäufern gestärkt werden sollen. So können diese Sonderregelungen entscheidende Auswirkungen auf das Widerrufsrecht, auf die

---

[2] BGH, Urteil v. 07.11.2001, Az.: VII ZR 13/01 – sogenannter „Ricardo-Fall" in NJW 2002, 363; BGH NJW 2005, 53.
[3] § 6 Nr. 2, 5 eBay-AGB.
[4] § 6 Nr. 3, 4 eBay-AGB.
[5] vergleiche § 312j III, IV BGB.
[6] §§ 474 ff. BGB.

Gewährleistung und auf die Belehrungs- und Informationspflichten haben.
Ein Verbrauchsgüterkauf liegt demnach nur dann vor, wenn **ein Unternehmer[7] an einen Verbraucher[8]** eine Sache verkauft.

Doch wo liegt eigentlich der Unterschied zwischen Verbraucher und Unternehmer? Die Abgrenzung ist trotz Gesetzesdefinitionen dieser Begriffe häufig nicht nur für den Laien unklar bzw. auf den ersten Blick zu erkennen:

5 Ein Verbraucher ist in der Regel derjenige, der eine Sache für „private Zwecke" und nicht für seine gewerbliche oder selbstständige Berufsausübung kauft oder verkauft. Ein Unternehmer ist derjenige, der eine Sache für den Zweck seiner gewerblichen[9] oder selbstständigen Berufsausübung[10] kauft oder verkauft, wozu immer Firmen zählen.

> **Fall 1:** *Markus ist Taxiunternehmer aus Leipzig und bietet bei eBay auf eine neue Matratze für sein Schlafzimmer. Verkäufer ist die Firma „Matratzen-Horst GmbH" aus Dösen. Markus fragt sich, ob ein Verbrauchsgüterkauf vorliegt.*

6 Die Firma „Matratzen-Horst GmbH" aus Dösen ist unzweifelhaft ein Unternehmen, da eine Firma keine „natürliche" Person ist, die private Zwecke verfolgen kann.
Käufer Markus übt zwar als Selbstständiger einen Beruf aus, aber er kauft die Matratze offensichtlich nicht zur Ausübung seiner beruflichen Tätigkeit. Daher ist er ein Verbraucher, ein Verbrauchsgüterkauf liegt vor. Eine andere Bewertung müsste jedoch vorgenommen werden, wenn Markus bspw. einen Schonbezug für sein Taxi kaufen würde. Dann läge kein Verbrauchsgüterkauf vor. Der Verkäufer kann aber regelmäßig gar nicht wissen, wofür der Käufer einen Artikel kauft. Daher gilt der Grundsatz: <u>Im Zweifel kauft ein Verbraucher!</u>[11]

7
> **Fall 2:** *Im März „ersteigert" Verbraucherin Theres von Sebastian, der bei eBay als privater Verkäufer angemeldet ist, eine Kiste Rotwein. Sebastian hat seit Anfang des Jahres 500 Bewertungen von Käufern bekommen, 100 davon im letzten Monat. Liegt hier ein Verbrauchsgüterkauf vor?*

Das ist sehr wahrscheinlich! – Sebastian ist bei eBay als privater Verkäufer angemeldet, doch die Selbstdefinition bei eBay gibt lediglich einen unverbindlichen Hinweis auf die Eigenschaft des Verkäufers. Allein maßgeblich ist jedoch der Zweck seines Verkaufes[12]. Leider lässt sich dieser Zweck nicht immer einfach bestimmen, daher hat die Rechtssprechung allgemeine Kriterien entwickelt, die eine unternehmerische Tätigkeit vermuten lassen:

---

[7] § 14 BGB.
[8] § 13 BGB.
[9] eine kaufmännische oder sonstige selbstständige, auf <u>Dauer angelegte entgeltliche Tätigkeit</u>, die sich als Beteiligung am allgemeinen Wirtschaftsverkehr darstellt; eine Gewinnerzielungsabsicht ist nicht zwingend notwendig (vergleiche BGH Urteil vom 29.03.2006, Az.: VIII ZR 173/05; LG München, Urteil vom 07.04.2009, Az.: 33 O 1936/08); Tätigkeit setzt das <u>planmäßige Anbieten</u> von Leistungen voraus.
[10] freiberufliche Tätigkeiten, wie Dienstleistungen von: Ärzten, Steuerberatern, Rechtsanwälten, Architekten.
[11] BGH, Urteil vom 30.09.2009, Az.: VIII ZR 7/09.
[12] vergleiche u.a. BGH, Urteil vom 04.12.2008, Az.: I ZR 3/06; OLG Hamm, Urteil vom 15.03.2011, Az.: I-4 U 204/10; OLG Hamm, Beschluss vom 05.01.2012, Az.: 1-4 U 161/11 OKH.

- Viele gleichzeitige Auktionen (Verkäufe).
- Große Anzahl an eBay-Bewertungen in Bezug auf den Zeitraum[13].
- Eine große Anzahl an Auktionen (Verkäufe) innerhalb eines bestimmten, meist sehr kurzen Zeitraumes; nicht jedoch bei einer einmaligen großen Auktionsanzahl, wie zum Beispiel bei Haushaltsauflösung oder Entrümpelung mit mehr als 40 Verkäufen innerhalb von wenigen Monaten[14].
- Es werden wiederholt gleichartige Artikel der selben Kategorie angeboten; wiederholt angebotene (vor allem teure) Neuware[15].
- eBay Nutzer tritt als „Verkaufsagent", oder „PowerSeller" auf, gibt eigenen Firmennamen an, besitzt eigenen „eBay-Shop" oder verwendet eigene AGB[16].
- Gegenstand, der üblicherweise nur gewerblich genutzt wird, zum Beispiel: gebrauchtes Taxometer

Diese Kriterien sprechen als Anhaltspunkte für eine unternehmerische Tätigkeit. Leider hat es die Rechtsprechung bis heute nicht geschafft, verbindliche Kriterien zur sachgenauen Abgrenzung Verbraucher/Unternehmer aufzustellen. So kann nicht allein anhand der Auktionszahl abgegrenzt werden, sondern es muss eine Gesamtbetrachtung der Faktoren erfolgen. Die Grenzziehung ist dabei fließend, daher kommt es immer auf den Einzelfall an. Mehrere zum Teil widersprüchliche Gerichtsentscheidungen sind hierzu ergangen. Um Ihnen die Entscheidung leichter zu machen, stelle ich Ihnen die wichtigsten Entscheidungen vor. Wichtig für die Abgrenzung ist neben der Kenntnis von Gerichtsentscheidungen der „gesunde Menschenverstand".
Als Faustformel können Sie sich anhand der oben genannten Kriterien fragen, ob der Verkäufer „als Privatperson" im normalen üblichen Rahmen nicht mehr benötigte private Gegenstände verkauft oder ob er durch eine anmeldepflichtige Nebentätigkeit Geld verdienen möchte. Oft haben Privatpersonen die Grenze zur unternehmerischen Tätigkeit bereits überschritten, <u>ohne es zu wissen</u>.

Beispielurteile:

- Unternehmereigenschaft bei 500 angebotenen Schallplatten in ca. sechs Wochen, auch wenn nur 175 verkauft wurden[17].
- Unternehmereigenschaft bei 91 Verkäufen in fünf Wochen[18].
- Unternehmereigenschaft auch dann, wenn wenige, aber seltene und wertvolle Gegenstände angeboten werden[19].
- Aus einem eBay-Namen eines Nutzers lassen sich allein betrachtet noch keine Schlüsse auf die Verbrauchereigenschaft herleiten[20].
- Unternehmereigenschaft bei 80 Angeboten von ausschließlich defekten

---

[13] OLG Hamm, Urteil vom 15.03.2011, Az.: I-4U 204/10; OLG Frankfurt, Beschluss v. 21.3.2007, Az.: 6 W 27/07.
[14] OLG Hamm Beschluss vom 05.01.2012, Az.: 1-4 U 161/11 OKH; OLG Hamm, Urteil vom 15.03.2011, Az.: I-4U 204/10; BGH, Urteil vom 04.12.2008, Az.: I ZR 3/06; BGH, Urteil vom 30.04.2008, Az.: I ZR 73/05.
[15] LG München, Urteil vom 07.04.2009, Az.: 33 O 1936/08; OLG Hamburg, Beschluss vom 27.02.2007, Az.: 5 W 7/07; LG Frankfurt, Beschluss vom 08.10.2007, Az.: 2/03 O 192/07; OLG Zweibrücken, Beschluss vom 28.06.2007, Az.: 4 U 210/06.
[16] OLG Frankfurt vom 21.03.2007, Az.: 6 W 27/07.
[17] OLG Hamm, Urteil vom 15.03.2011, Az.: I-4 U 204/10.
[18] BGH, Urteil vom 04.12.2008, Az.: I ZR 3/06.
[19] LG München, Beschluss vom 07.04.2009, Az.: 33 O 1936/08.
[20] OLG Koblenz, Beschluss vom 30.07.2008, Az.: 5 U 397/08.

- Geräten in vier Monaten[21].
- Unternehmereigenschaft bei 10 neuen Bekleidungsartikeln (Markenartikel)[22].
- Unternehmereigenschaft bei 68 Auktionen (Verkäufen) innerhalb von zwei Monaten, eigenen AGB und PowerSeller-Status[23].
- Unternehmereigenschaft bei 39 Verkäufen innerhalb eines Zeitraums von fünf Monaten[24].
- Unternehmereigenschaft, wenn nachhaltig und in größerem Umfang neue und gebrauchte Waren versteigert werden[25].
- Unternehmereigenschaft, wenn 80 gebrauchte Kinderkleidungsstücke innerhalb eines Monats verkauft werden, auch wenn der Verkäufer vier eigene Kinder hat[26].
- Ein „Powerseller" gilt immer als Unternehmer, selbst wenn eine private Sammlung aufgelöst wird[27].
- Unternehmereigenschaft bewegt sich bei 68 Verkäufen innerhalb von acht Monaten in einem Grenzbereich, hier ist sowohl ein privates als auch ein unternehmerisches Wirken möglich[28].
- Unternehmereigenschaft bei über 250 Verkäufen in 31 Monaten und Verkauf als Powerseller[29]. Die PowerSeller-Eigenschaft ist laut eBay neben anderen Kriterien dann erfüllt, wenn der Verkäufer mind. 100 Transaktionen mit Käufern innerhalb von 12 Monaten und mind. 2500,- € Bruttoumsatz innerhalb der letzten 12 Monate hat.
- Unternehmereigenschaft, wer 154 Bewertungen bei eBay erhalten hat und alles versteigert, was im Haushalt nicht mehr benötigt wird und die PowerSeller-Eigenschaft erfüllt[30].
- Unternehmereigenschaft bei 39 Verkäufen innerhalb eines Zeitraums von fünf Monaten[31].
- Unternehmereigenschaft bei mehr als 40 verkauften Büchern innerhalb von sechs Wochen[32].
- Unternehmereigenschaft bei 93 Auktionen (Verkäufen) im letzten Monat durch Entrümpelung der Wohnung (Altkleider)[33].
- Allein die Tatsache, dass jemand eine Vielzahl von Rechtsgeschäften über eine Auktionsplattform im Internet tätigt, schließt noch nicht auf seine Unternehmereigenschaft – schließlich besteht die Möglichkeit, dass es sich hier lediglich um private Rechtsgeschäfte handelt[34].

---

[21] OLG Hamm, Beschluss vom 05.01.2012, Az.: 1-4 U 161/11.
[22] LG Frankfurt, Beschluss vom 08.10.2007, Az.: 2/03 O 192/07.
[23] OLG Frankfurt, Beschluss v. 27.07.2004, Az.: 6 W 54/04; auch OLG Koblenz in NJW 2006, 1438.
[24] LG Berlin, Urteil v. 09.11.2001, Az.: 103 U 149/01.
[25] LG Schweinfurt, Urteil v. 30.12.2003, Az.: 110 O 32/03; AG Radolfzell Urteil v. 29.7.2004 in NJW 2004, 3342.
[26] LG Berlin, Beschluss vom 05.09.2006, Az.: 103 O 75/06.
[27] OLG Frankfurt, Beschluss vom 21.03.2007, Az.: 6 W 27/07.
[28] OLG Frankfurt, Beschluss v. 07.04.2005, Az.: 6 U 149/04.
[29] LG Mainz, Urteil v. 6.7.2005, in NJW 2006, 783; OLG Koblenz v. 17.10.2005, Az.: 5 U 1145/05.
[30] AG Bad Kissingen v. 4.4.2005 in NJW 2005, 2463.
[31] LG Berlin, Urteil v. 09.11.2001, Az.: 103 U 149/01.
[32] OLG Frankfurt, Urteil v. 15.6.2004 Az.: 11 U 18/04.
[33] LG Berlin, Urteil vom 5.9.2006 Az.: 103 O 75/06.
[34] LG Hof, Urteil v. 29.8.2003, Az.: 22 S 281/03.

> - Auch kann die professionelle Werbebeschreibung bei der zu versteigernden Ware zur Bestimmung der geschäftlichen Tätigkeit herangezogen werden[35].
> - Unternehmer ist, wer Gegenstände in einer Internet-Auktion erwirbt, um sie später gewinnbringend weiterveräußern zu können[36].
>
> **Ein Beispielurteil,** welches den gesunden Menschenverstand vermissen lässt:
> - Unternehmereigenschaft abgelehnt, da das regelmäßige Anbieten von Waren und eigene AGB noch nicht automatisch zur Unternehmereigenschaft führen[37].

Diese Beispielurteile belegen, dass die Abgrenzung Verbraucher/Unternehmer zum Teil fließend und schwer bestimmbar ist. Häufig hängen die zumeist untergerichtlichen Urteile auch von der „Tagesform" und Einstellung der Richter ab. Dennoch lässt sich eine Entscheidungslinie erkennen, die Ihnen als Richtmaß dienen kann. Gerade durch das Bewertungskonto des Nutzers bei eBay ist ersichtlich, wie viele (bewertete) Auktionen der Nutzer seit seiner Registrierung, im letzten Monat, in den letzten sechs Monaten und im letzten Jahr durchgeführt hat. Zusätzlich sollten die Artikel der letzten drei Monate überprüft werden, um zu sehen, ob jeweils die gleiche Art der Artikel verkauft, bzw. gekauft worden sind (zum Beispiel Computerelemente, Pkw Ersatzteile, etc.). Ist das geschehen, besteht ein beträchtlicher Hinweis auf „gewerbliches" Handeln. Denn wer kauft und verkauft schon ständig Ersatzteile unterschiedlicher Pkw-Typen aus privater Gaudi?

Zurück zu Fall 2: Sebastian hat seit Anfang des Jahres 500 Bewertungen bekommen, davon im letzten Monat 100. Die vielen Auktionen innerhalb einer relativ kurzen Zeit deuten eindeutig auf die Unternehmereigenschaft hin. Dabei ist irrelevant, dass sich Sebastian als privater Verkäufer bezeichnet – ein Verbrauchsgüterkauf liegt demnach vor.

> **Fall 3:** *Rentner Hans-Georg möchte seine geliebte Briefmarkensammlung aus Platzgründen bei eBay verkaufen. Um sich wichtig zu machen und einen höheren Verkaufspreis zu erlangen, gibt er sich als gewerblicher Briefmarkenhändler aus. Verbraucher Wolfgang erhält den „Zuschlag". Liegt hier ein Verbrauchsgüterkauf vor?*

Nein, denn dazu müsste Hans-Georg Unternehmer sein. Hans-Georg handelt sonst nicht viel, er will lediglich seine Briefmarkensammlung verkaufen. Er ist somit nach den oben genannten Kriterien Verbraucher. Dennoch kann er sich nicht auf die Vorteile des Verbrauchsgüterkaufes berufen. Wer sich dem Schutz des Verbraucherrechts offensichtlich entzieht, kann sich gegenüber seinem Vertragspartner aufgrund des Grundsatzes[38] von „Treu und Glauben" nicht mehr auf diesen Schutz berufen[39]. Dasselbe gilt, wenn der Verkäufer Unternehmer ist und ausdrücklich nur Unternehmer

---

[35] OLG Frankfurt, Beschluss vom 2.6.2004 Az.: 6 W 79/04.
[36] BGH, Urteil v. 11.3.2004 Az.: I ZR 304/01.
[37] AG Detmold, Urteil vom 27.04.2004, Az.: 7 C 117/04.
[38] § 242 BGB.
[39] BGH, NJW 2005, 1045 f. BGH, Urteil vom 22. Dezember 2004, Az.: VIII ZR 91/04.

als Käufer akzeptiert. Gibt sich hier ein Verbraucher als Unternehmer aus, um mit dem Verkäufer ins Geschäft zu kommen, kann sich der Käufer nachträglich nicht mehr auf seine Verbraucherrechte berufen.

> **Fall 4:** Bert will sich in zwei Monaten mit einer Autovermietung selbstständig machen. „Zu dumm nur, dass ich noch keinen Pkw habe", denkt er. Da er zunächst einmal nur kleine Brötchen backen will, kauft er von einem gewerblichen eBay-Händler seinen ersten Pkw. Liegt hier ein Verbrauchsgüterkauf vor?

11 Nein, denn Bert kauft den Pkw <u>zwecks</u> Aufnahme seines Gewerbebetriebs (Autovermietung) und wird somit als Unternehmer behandelt[40]. Kauft sich Bert hingegen den „eBay-Recht Praxisratgeber" von Herrn Berger, so wird er als Verbraucher angesehen, da der Kauf des Ratgebers objektiv lediglich seine Entscheidung über die Existenzgründung vorbereitet[41].

---

[40] BGH, Beschluss vom 24. Februar 2005, Az.: III ZB 36/04.
[41] BGH, Urteil vom 15. 11. 2007, Az.: III ZR 295/06.

3. Worauf Sie als Käufer achten müssen

„3... 2... 1... meins!". Sie haben den Zuschlag erhalten und damit einen wirksamen Vertrag mit dem Verkäufer geschlossen[42]. Durch den Vertragsschluss entstehen nun sowohl für den Verkäufer als auch für den Käufer vertragliche Pflichten. Nach dem Gesetz[43] hat grundsätzlich der Verkäufer dem Käufer die bei eBay angebotene Kaufsache zu übergeben und das Eigentum an der Sache frei von Sach- und Rechtsmängeln zu verschaffen. Aber auch dem Käufer erwachsen Pflichten aus dem Kaufvertrag. Er hat den vereinbarten (Kauf-)Preis zu zahlen und die gekaufte Sache abzunehmen[44]. Wer aber muss zuerst aktiv werden?

3.1. Verpflichtung des Käufers zur Vorkasse?

Fall 5: Baggerfahrer „Bernie" liebt seinen Beruf so sehr, dass er auch in seiner Freizeit gerne baggert. Nun will er sich einen kleinen Modellbagger für den heimischen Sandkasten zulegen. Er bietet bei eBay und erhält den Zuschlag. Verkäufer ist die Privatperson Ulf Unzuverlässig. Nachdem Bernie den Zuschlag erhalten hat, schaut er sich die Bewertungen des Ulf an und stellt fest, dass bereits mehrere Käufer vor dem unzuverlässigen Ulf gewarnt haben. Bernie, der zum ersten Mal bei eBay geboten hat, ist verunsichert, ob er dem wildfremden Ulf das Geld vorab überweisen soll, oder ob er lieber erst auf die Ware wartet, bevor er das Geld überweist.

Im Normalfall werden bei der Abwicklung von Kaufverträgen die gegenseitig geschuldeten Leistungen gleichzeitig, also „Zug-um-Zug" ausgetauscht. Beispielsweise „tauschen" Sie beim Bäcker Brötchen und Geld über die Ladentheke in einem Akt aus. Das ist jedoch bei eBay nur durch Barzahlung bei Selbstabholung möglich. Selbstabholung stellt jedoch in der Praxis die Ausnahme dar. Üblicherweise bietet der Verkäufer in der Artikelbeschreibung durch Angabe der Versandbedingungen (Versandkosten unversichert/versichert) einen sogenannten Versendungskauf an. Bei einem Versendungskauf ist jedoch die Leistung Zug-um-Zug logischerweise nicht möglich[45], da entweder zuerst der Käufer die Ware bezahlt und danach der Verkäufer die Ware per Post oder Paketdienst losschickt oder umgekehrt.
Lange Zeit war unter Juristen umstritten, ob der Käufer zuerst zu bezahlen hat, bevor der Verkäufer die Ware versenden muss[46]. Nun hat eBay ausdrücklich die Vorleistungspflicht des Käufers in § 6 Nr. 9 S.1 seiner AGB geregelt. Dadurch wird der Käufer verpflichtet, zunächst den Kaufpreis zu bezahlen, bevor der Verkäufer die Ware loszuschicken braucht. Allerdings kann von diesem Grundsatz auch durch explizite Vereinbarung abgewichen werden, beispielsweise bei der Selbstabholung.
Zurück zu Bagger-Bernie: Er ist folglich verpflichtet, zunächst das Geld an Ulf zu überweisen. Vereinzelte negative Bewertungen können dabei keine Berücksichtigung finden.

Da die Bezahlung per Überweisung in der Vergangenheit oftmals von Betrügern

---
[42] gleiches gilt für den Sofort-Kauf.
[43] § 433 Abs. 1 BGB.
[44] § 433 Abs. 2 BGB.
[45] siehe Schlömer/ Dittrich, eBay& Recht, 2004 Rn. 73; Leible/Sosnitza, Versteigerungen im Internet Rn. 223
[46] Anmerkung Schlömer/Dittrich, eBay&Recht, 2004 Rn. 73; Leible/ Sosnitza, Versteigerungen im Internet, Rn. 223.

ausgenutzt wurde, plante eBay ab 2012 die Einführung eines eigenen Zahlungsabwicklungssystems. Dieses sah vor, dass Käufer das Geld direkt an eBay überweisen[47]. eBay wollte dem Verkäufer über den Geldeingang informieren und ihn auffordern, die Ware an den Käufer zu versenden. Danach sollte der Geldbetrag dem Verkäufer gutgeschrieben werden. Dadurch sollten Käufer vor Betrug hinreichend geschützt werden. Zur Umsetzung dieser Neuerung kam es jedoch vermutlich aus bankenaufsichtsrechtlichen Gründen (noch) nicht. Die Einführung bleibt abzuwarten.

> **Praxis-Tipp**
> Bis zur Einführung des eBay-Zahlungsabwicklungssystems sollten Sie möglichst per Paypal bezahlen. Sollten Sie Opfer eines Betruges werden, so bekommen Sie ggf. Ihr Geld von Paypal zurückerstattet.

3.2. Recht auf Barzahlung bei Selbstabholung bzw. auf Nachnahmeversand?

15 Welche Möglichkeiten aber hat Bernie, wenn Ulf in der Artikelbeschreibung nur Überweisung als akzeptierte Zahlungsmöglichkeit angegeben hat? Der Käufer hat grundsätzlich das Recht die Ware beim Verkäufer abzuholen, wenn der Verkäufer dies nicht <u>ausdrücklich</u> ausgeschlossen hat. Grund: Der Verkäufer ist beim Versendungskauf nur auf Verlangen des Käufers zur Versendung der Ware verpflichtet[48]. Lediglich die Angabe der Überweisungsmöglichkeit in der Artikelbeschreibung stellt noch keinen solchen Ausschluss dar[49].

16 Zum Nachnahmeversand ist der Verkäufer jedoch nicht mehr verpflichtet, da beim Versendungskauf der Käufer zur Vorleistung verpflichtet ist.
Auch besteht ohne dementsprechende Vereinbarung mit dem Verkäufer kein Anspruch auf Zahlung mit Kreditkarte, Verrechnungsscheck oder Treuhandservice.

---

[47] Pressemitteilung von eBay vom 28.02.2012 und vom 05.06.2012.
[48] siehe § 447 BGB.
[49] AG Koblenz, Urteil v. 21.6.2006, Az.: 151 C 624/06.

3.3. Die Frage nach der zuverlässigen Versandart

Fall 6: *Bernie hat sich nun doch für den Versand und die Zahlung per Überweisung (Vorkasse) entschieden. Er überlegt sich, ob er lieber den Versand per Päckchen oder als Paket wählen sollte.*

Die Wahl der Versandart sollte generell je nach Wert, Größe und Gewicht individuell entschieden werden. Versicherter Paket-Versand bietet sich in der Regel ab einem Kaufpreis von 20 Euro an, preiswertere Ware kann auch per Brief, Bücher- oder Warensendung oder Päckchen verschickt werden. Die folgenden Punkte dienen als Entscheidungshilfe.

3.3.1. Haftung bei Beschädigung/Verlust der Ware auf dem Versandweg

Häufig bieten Verkäufer mehrere Versandarten, zum Beispiel Paket und Päckchen, an. Der Versand als DHL-Päckchen ist unversichert, DHL-Pakete hingegen sind bis zu einem Warenwert von 500 Euro gegen Verlust oder Beschädigung versichert[50]. Lohnt sich hier ein versicherter Versand für Bernie? Das kommt auf die Haftungsrisiken an! Grundsätzlich haftet der Verkäufer bei einem Versendungskauf[51] für die Beschädigung oder den Verlust der Ware nur bis zum Zeitpunkt der Übergabe der Ware an das Transportunternehmen, also an Post, DHL oder auch sonstige private Paketdienste wie GLS oder Hermes[52]. Somit kann es dem Verkäufer nach Aufgabe des Päckchens/Pakets eigentlich egal sein, was damit geschieht, denn er hat damit seine Leistungspflicht erbracht. Wird die Ware auf dem Transport beschädigt oder geht sie verloren, bleibt dennoch der Kaufpreisanspruch des Verkäufers bestehen. Er muss den vom Käufer bereits überwiesenen Betrag nicht zurück überweisen. Der Käufer hat umgangssprachlich zunächst einmal Pech gehabt[53].

Etwas anderes gilt jedoch, wenn es sich um einen Verbrauchsgüterkauf handelt[54]. Nach dieser Sonderregelung trägt der Verkäufer (in diesem Fall der Unternehmer) das Risiko der Beschädigung und des Verlustes der Sache bis zu dem Zeitpunkt, an dem die Transportfirma das Paket an den Käufer (Verbraucher) übergeben hat. Geht das Päckchen/Paket während des Transportes verloren, bleibt der Anspruch des Käufers gegenüber dem Verkäufer bestehen. Der Käufer könnte folglich die erneute Lieferung der Ware, oder wenn das nicht möglich ist, Rückerstattung des bereits gezahlten Kaufpreises inklusive Versandkostenpauschale verlangen[55].

Eine Schadensersatzhaftung des Verkäufers kann jedoch in Betracht gezogen werden, wenn der Schaden während des Transports aufgrund unzureichender Verpackung entstanden ist, zum Beispiel Porzellanteller ohne Füllmaterial im Paket verschickt werden. Für solche Schäden haftet ausschließlich der Verkäufer, da es beim

---

[50] Infos unter: www.dhl.de .
[51] liegt vor, wenn der Verkäufer den Versand der Ware anbietet und der Käufer mit dem Versand der Ware (durch Bestätigung, u.a. durch Zahlung der vereinbarten Versandkosten) einverstanden ist.
[52] siehe § 447 Abs. 1 BGB.
[53] Der Käufer hätte möglicherweise einen Schadensersatzanspruch gegenüber dem Transportunternehmen, wenn dieses ein Verschulden trifft, nicht jedoch gegenüber dem Verkäufer.
[54] Verkäufer= Unternehmer, Käufer= Verbraucher; vergleiche § 474 Abs.1, 2 BGB.
[55] Im Unterschied zum Rücktritt aufgrund Mangelhaftigkeit der Sache ist hier die Versandkostenpauschale dem Käufer zu ersetzen, da hier das Transportrisiko aufgrund des Verbraucherschutzes uneingeschränkt zu Lasten des Verkäufers geht und er gerade nicht von der Erfüllungspflicht befreit wird. Außerdem ist hier die Argumentation mit dem § 467 S.2 BGB a.F. nicht möglich.

Versendungskauf zu seiner Vertragspflicht gehört, die Ware ordnungsgemäß zu verpacken. Bei jedem nachgewiesenen Transportschaden wird grundsätzlich zunächst vermutet, dass der Verkäufer die beschädigte Ware nicht ordnungsgemäß verpackt hat[56]. In diesem Fall wird das Transportunternehmen die Zahlung von Schadenersatz verweigern, und der Verkäufer ist in der Pflicht. Die Sendung sollte unter Zeugen geöffnet werden, die dann bei Bedarf bestätigen, dass die Ware nachlässig verpackt war. Zur Sicherheit sollten die Schäden zusätzlich per (Digital-) Kamera festgehalten werden. Liegt ein offensichtlich vom Transportunternehmen verursachter Schaden vor, weist das Paket zum Beispiel äußerlich Dellen auf, sollte das vom Paketboten gleich vermerkt und ebenfalls per Foto festgehalten werden.

3.3.2. Beweisschwierigkeiten beim Brief- und Päckchenversand

Auch wenn bei DHL der Versand per Päckchen deutlich preiswerter ist als per Paket, gibt es einen großen Nachteil: Denn wer ein Päckchen in der Postfiliale aufgibt, bekommt keinerlei Bestätigung, dass er das Päckchen auch wirklich losgeschickt hat. Der Verkäufer könnte nur durch Zeugen, die mit ihm auf der Postfiliale waren, den Versand des Päckchens beweisen.

Hinzu kommt, dass der Verkäufer bei einem Versendungskauf wohl niemals den Zugang des Päckchens beim Käufer beweisen kann, da der Empfänger den Erhalt des Päckchens gegenüber DHL nicht (!) bestätigen muss. Somit könnte jeder Käufer behaupten, das Päckchen niemals erhalten zu haben. Den Gegenbeweis wird der Verkäufer meist nicht führen können. Dies hätte zur Folge, dass der Käufer erneute Lieferung oder Schadensersatz vom Verkäufer fordern kann.

Es verwundert daher nicht, dass unternehmerisch tätige Verkäufer Päckchenversand nur selten anbieten und auf andere – private – Transportunternehmen ausweichen. Dort wird die Ware standardmäßig als Paket verschickt, ist der Versand häufig preiswerter als bei DHL und stets bis 500 oder gar 750 Euro versichert. Weiteres Plus: Jeder Schritt, von Abholung des Pakets beim Versender bis zur Übergabe an den Empfänger wird aufgezeichnet und kann als Beweismittel hinzu gezogen werden. Ein Service, den auch private Verkäufer über Paketshops nutzen können. Eine Postquittung über die Bezahlung des Portos ist übrigens nicht hinreichend zur Beweisführung geeignet, da daraus nicht entnommen werden kann, ob das Päckchen auch tatsächlich an einen bestimmten Käufer abgesendet wurde[57].

Die Käufer können sich also unbesorgt zurücklehnen. Die einzige Missbrauchsgefahr liegt beim Versenden darin, dass der Verkäufer in betrügerischer Absicht das Päckchen nicht losschickt und sich einen „zuverlässigen Zeugen" sucht, der gesehen haben will, dass der Verkäufer das Päckchen an den Käufer losgeschickt habe.

---

[56] siehe § 280 Abs.1 BGB.
[57] AG Bad Iburg, Urteil v. 11.1.2002, Az.:4b C 1028/01.

3.4. Probleme mit dem Versandpreis und Abweichung von der vereinbarten Versandart

> **Fall 7:** Noa *hat häufig Heißhunger auf Zuckerwatte. Sie sieht bei eBay in der Artikel-Kategorie „Haushaltsgeräte" ein günstiges Angebot einer kleinen handlichen Zuckerwattemaschine, das in einer Minute ausläuft. Überglücklich über so ein Schnäppchen gibt sie schnell das erste Gebot für ein Euro ab und erhält den Zuschlag. Erst danach bemerkt sie, dass die in der Artikelbeschreibung genannten Versandkosten 40 Euro für ein 10 kg Postpaket betragen. Diese überzogenen Versandkosten möchte sie auf gar keinen Fall bezahlen – wie geht Noa jetzt am besten vor?*

Der Reihe nach: Zunächst muss klargestellt werden, dass die durch den Verkäufer angegebenen „Versandkosten" nicht nur die reinen „Portokosten" beinhalten, sondern eine Pauschale für Porto-, Verpackungs- und Aufwandskosten (Einpacken bzw. Transport zum Transportunternehmen), darstellt.
Durch die Anerkennung dieser Versandkostenpauschale wird von der gesetzlichen Regelung[58] abgewichen, nach der der Verkäufer die Kosten bis zum Transportunternehmer (Kosten für Transport bis zur Post und Verpackungsmaterial) zu tragen hat. Daher ist es bei eBay üblich, die Portokosten zu runden. In der Vergangenheit entstanden so nicht selten Versandkosten für kleine und leichte Artikel bis zu knapp zehn Euro.

Grundsätzlich steht es dem Verkäufer frei, diese Pauschale frei nach seinem Ermessen zu bestimmen. Es ist daher nicht missbräuchlich, wenn Verkäufer X eine drei Euro höhere Versandkostenpauschale als Verkäufer Y erhebt. Laut dem eBay-Grundsatz „Überhöhte Verpackungs- und Versandkosten"[59] dürfen Portokosten, Versandversicherung und die tatsächlichen Kosten für Verpackungsmaterial berechnet werden. Zusätzlich kann ein Verkäufer in einem angemessenen Rahmen zu den Versandkosten die Kosten für den Verpackungsaufwand berechnen. Die Grenze ist jedoch dort überschritten, wo die Versandkostenpauschale im krassen Missverhältnis zu den durchschnittlichen und üblichen Versandkosten steht. Fraglich ist allerdings, wo genau die Grenze zur Sittenwidrigkeit verläuft. Als ungefährer Richtwert kann das dreifache der üblichen Versandkostenpauschale angesetzt werden. Es sollte jedoch beachtet werden, dass das Übersteigen dieser Grenze nicht automatisch zur Sittenwidrigkeit führt, wenn sachliche Gründe diesen Preis rechtfertigen. Beispiel: Päckchenversand kostet durchschnittlich vier Euro, ein Verkäufer auf dem Dorf bietet diese Versandart für 13 Euro an, da er erst mit dem Pkw in die 15 km entfernt gelegene Postfiliale fahren muss.
Die Grenze zwischen zulässig hohen und sittenwidrigen Versandkosten ist fließend und wird nicht immer gleich beurteilt. Im Hinblick auf ein mögliches Prozessrisiko sollten Sie nur in besonders krassen und eindeutigen Fällen die Zahlung verweigern.

Um den ausufernden Missbrauch der Versandkostenpauschale zu verhindern, führte

---

[58] § 448 Abs.1 BGB.
[59] http://pages.ebay.de/help/policies/listing-shipping.html .

eBay 2008 Obergrenzen für die Versandkosten ein.
Danach dürfen die Versandkosten für die Versandart „Deutsche Post Brief" 3,00 Euro und für „Deutsche Post Bücher-/Warensendung" 2,50 Euro nicht überschreiten. Diese Begrenzung gilt ausnahmslos für alle auf eBay.de angebotenen Artikel.

Die Versandkosten für den Versand als „DHL Päckchen, DHL Paket, Hermes Paket, iloxx Transport, Paketversand, Expressversand, Sonderversand, Einschreiben oder Nachnahme (inkl. aller Gebühren), Sonstige" werden jedoch nur dann auf 7,50 Euro begrenzt, sofern der Artikel in einer der folgenden Kategorien / Unterkategorien angeboten wird:

- **Anitquitäten & Kunst**
  (Antikschmuck, Glas & Kristall, Haushalt, Kleidung & Accessoires, Porzellan & Keramik, Antiquarische Bücher, Internationale Antiquitäten & Kunst)
- **Audio & Hi-Fi**
  (CD-Player, Kopfhörer, Mikrofone, MP3-Player, MP3-Player-Zubehör, Radios & Radiorecorder, Zubehör)
- **Augenoptik**
- **Auto & Motorrad: Teile**
  (Automobilia)
- **Baby**
  (Kleidung, Schuhe & Accessoires, Bücher & Zeitschriften, Ernährung, Taufe)
- **Beauty & Gesundheit**
  (Zahnpflege, Familienplanung, Make-up, Gesichtspflege, Haarpflege, Enthaarung & Rasur, Körperpflege, Maniküre & Pediküre, Parfums, Pflege für Kinder, Sonnenschutz & Solariaum)
- **Briefmarken**
- **Bücher**
- **Computer**
  (Apple, Betriebssysteme, Business, Hilfsprogramme, Treiber & Tools, Office-Produkte, USB-Speichersticks, iPads, Tablets & eBook-Zubehör, Notebooks & Zubehör, Notebook- und Desktop-Zubehör, Software, Handbücher & Anleitungen., Computer-Klassiker)
- **Feinschmecker**
- **Filme & DVDs**
- **Foto & Camcorder**
  (Camcorder, Digitalkameras, Kamera & Fotozubehör, Blitzgeräte & Zubehör, Objektive & Filter, Digitale Bilderrahmen, Ersatzteile & Werkzeuge, Gebrauchsanleitungen, Für Bastler)
- **Garten & Beleuchtung**
  (Gartenkleidung, Literatur, Sämereien & Zwiebeln)
- **Handys & Kommunikation**
  (Festnetztelefone & Zubehör, Für Bastler, PDA & Organizer-Zubehör, Handys mit Vertrag, Handys ohne Vertrag, Handys mit Simlock, Prepaid-Handys, Handy & PDA-Zubehör, SIM-only, PDAs, Smartwatches, Ersatzteile & Werkzeuge, Handy-Attrappen, Sim-Karten & Kartenleser, Funktechnik)
- **Kleidung & Accessoires**
  (Bekleidungs- & Schuh-Pflege, Damen-Accessoires, Damenschuhe, Damen-taschen, Herren-Accessoires, Herren-schuhe, Kleidung, sonstige, Kindermode, Sonstiges & Accessoires)
- **Modellbau**
  (Modellautos)
- **Münzen**
- **Musik**
  (CDs, Musikkassetten, Fanartikel & Merchandise, Sonstige Formate, Vinyl, Schellack)
- **Musikinstrumente**
  (Lernkurse, Noten & Songbooks)
- **PC- & Videospiele**
- **Reise**
  (Reiseaccessoires)
- **Sammeln & Seltenes**
  (Ansichtskarten, Autogramme & Autographen, Büro, Papier & Schreiben, Comics, DDR & Ostalgie, eBayan, Disneyana,

25

Pins & Anstecknadeln, Fantasy, Figuren, Flakons & Seifen, Rollenspiele & Tabletops, Science-Fiction, Tabakwaren, Zippos & Pfeifen, Reklame & Werbung, Romanhefte, Sammelbilder, Serien & Lizenzprodukte, Telefonkarten, Total Verrücktes)

- **Spielzeug**
  (Aktuelle Action-& Spielfiguren, Barbie, Blechspielzeug, Elektrisches Spielzeug, Film & Fernsehen, Kleinkindspielzeug, Lernspielzeug, Playmobil, Spielzeugautos, Steiff, Basteln & Kreativität, Brett & Gesellschaftsspiele, Lego, Spieldosen)
- **Sport**
  (Fanshop, Fußball-Fanshop, Inlineskating, Jogging)
- **Tickets**
- **TV, Video & Elektronik**
  Fernbedienungen, MP3-Player, Zubehör, Tragbare Disk-Player & Radios, Haushaltsbatterien & Strom, Smart Glasses, Anleitungen & Schaltbilder)
- **Uhren & Schmuck**
- **Verschiedenes**

Zurück zu Fall 7: Da die Zuckerwattemaschine in keiner der o.g. Kategorien im Paketversand angeboten wurde, unterfällt der Versand keiner eBay-spezifischen Versandkostenbeschränkung. Im vorliegenden Fall sind die Versandkosten jedoch sittenwidrig, wenn ein normaler Versand für 7 Euro möglich ist. Das hat zur Folge, dass der gesamte Vertrag nichtig und damit unwirksam ist und Noa die 40 Euro nicht überweisen muss. Allerdings muss sie dann auch auf die Zuckerwatte verzichten.

Hätte der Verkäufer nur 12 Euro für den Versand verlangt, so läge vermutlich immer noch ein Verstoß gegen den eBay-Grundsatz von überhöhten Versand- und Verpackungskosten vor. Allerdings wirkt sich ein solcher Verstoß nicht auf die Wirksamkeit des Vertrages aus. Noa müsste die hohen Versandkosten zahlen.
Folgende Sanktionen drohen dem Verkäufer bei Verstößen:
- Verlust des Power-Seller-Status
- Ausschluss vom eBay-Marktplatz
- Einschränken der Nutzungsmöglichkeiten (Kaufen, Bieten oder Verkaufen)
- Löschung von Angeboten und Suchanzeigen (Ist jedoch bereits ein Kaufvertrag zustande gekommen, so bleibt dieser Vertrag wirksam)

Fall 8: Sybille bietet bei eBay auf ein gebrauchtes „Fachbuch über den richtigen Umgang mit Katzen". Verkäufer Ludwig Listig bietet ausschließlich versicherten Paketversand für sieben Euro an. Sybille rümpft die Nase über diesen teuren Versandpreis. Jedoch freut sie sich, dass sie den Zuschlag für zwei Euro erhalten hat. Als das Buch in einem gepolsterten Briefumschlag (1,45 Euro Porto) bei ihr ankommt, ist sie sauer, da das Buch abredewidrig nicht als Paket verschickt wurde, sondern als „preiswerter" Brief. Kann Sybille vom Verkäufer verlangen, dass er ihr die Differenz erstattet?

Nein! Lassen Sie uns diesen leider recht häufig vorkommenden Fall näher betrachten: Bei vielen Auktionen lohnt sich der Verkauf von bestimmten Waren mit niedrigem Wert nicht. Daher versuchen manche Verkäufer ihre Gewinne über die Versandkostenpauschale zu erwirtschaften. In diesem Fall weicht der Verkäufer absichtlich von der vertraglichen Versandabrede ab und verschickt die Ware per Brief anstatt mit einem Paket, obwohl der Käufer den teuren Versand bezahlt hat.
Ludwig Listig handelt vertragswidrig und verstößt gegen den eBay-Grundsatz zu überhöhten Verpackungs- und Versandkosten – jedoch steht dem Käufer regelmäßig **kein** Erstattungs- oder Schadensersatzanspruch zu, da dem Käufer kein Schaden entstanden ist. Ein Ersatzanspruch besteht nur dann, wenn die Ware durch das Abweichen von der Versandabrede beschädigt oder untergegangen ist. (Betrachten Sie dazu auch Fall 49, Rn. 155). Hier ist die Ware jedoch unbeschädigt bei Käuferin Sybille angekommen.
Sybille kann somit nicht die Differenz vom Verkäufer verlangen. Auch aus strafrechtlicher Sicht wird mangels Vermögensschaden kein Betrug vorliegen, da der Käufer die Ware so oder so zugesendet bekommen hat.
Der Verkäufer läuft jedoch erhebliche Gefahr durch einen Brief oder Päckchenversand nicht nachweisen zu können, dass die Ware auch tatsächlich angekommen ist. Zwar trägt der Käufer beim normalen Versendungskauf unter Privatpersonen die

Transportgefahr, jedoch macht sich der Verkäufer eventuell schadensersatzpflichtig, wenn die Ware aufgrund der Abweichung beschädigt wird oder verloren geht. Wenn sich der Käufer in diesem Fall am Verkäufer rächen will, indem er behauptet, die Ware sei nicht angekommen, wird der Verkäufer wohl niemals das Gegenteil beweisen können. Durch den fehlenden Transportversicherungsanspruch beim Brief- oder Päckchenversand muss er dem Käufer den Schaden ersetzen. Beim Verbrauchsgüterkauf ist der Verkäufer regelmäßig zur Neulieferung verpflichtet.

Aber Achtung! Die oben beschriebene „Rache" des Käufers stellt ein strafrechtlich relevantes Verhalten (Betrug) dar.

24 **3.5. Gewährleistung: Wenn die Ware defekt ist oder von der Beschreibung abweicht**

> **Fall 9:** *Referendar Sven-Marko benötigt zur Anfertigung eines Gutachtens einen Laptop. In der Angebotsbeschreibung des gewerblichen Verkäufers steht lediglich, dass es sich um einen zwei Jahre alten gebrauchten Laptop der Marke XY handelt. Sven-Marko gibt ein Gebot ab und bekommt den Zuschlag. Er überweist ordnungsgemäß den Betrag und eine Woche später kommt das Paket an. Als er den Computer ausprobiert, passiert nichts – der Computer ist defekt. Sven-Marko ist empört und fragt sich, was er jetzt machen soll.*

Leider kann zu diesem Fall zunächst keine klare Antwort gegeben werden, denn die Vorgehensweise hängt von bestimmten Aspekten und Informationen auf beiden Seiten ab:

25 **3.5.1. Allgemeines**
Um die Gewährleistungsrechte geltend machen zu können, muss ein Sachmangel[60] (Rn. 53) an der gelieferten Ware in dem Zeitpunkt vorliegen, in dem der Verkäufer die Verantwortung über die Ware abgegeben hat (sogenannter Gefahrenübergang vom Verkäufer auf den Käufer[61]). Das ist bei einem „normalen" Versendungskauf der Zeitpunkt, zu dem der Verkäufer die Ware an das Transportunternehmen (zum Beispiel DHL) abgibt. Im Fall der Selbstabholung liegt der Gefahrenübergang im Zeitpunkt der Übergabe der Sache vor. Grundsätzlich müsste nun der Käufer beweisen können, dass der Defekt (Sachmangel) bereits im Zeitpunkt der Übergabe an das Transportunternehmen vorlag. Ein solcher Beweis ist allerdings schwer zu führen, wenn nicht eindeutig ausgeschlossen werden kann, dass die Ware auf dem Versandweg oder durch den Käufer beschädigt wurde. Eine solch eindeutige Beweissituation ist jedoch sehr unwahrscheinlich und selten. Daher müsste im Prozess ein teures Gutachten eingeholt werden. Beachten Sie bitte, dass auch bei relativ guten Prozesschancen immer die Möglichkeit besteht, einen Prozess zu verlieren[62]. In diesem Fall müssen Sie neben eigenen Auslagen, Gutachterkosten und Gerichtsgebühren auch die Anwaltsgebühren der Gegenseite bezahlen.

---

[60] siehe § 434 BGB.
[61] siehe § 447 BGB.
[62] sogenanntes Prozessrisiko.

3.5.2. Besonderheiten beim Verbrauchsgüterkauf

Daher gilt auch hier eine Sondervorschrift für den Verbrauchsgüterkauf, um dem Verbraucher diese schwere Beweislast zu ersparen.
Hier hat die Privatperson Sven-Marko von einem gewerblichen Verkäufer den Laptop gekauft, sodass wieder der Spezialfall eines Verbrauchsgüterkaufs vorliegt. Daher findet abweichend vom Normalfall der Gefahrenübergang erst mit der Übergabe der Ware (Postpaket) vom Transportunternehmen an Empfänger Sven-Marko statt. Er muss die Ware aber nicht persönlich annehmen. Für den Gefahrenübergang reicht es aus, wenn eine als ermächtigt anzusehende Person, zum Beispiel zum Haushalt gehörende Personen, die Ware annimmt. Der Verkäufer haftet folglich auch für einen während des Transports verursachten Schaden an der Ware.

Der Laptop ist nachweislich defekt, weist somit einen Sachmangel auf. Nun müsste Sven-Marko noch beweisen können, dass der Laptop schon im Zeitpunkt der Übernahme der Ware vom Transportunternehmen defekt war, schließlich könnte auch er den Laptop beim Auspacken oder durch fehlerhafte Inbetriebnahme zerstört haben. Auch hier helfen die den Verbraucher schützenden Sonderregeln weiter: Beim Verbrauchsgüterkauf wird innerhalb von sechs Monaten nach Übergabe der Sache widerlegbar vermutet, dass ein auftretender Sachmangel bereits im Zeitpunkt des Gefahrenübergangs (hier Übergabe der Ware vom Transportunternehmen an den Empfänger) vorlag[63]. Somit wird angenommen, dass schon im Zeitpunkt der Entgegennahme des Pakets durch Sven-Marko der Defekt am Laptop vorlag.
Diese Vermutung kann durch den Verkäufer widerlegt werden. Dazu müsste er aber beweisen können, dass die Ware zu diesem Zeitpunkt in Ordnung war. Das wird in der Praxis für den Verkäufer freilich nur schwer nachweisbar sein, wenn nicht die Art des Mangels eindeutig für eine Verursachung durch den Käufer spricht[64].
Dies ist der Fall, wenn die Mangelhaftigkeit eindeutig auf eine fehlerhafte Bedienung der Sache zurückzuführen ist. Die Behauptung des Verkäufers, er selbst habe die Ware vor dem Versand auf Mangelfreiheit überprüft, wird ihm kaum helfen, da in diesem Fall der Käufer diese Aussage nur bestreiten muss, da die Beweispflicht in dieser Konstellation beim Verkäufer liegt. Er muss die Mangelfreiheit beweisen können. Die Voraussetzungen für die Gewährleistungsrechte[65] liegen also prinzipiell vor.

3.5.3. Nacherfüllung (Reparatur oder Ersatzlieferung)

Käufer Sven-Marko steht zunächst nur ein Anspruch auf Nacherfüllung[66] durch den Verkäufer zu. Hier gibt es zwei Arten der Nacherfüllung: Reparatur, auch Nachbesserung genannt, und Ersatzlieferung (Nachlieferung).

Sven-Marko kann grundsätzlich zwischen diesen beiden Alternativen frei wählen. Daher müsste Sven-Marko dem Verkäufer den Defekt am Laptop melden und ihn zur Ersatzlieferung bzw. Reparatur auffordern und ihm gegebenenfalls eine angemessene Frist für die Nacherfüllung setzen. Der erfolglose Ablauf der Frist wäre notwendig, um

---

[63] § 476 BGB.
[64] § 476 BGB.
[65] Vorliegen eines Sachmangels im Zeitpunkt des Gefahrenübergangs, § 434 BGB.
[66] siehe § 439 Abs. 1 BGB.

später andere Rechte wie Rücktritt und Schadensersatz geltend machen zu können. Die **Länge dieser Frist** richtet sich nach den tatsächlichen Umständen des Einzelfalls und ist so zu bemessen, dass der Verkäufer die Nacherfüllung rechtzeitig vornehmen kann. Eine angemessene Frist ist daher abhängig vom jeweiligen Vertragsinhalt. Bei alltäglichen eBay-Geschäften ist eine Frist von 10-14 Tagen angemessen. Wird beispielsweise die Reparatur von technischen Geräten verlangt, können auch Fristen bis zu einem Monat angemessen sein. Benutzen Sie bei der Bestimmung einer angemessenen Frist ihren gesunden Menschenverstand. Die Frist muss so bemessen sein, dass dem Verkäufer die tatsächliche Möglichkeit gegeben wird, den Mangel selbst oder durch einen Dritten (z.B. Fachfirma) beheben zu lassen bzw. neue Ware zu organisieren und zu liefern. Dabei müssen auch die Versandlaufzeiten berücksichtigt werden.

Wird eine zu kurze Frist gesetzt, wird automatisch eine angemessene Frist in Gang gesetzt[67].

> **Praxis-Tipp**
> In der Regel ist es taktisch unklug, den Vertragspartner gleich beim ersten Beschwerdebrief formaljuristisch unter Druck zu setzen. Jede Person, die ein drohendes mit Nachdruck formuliertes Beschwerdeschreiben bekommt und durch eine Frist unter Druck gesetzt wird, ist erst mal sauer und daher wenig kompromissbereit. Gerade bei kleineren eBay-Geschäften ist jedoch Kompromissbereitschaft zur Lösung des Streits wichtig, da es sich meist nicht lohnt, wegen kleinerer Beträge zu klagen. Ein freundliches, weniger bedrohlich wirkendes Schreiben (E-Mail) ermöglicht weit aus mehr Chancen auf Kompromissbereitschaft und Entgegenkommen, als ein bedrohlich wirkendes Schreiben. Daher empfehle ich, mit dem Verkäufer zunächst einmal per E-Mail Kontakt aufzunehmen und ihm den Sachverhalt (Sachmangel) freundlich und ausführlich zu beschreiben und ihn um Lösung des Problems zu bitten. Das geht schneller und meist wird der Verkäufer auch eine für beide Seiten akzeptable Lösung vorschlagen. Häufig ist auch ein kurzes Telefonat zwischen den Vertragspartnern sehr effektiv, da Einwände und Regelungen ohne Zeitverzögerung besprochen werden können. Machen Sie sich in diesem Fall immer Gesprächsnotizen.
> Sollte sich hingegen der Verkäufer gar nicht bei Ihnen melden, oder eine „Lösung des Problems" ablehnen, können Sie ihm immer noch eine Frist unter Bezugnahme auf Ihre erste E-Mail zur Nacherfüllung setzen.

3.5.3.1. Durchführung der Nacherfüllung

Sven-Marko schickt dem Verkäufer eine E-Mail und fordert ihn freundlich zur Lösung des Problems auf. Der Verkäufer will den Computer reparieren lassen und bittet Sven-Marko, ihm den Computer per Postpaket zu schicken. Die Reparatur soll ca. sieben Werktage dauern. Sven-Marko fragt sich, ob er die **Transportkosten (Porto) zahlen,** und die **Reparaturdauer von 7 Werktagen dulden** muss.

Der Verkäufer muss sämtliche **Kosten der Nacherfüllung** (Reparatur-, Transport- und

---

[67] BGH NJW 85, 2640; Palandt/Putzo § 439 Rn. 7.

Wegekosten tragen)[68]. Entstehen Sven-Marko Kosten durch den Transport des Computers zur Post (Spritkosten), sind diese ebenfalls ersatzfähig. Das Transportrisiko trägt der Verkäufer. Der Käufer ist jedoch verpflichtet, die Ware ordnungsgemäß und mit geeignetem Verpackungsmaterial versehen zu versenden. Die Originalverpackung braucht es aber nicht zu sein. Auch muss die Originalrechnung nicht zwingend beigelegt werden, sofern der Käufer den Vertragsschluss anderweitig beweisen kann. Der Käufer sollte auch hier wieder nachweisen können, dass er die Ware abgeschickt hat. Das geschieht durch den Paketschein bzw. Zeugen.

Grundsätzlich muss der Käufer auch keine überlange **Reparaturdauer** akzeptieren. Sinn dieses Gesetzes ist es, dem Verkäufer zuerst die Möglichkeit zu geben, die Mangelhaftigkeit der Sache zu beheben und seine Vertragspflicht zu erfüllen. Da der Käufer ein Wahlrecht zwischen Ersatzlieferung und Reparatur hat, muss er auch eine durchschnittliche Reparaturdauer „ertragen". Sieben Tage für eine Computerreparatur sind durchaus angemessen. Will der Verkäufer hingegen den Computer erst ins Werk einschicken und wird eine Reparaturdauer von zwei Monaten prognostiziert, muss das der Käufer nicht dulden. Das sollte der Käufer dann ablehnen und dem Verkäufer eine angemessene Frist zur Nachbesserung setzen bzw. eine Ersatzlieferung verlangen.

> **Fall 10:** *Sven-Marko kauft erneut einen Laptop vom privaten Verkäufer Benjamin. Nach einer Woche stellt er einen Mangel fest. Er benachrichtigt daraufhin den Verkäufer. Dieser fordert die Rücksendung, um die Ware auf den Mangel untersuchen zu können. Sven-Marko hat jedoch Bedenken, die wertvolle Ware an den Verkäufer zur Überprüfung zurückzusenden. Sven-Marko fragt sich, ob er die Ware dem Verkäufer zurücksenden muss.*

Ja! Ein Käufer, der Ansprüche wegen eines Mangels an der gekauften Sache geltend macht, muss dem Verkäufer die Kaufsache zur Untersuchung zur Verfügung stellen[69].

3.5.3.2. Käufer beseitigt den Mangel selbst

> **Fall 11:** *David kauft über eBay von Katharina einen gebrauchten Pkw. Einen Monat nach Kauf des Pkw befindet sich David auf einer wichtigen Geschäftsreise. Fast am Zielort angekommen, bleibt der Wagen mit Motorschaden stehen. David gibt der ortsansässigen freien Werkstatt den Auftrag, den Pkw zu reparieren, damit er nach Ende der dreitägigen Tagung wieder nach Hause fahren kann. Der Motor muss dabei zerlegt werden, wobei festgestellt wird, dass ein Produktionsfehler den Motorschaden verursacht hat. David verlangt die Reparaturkosten von Katharina ersetzt. Zu Recht?*

Dem Käufer David ist dringend abzuraten, die Reparatur auf eigene Kosten ohne vorherige Zustimmung der Verkäuferin oder vor Fristablauf vornehmen zu lassen (sogenannte Selbstvornahme). In diesem Fall hat der Käufer regelmäßig keinen Anspruch auf Ersatz dieser Reparaturkosten durch den Verkäufer[70].
Dieses Ergebnis wird wahrscheinlich für ungerecht erachtet. Doch sollte die dahinter

---

[68] § 439 Abs.2 BGB.
[69] BGH, Urteil vom 10.03.2010, Az.: VIII ZR 310/08.
[70] Urteil des LG Dresden, vom 28.10.2011, Az.: 4 S 126/10; BGH, Urteil v. 23.2.2005, Az.: VIII ZR 100/04.

stehende Wertung beachtet werden. Der Verkäufer soll eine Chance bekommen, im Wege der Nacherfüllung eine ordnungsgemäße Leistung zu erbringen. Das kann er aber nur, wenn ihm die Nacherfüllung überhaupt noch möglich ist. Durch die Selbstvornahme wurde ihm aber diese Gelegenheit genommen. Daher wird es als gerecht angesehen, ihm die Kosten nicht aufzuerlegen. Somit hat David keinen Anspruch auf Ersatz der Reparaturkosten durch Katharina.

32 Eine **Ausnahme von diesem Grundsatz** kann nur dort gemacht werden, wo es offensichtlich ist, dass nach objektiven Gesichtspunkten der Verkäufer kein Interesse an einer „eigenen" Nacherfüllung haben kann.
Ist beispielsweise die Glühbirne des Bremslichtes defekt, wird die Glühbirne selbst auswechselt werden dürfen, da hier die Transportkosten (Abschleppen des Pkw) unverhältnismäßig wären. Die Zulässigkeit der Selbstvornahme ist am konkreten Einzelfall zu entscheiden. Diese Aufwendungen kann der Käufer ausnahmsweise ersetzt verlangen[71].

> **Praxis-Tipp**
> Es empfiehlt sich daher immer, das Vorgehen mit dem Verkäufer abzusprechen. Lehnt der Verkäufer die Nacherfüllung ernsthaft und endgültig ab, bedarf es keiner Fristsetzung. Dies kann auch telefonisch geschehen, jedoch ist hier die Beweisführung schwierig, wenn kein Zeuge das Telefonat mitgehört hat.

33 ### 3.5.3.3. Unzumutbarkeit der Nacherfüllung

> *Fall 12: Sven-Marko bekommt den Laptop nach der Reparatur zurück. Er funktioniert bis auf das externe Netzteil. Sven-Marko verlangt erneut Nachbesserung. Die Reparatur durch den Verkäufer erfolgt. Nach drei Wochen voller Funktionstüchtigkeit geht das DVD-Laufwerk kaputt. Jetzt reicht es Sven-Marko mit diesem Schrott. Der Verkäufer will jedoch unbedingt den Computer selbst reparieren und behauptet, dass er ein Recht auf Nachbesserung hat, schließlich seien immer unterschiedliche Teile kaputt gegangen. Muss Sven-Marko die Reparatur dulden?*

Nein. Eine Fristsetzung ist dann ausnahmsweise entbehrlich, wenn sowohl die Reparatur als auch die Ersatzlieferung unmöglich oder fehlgeschlagen ist, oder der Verkäufer sich ernsthaft und endgültig der Nacherfüllung verweigert.
Fehlgeschlagen ist die Reparatur, wenn der Verkäufer zweimal erfolglos versucht hat, einen Mangel an der Sache zu beheben[72]. Danach braucht der Käufer keinen erneuten Nacherfüllungsversuch (als Reparatur oder als Ersatzlieferung) mehr zu akzeptieren und kann gleich Rechte wie Schadensersatz, Rücktritt oder Minderung geltend machen.
Dabei ist es bei einer Sache, die aus einer Gesamtheit von Teilen besteht, egal ob beispielsweise das Netzteil, das DVD-Laufwerk oder ein Prozessor kaputt geht. Diese Teile bilden die Einheit Laptop, an dem nacheinander drei Mängel an unterschiedlichen Stellen aufgetreten sind.

Nur ein einziger Nacherfüllungsversuch kann zumutbar sein, wenn

---

[71] nach den Regelungen über die Geschäftsführung ohne Auftrag.
[72] § 440 S.2 BGB.

- der Käufer dringend auf den erworbenen Gegenstand angewiesen ist;
- die Ware zur Reparatur an den Hersteller geschickt werden muss (lange Reparaturdauer);
- der Gegenstand technisch unkompliziert ist, wie Bügeleisen oder Toaster;
- sich der Verkäufer beim ersten Nachlieferungsversuch als unzuverlässig erwiesen hat oder grob beleidigend war.

Wählt der Käufer hingegen die Ersatzlieferung, muss er nur einen Versuch dulden. Hat auch die Ersatzlieferung einen Mangel, ist die Nacherfüllung fehlgeschlagen und der Käufer muss keine erneuten Nacherfüllungsversuche des Verkäufers akzeptieren. Sven-Marko könnte jetzt ohne Fristsetzung sofort den Rücktritt vom Vertrag erklären, Minderung oder Schadensersatz verlangen.

Meist wird es sich für einen Verkäufer nicht lohnen, die Ware reparieren zu lassen, da der Kostenaufwand nicht im Verhältnis zum Warenwert steht, insbesondere da der Verkäufer alle Kosten, die mit der Reparatur verbunden sind (Versand-, Transport-, Wege-, Arbeits- und Materialkosten), selbst zahlen müsste. Somit darf der Verkäufer die Reparatur aus Gründen der **wirtschaftlichen Unverhältnismäßigkeit** verweigern[73]. Zur Bestimmung der Verhältnismäßigkeit ist insbesondere der Wert der Sache in mangelfreiem Zustand, die Bedeutung des Mangels und die Frage zu berücksichtigen, ob auf die andere Art der Nacherfüllung ohne erhebliche Nachteile für den Käufer zurückgegriffen werden könnte[74]. Auch wenn die Reparatur technisch unmöglich ist, kann der Verkäufer diese logischerweise ablehnen. In diesem Fall kann der Käufer nur eine Ersatzlieferung verlangen.

Aus denselben Gründen kann der Verkäufer auch die Ersatzlieferung der Ware verweigern, wenn sie aus wirtschaftlichen Erwägungen unverhältnismäßig ist oder die Beschaffung der Ware für ihn tatsächlich unmöglich ist, zum Beispiel die Produktion der Ware eingestellt wurde.

In aller Regel wird sich der Verkäufer auf wirtschaftliche Unmöglichkeit berufen können, wenn die Reparaturkosten (inklusive Transportkosten) den Warenwert übersteigen. So wird bei hochwertigen technischen Geräten eher eine Reparatur möglich sein, als bei kleinen billigen Geräten.

Unter Juristen ist es umstritten, ob eine **Ersatzlieferung von gebrauchten Sachen** überhaupt möglich ist. Eine Ersatzlieferung von gebrauchten Gegenständen ist unter strenger Betrachtung eigentlich unmöglich, da es sich bei gebrauchten Sachen regelmäßig um Unikate handelt, die hinsichtlich ihrer Merkmale und ihrer besonderen Abnutzung einmalig sind. Ein gebrauchter Laptop der Marke XY wird wohl niemals hundertprozentig die gleiche Abnutzung aufweisen können, wie ein gleichaltriger Laptop derselben Marke.

Diese Ansicht ist jedoch zu engstirnig, da es dem Käufer in der Regel egal sein kann, ob der gleichaltrige Laptop der Marke XY mit einer ähnlichen Abnutzung nun zum Beispiel auf der linken oder rechten Seite einen vergleichbaren altersbedingten Kratzer hat. Daher wurde nun durch den BGH entschieden, dass eine Ersatzlieferung auch bei

---

[73] § 439 Abs.3, bzw. § 275 Abs. 2, 3 BGB.
[74] § 439 Abs.3, S.2 BGB.

gebrauchten Sachen grundsätzlich möglich ist, solange sich die gebrauchten Sachen so stark ähneln und wirtschaftlich gleichwertig sind, dass die minimale Abweichung dem Käufer egal sein kann[75]. In der Praxis wirkt sich das eher selten aus, da es dem Verkäufer wahrscheinlich immer (wirtschaftlich) unmöglich sein wird, einen ähnlich stark abgenutzten gebrauchten Gegenstand derselben Marke mit den selben Eigenschaften aufzutreiben, sodass in aller Regel die Verkäufer sowohl die Reparatur als auch die Ersatzlieferung der Ware ablehnen werden.

37 Lehnt der Verkäufer beide Arten der Nacherfüllung aus Unmöglichkeit ab, muss der Käufer keine Frist setzen und kann gleich vom Kaufvertrag zurücktreten, Schadensersatz fordern oder die Minderung erklären.

Sven-Marko schreibt dem Verkäufer eine E-Mail und schildert den Defekt am Laptop und bittet ihn, einen Vorschlag zu machen, „um die Sache aus der Welt" zu schaffen. Der Verkäufer antwortet: „Eine Reparatur würde sich bei dem „alten Ding" nicht mehr lohnen. Einen anderen Laptop könne er auch nicht schicken, da er nur diesen einen gebrauchten Laptop in seinem Lager stehen hat und die Marke XY auf dem Markt kaum noch zu bekommen sei. Daher sei ihm die Nacherfüllung generell unmöglich."
Hier verweigert der Verkäufer ernsthaft und endgültig die Nacherfüllung. Daher braucht ihm Sven-Marko keine Frist zu setzen und kann gleich die nachfolgenden Rechte geltend machen.
Eine endgültige Erfüllungsverweigerung liegt nur dann vor, wenn der Schuldner eindeutig zum Ausdruck bringt, er werde seiner Pflicht zur Nacherfüllung nicht nachkommen[76].

> **Praxis-Tipp**
> Sie sollten den Verkäufer vorsichtshalber stets unter Fristsetzung zur Nacherfüllung schriftlich auffordern. Erst nach erfolglosem Ablauf der Frist können Sie die Sekundärrechte (Minderung, Rücktritt, Schadensersatz) geltend machen.

38 Im vorliegenden Fall ist die Reparatur des Laptops durch den Verkäufer fehlgeschlagen. Sven-Marko hat nun folgende Möglichkeiten:
- Minderung des Kaufpreises,
- Rücktritt vom Vertrag,
- Schadensersatz,
- Aufwendungsersatz.

39 ### 3.5.4. Minderung des Kaufpreises
Sven-Marko könnte nun die Minderung des Kaufpreises verlangen. Das macht für Sven-Marko allerdings nur dann Sinn, wenn er ein Interesse an der mangelhaften Sache hat. Er könnte beispielsweise den Laptop seinem Kommilitonen zur Reparatur geben und dafür den bereits bezahlten Kaufpreis nachträglich senken. Dann wäre der Verkäufer verpflichtet, ihm den zu viel gezahlten Betrag zurückzuzahlen. Dazu müsste Sven-Marko

---

[75] wenn die Kaufsache im Falle ihrer Mangelhaftigkeit durch eine gleichartige und gleichwertige ersetzt werden kann, vergleiche BGH, Urteil vom 7. Juni 2006, Az.: VIII ZR 209/05.
[76] BGH, Urteil v. 21. Dezember 2005, Az.: VIII ZR 49/05.

dem Verkäufer gegenüber lediglich die Minderung des Kaufpreises um den Betrag X erklären. Auf die Erheblichkeit des Mangels kommt es bei der Minderung nicht an[77].
Sven-Marko darf jedoch den Kaufpreis nur so weit mindern, wie die Sache durch den Mangel an Wert einbüßt.

> **Praxis-Tipp**
> Geminderter Kaufpreis = (gezahlter Kaufpreis * wirklicher Wert der mangelbehafteten Sache) : Wert der Sache im mangelfreien Zustand
>
> Dabei ist die Differenz aus bereits gezahltem und gemindertem Kaufpreis vom Verkäufer zurückzuzahlen. Der Kaufpreis beinhaltet nicht die Versandkosten!

40

Nach erklärter Minderung bleibt der Kaufvertrag in dieser angepassten Form bestehen. Danach ist das zukünftige Geltendmachen von (später auftretenden) Sachmängeln nur hinsichtlich des bereits geltend gemachten Mangels ausgeschlossen. Tritt beispielsweise ein Defekt an der Festplatte auf, kann Sven-Marko erneut Minderung verlangen. Das ist so lange möglich, bis die Verjährung der Gewährleistungsansprüche eintritt (vergleiche Rn. 60).

3.5.5. Rücktritt vom Vertrag[78]
Der Rücktritt vom Vertrag (früher auch als „Wandelung" bezeichnet) macht dann Sinn, wenn der Käufer kein Interesse an der mangelhaften Sache hat. Der Rücktritt erfolgt durch Erklärung gegenüber dem Vertragspartner. Der Rücktritt hat zur Folge, dass der Vertrag rückabgewickelt werden muss.

41

3.5.5.1. Rückgewähr der gegenseitigen Leistungen
Hierzu sind die ausgetauschten Leistungen einander Zug-um-Zug zurückzugewähren, also gleichzeitig der Kaufpreis dem Käufer zurückzuerstatten und die Kaufsache dem Verkäufer zurückzugeben[79].
Leistungsort für den Austausch der beiderseitigen Leistungen ist dabei der Belegenheitsort der Ware oder der Wohn- oder Geschäftssitz des Käufers[80].
Der Käufer kann gegebenenfalls zur Rücksendung der Ware verpflichtet sein. Diese Kosten kann er jedoch vom Verkäufer ersetzt verlangen. Das Transportrisiko trägt der Verkäufer.
Ist die Rückgabe der Leistung unmöglich, zum Beispiel wenn die Sache verloren gegangen ist, verarbeitet oder verbraucht wurde, muss Wertersatz in Geld geleistet werden. Dabei besteht keine Pflicht zur Rückgängigmachung der Veränderung. Grundsätzlich sind auch für Gebrauchsvorteile, Dienstleistungen und andere Leistungen Wertersatz zu leisten. Davon ausgenommen ist jedoch die Wertminderung aufgrund bestimmungsgemäßer Ingebrauchnahme. So kann beispielsweise der Käufer keinen Ersatz für potenzielle Zinsen auf den Kaufpreis gegenüber dem Verkäufer geltend

42

---

[77] § 441 Abs.1, S.2 i.V.m. § 323 Abs.5 S.2 BGB.
[78] ehemalige „Wandelung" – vor der Schuldrechtsreform 2002.
[79] siehe §§ 346 ff. BGB.
[80] jurisPK-BGB-Faust, § 346 Rn.22 f.; Staudinger-Kaiser, § 346, Rn.44 f.; MüKo-Krüger, § 269 Rn.41.

machten. Auch kann der Verkäufer nicht Ersatz für beschädigte Verpackung (zum Beispiel in Folie eingeschweißte Artikel) verlangen. Während nach neuer Rechtsprechung im Falle der Ersatzlieferung (sog. Nacherfüllung) kein Nutzungsersatz für Gebrauchsvorteile der mangelbehafteten Ware erhoben werden darf[81], besteht beim mangelbedingten Rücktritt vom Kaufvertrag ein Nutzungsersatzanspruch des Verkäufers für Gebrauchs- und Nutzungsvorteile des Käufers[82]. Die Höhe dieses Anspruchs kann berechnet werden, indem der Kaufpreis durch die voraussichtliche Gesamtnutzungsdauer (neue Sache) bzw. Restnutzungsdauer (gebrauchte Sache) dividiert und mit der tatsächlichen Nutzungszeit multipliziert wird[83]. Die Berechnung des Nutzungs- und Wertersatzes ist in der Praxis schwierig und im Einzelfall häufig strittig. Gutachter müssen daher im Streitfall eine angemessene Höhe feststellen, sodass die Verkäufer oft auf die Geltendmachung verzichten, um sich dem Prozessrisiko nicht auszusetzen.

> **Praxis-Tipp**
> Es empfiehlt sich, Fotos von der Ware zu machen, um später im Streitfall den Zustand der Ware beweisen zu können. Hilfreich ist es auch, die Ware vor Versand an den Verkäufer von einem Zeugen besichtigen zu lassen.

43 ### 3.5.5.2. Erstattung der Versandkosten (Hinsendekosten)

> **Fall 13:** *Andrea bestellt für ihre Hochzeit mit Timon ein mit Rosen dekoriertes neues Kaffeeservice aus Porzellan für 49,95 € vom einem Händler. Die Versandkosten betragen 4,95 €. Bereits einen Monat später nach dem ersten Probe-Abwasch löst sich das Dekor. Andrea ist sauer und weist den Verkäufer auf diesen Mangel hin. Der Verkäufer kann jedoch keine neue Ware schicken, da sein Hongkong-Importeur nicht mehr liefern kann. Er bietet Andrea daraufhin an, den Kaufpreis zu erstatten. Andrea soll das Kaffeeservice einfach entsorgen. Der Verkäufer erstattet Andrea jedoch nur 49,95 €. Kann Andrea auch die ursprünglichen Versandkosten (Hinsendekosten) (4,95 €) ersetzt verlangen?*

Die Antwort vorweggenommen: Andrea kann den Ersatz der ursprünglichen Versandkosten grundsätzlich <u>nicht</u> vom Verkäufer verlangen.

Unterscheiden Sie:
Bei Ausübung der fernabsatzrechtlichen Widerrufsfrist ist die Rechtslage anders! Dies wird in Internetforen gern verwechselt!
Übt der Käufer hingegen sein fernabsatzrechtliches Widerrufsrecht aus, so hat er seit dem 13.06.2014 gegenüber dem Verkäufer einen gesetzlichen Anspruch auf Erstattung der ursprünglichen Versandkosten (Hinsendekosten)[84]. Näheres können Sie dazu unter Randnummer 86 erfahren.
Erklärt der Verkäufer jedoch den Rücktritt vom Vertrag wegen eines Mangels an der

---

[81] BGH, Urteil vom 26.11.2008, Az.: VIII ZR 200/05.
[82] BGH, Urteil vom 16.09.2009, Az.: VIII ZR 243/08.
[83] BGHZ 115, 54; MüKo-Gaier, § 346, Rn. 27 f.
[84] vgl. § 357 Abs. 2 S.1 BGB.

Ware, so hat der Käufer regelmäßig keinen Erstattungsanspruch im Hinblick auf die ursprünglichen Versandkosten[85].

Um die Hintergründe zu verstehen, muss man sich mit der Rechtsentwicklung im Hinblick auf das verbraucherrechtliche Widerrufsrecht beschäftigen. Gegen die Erstattung der Hinsendekosten bei der Ausübung des Rücktrittsrechtes bei Vorliegen von Mängeln spricht, dass der Gesetzgeber die ehemalige Norm des § 467 S.2 BGB a.F. nach der Schuldrechtsreform nicht übernommen hat, nach der der Verkäufer auch die Vertragskosten und damit auch die Versandkosten zu ersetzen hatte[86]. Diese Ansicht stützt im Ergebnis auch das Urteil des AG Kehl, das die Versandkosten dem Käufer lediglich über den Aufwendungsersatz (Schadensersatz), nicht aber als Folge der Rückabwicklung des Vertrages zusprach[87].

Gegen einen Erstattungsanspruch spricht auch nicht die Rechtsprechung zum Ersatz der ursprünglichen Versandkosten durch den Verkäufer beim Widerruf von Fernabsatzverträgen[88], die EU-Verbraucherrechterichtlinie[89] oder das Gesetz zur Umsetzung der Verbraucherrechterichtlinie[90].

Grundsätzlich ist die Rechtsfolge des Widerrufes von Fernabsatzverträgen die gleiche wie beim Rücktritt des Vertrages. Die gegenseitigen Leistungen sind nach §§ 346 ff. BGB zurückzugewähren. Dennoch wurde bis zur ausdrücklichen gesetzlichen Regelung am 13.06.2014 in § 357 Abs. 2 S.1 BGB nur durch richtlinienkonforme Auslegung vertreten[91], dass im Fall des Widerrufs des Fernabsatzvertrages die ursprünglichen Versandkosten vom Verkäufer zurückerstattet werden müssen[92]. Dies hatte bereits damals zur Folge, dass es bei der Anwendung der gleichen Norm (im Falle eines Rücktritts nach §§ 437 Nr.2, 440, 323 I BGB oder bei einem Widerruf nach §§ 312d, 355 ff. BGB a.F.) zu unterschiedlichen Rechtsfolgen bei der Anwendung des § 346 BGB kam.

Ausdrücklich stellte der Bundesgerichtshof bei der richtlinienkonformen Auslegung des § 346 BGB fest, dass der Verbraucher beim Widerruf von Fernabsatzverträgen davor geschützt werden solle, dass er ohne Angabe von Gründen und ohne Schwierigkeiten leicht vom Kaufvertrag zurücktreten kann. Das könne jedoch nur dadurch erreicht werden, wenn dem Käufer die Kosten für den ursprünglichen Versand nicht auferlegt werden. Ausdrücklich wird klargestellt, dass dazu grundsätzlich nicht Verbraucher schützende § 346 BGB im Lichte der Fernabsatzrichtlinie auszulegen sei.

Wenn jedoch die ursprüngliche Versandkostenerstattung von § 346 BGB umfasst wäre, hätte es der richtlinienkonformen Auslegung des § 346 BGB bzw. der Neuregelung in § 357 Abs.2 S.1 BGB n.F. bedurft.

Die Fernabsatzrichtlinie ist jedoch im Unterschied zum Widerruf beim Rücktritt vom Kaufvertrag nach § 323 I BGB nicht zur Auslegung heranzuziehen. Für die Ausübung

---

[85] Reinicke/Tiedtke, Kaufrecht, Rn. 246; MüKo-Gaier, § 346 Rn. 20; wohl auch im Ergebnis BGH, Vorlagebeschluss vom 01.10.2008, Az.: VIII ZR 268/07.
[86] MüKo-Gaier, § 346 Rn. 20; Jauernig, BGB-Kommentar, 9.Auflage (1999), §468 Rn. 9; §448 Rn. 3; BGHZ 87, 108.
[87] AG Kehl, Urteil v. 16.9.03, AZ.: 4 C 290/03.
[88] BGH, Urteil vom 7. Juli 2010, Az.: VIII ZR 268/07; EuGH, Urteil vom 15. April 2010, Az.: Rs. C-511/08.
[89] Richtlinie 2011/83/EU des Europäischen Parlaments und des Rates vom 25.10.2011.
[90] *BGBl. 2013 I Nr. 58, S. 3642.*
[91] BGH, Urteil vom 7. Juli 2010, Az.: VIII ZR 268/07.
BGH, Urteil vom 7. Juli 2010, Az.: VIII ZR 268/07; EuGH, Urteil vom 15. April 2010, Az.: Rs. C-511/08.; OLG Frankfurt, Urteil v. 28.11.2001, Az. 9 U 148/01; BGH, Urt. v. 19.03.2003, Az. VIII 2R 295/01; OLG Köln, Urteil v. 06.08.2004, Az. 6 U 93/04; LG Karlsruhe Urteil vom 19.12.2005 Az.: 10 O 794/05.

des Rücktritts vom Vertrag macht es keinen Unterschied, ob es sich um einen Verbrauchsgüterkauf oder einen normalen Kaufvertrag handelt.
Selbst wenn § 346 BGB nicht nur auf die Hauptleistungspflichten aus dem Kaufvertrag angewendet wird, sondern auch auf die (integrierte) Versendungsabrede, wären die Leistungen, die unmittelbar mit der Versendung zu tun hätten, zurückzugewähren. Die Leistung des Käufers war danach die Zahlung der Versandkostenpauschale. Der Verkäufer hat die Ware zu einem Transportunternehmen gebracht, mit diesem einen Werkvertrag (Transportvertrag) geschlossen und den Werklohn (Porto) vorab an diesen bezahlt. Diese aufgrund der Versendungsabrede geschuldeten Tätigkeiten sind als Leistung des Verkäufers zu sehen. Da die Leistungen des Verkäufers bezüglich des Versandes (Transport der Ware zur Post, Zahlung des Portos) nicht mehr herauszugeben sind, müsste Wertersatz geleistet werden. Die Leistungen des Verkäufers und Käufers bezüglich des Versandes werden sich regelmäßig gegenseitig aufheben, sodass im Ergebnis – wird die Aufrechnung des Wertersatzes vorausgesetzt – der Verkäufer die Versandkosten dem Käufer nicht zu ersetzen braucht.

Ausnahmsweise kommt jedoch die **Erstattung der ursprünglichen Versandkosten** über den Weg des Schadensersatzes (Aufwendungsersatz nach § 284 BGB) neben dem Rücktritt in betracht, wenn der Verkäufer die Lieferung der mangelhaften Sache zu „verschulden" (juristisch: zu vertreten) hat. Siehe dazu folgendes Kapitel 3.5.6 zum Schadensersatz.

Zurück zum Fall 13: Andrea hat durch das Zurücksenden der Ware mit Verweis auf den Mangel den Rücktritt vom Kaufvertrag erklärt. Den Mangel am Kaffeeservice hat der Verkäufer nicht zu vertreten, da der Verkäufer nicht zur vorherigen Prüfung der Ware verpflichtet ist. Ihn trifft daher keine Schuld. Dass der Verkäufer auf das Rücksenden der mangelhaften Ware verzichtet, ist dabei irrelevant. Andrea kann die ursprünglichen Versandkosten nicht ersetzt verlangen.

3.5.5.3. Erheblichkeit des Mangels

Um den Rücktritt vom Kaufvertrag geltend machen zu können, müsste im Gegensatz zur Minderung der **Mangel erheblich** sein. Für einen unerheblichen Mangel kann vom Ergebnis her nur die Minderung des Kaufpreises, nicht jedoch der Rücktritt vom Vertrag verlangt werden. Ob ein Mangel unwesentlich ist, bestimmt sich nach der Beschaffenheit, der Verwendung und nach der Eignung für den Gebrauch der Sache. Aber auch die Wertdifferenz spielt eine Rolle. Bei mehreren Mängeln kommt es auf die Gesamtauswirkung an. So sind leichte Kratzer auf der Ware, die die Funktion der Sache nicht einschränken, unwesentlich. Sind die Kratzer jedoch auf einem Display und beschränken sie die Lesbarkeit, sind diese Mängel wohl als wesentlich zu qualifizieren. Auch sind Mängel, die nach kurzer Zeit von selbst verschwinden oder ohne besonderen Aufwand vom Käufer selbst behoben werden können, unwesentlich. Für die Beurteilung ist ein objektiver Maßstab anzulegen[93]. Wird der Mangel allerdings bewusst (arglistig) vom Verkäufer verschwiegen, wird der Mangel grundsätzlich als wesentliche

---

[93] Palandt-Putzo, § 437, Rn. 23.

Pflichtverletzung des Verkäufers anzusehen sein[94].
Ein defektes DVD-Laufwerk am Laptop wird als wesentlicher Mangel betrachtet, da es die Funktionsfähigkeit massiv einschränkt.
Im Fall 12 (Rn. 33) müsste Sven-Marko dem Verkäufer gegenüber den Rücktritt vom Kaufvertrag erklären. Das hätte zur Folge, dass der Verkäufer den Kaufpreis an Sven-Marko zurückzahlen und der Verkäufer den Laptop bei ihm abholen müsste. Üblicherweise wird der Verkäufer die Rücksendung der Ware per Transportunternehmen (zum Beispiel DHL) erbitten. Der Verkäufer trägt dabei das Transportrisiko des Transportunternehmens und die **Transportkosten (Rücksendekosten)**[95]. Grundsätzlich könnte der Käufer die Ware auch ohne Auftrag des Verkäufers zurückschicken. Der Anspruch auf Kostenersatz ergebe sich dann aus §§ 677, 683, 670 BGB.

Der Käufer muss aber nachweisen können, dass er das Paket abgeschickt hat. Der Verkäufer müsste auch die unfreie Rücksendung als Paket akzeptieren, nicht jedoch Expresszustellungen oder überdurchschnittlich teure Transportarten[96]. Der DHL-Tarif stellt dabei einen Richtwert dar.

45

Praxis-Tipp

Da der Rücktritt vom Vertrag nur nach erfolglosem Ablauf der Frist zur Nacherfüllung möglich ist, muss der Zugang dieser Erklärung an den Verkäufer immer nachweisbar sein (vergleiche Rn. 180 ff.). Bei der Rückgewährung der gegenseitigen Leistungen rate ich im Regelfall von der Möglichkeit der Geltendmachung von Gebrauchsvorteilen[97] ab, da es hier regelmäßig zu Streit kommen wird, und sich dieser Wert nur schwer bestimmen und beweisen lässt, sodass diese Streitigkeiten in vielen Fällen vor Gericht enden.

Gerade wenn es sich um geringe Beträge handelt, lohnt sich ein gerichtlicher Streit selten – daher sollte der Austausch der Hauptleistungen im Vordergrund stehen.

Vor Rücksendung der Ware ist es sehr empfehlenswert, sich mit dem Verkäufer über die Details der Rückabwicklung gütlich zu einigen. Fertigen Sie Fotos vom Zustand der Ware im Beisein eines Zeugen an. Ist eine Einigung mit dem Verkäufer nicht möglich, können Sie wie folgt verfahren:

1. Sie sollten dem Verkäufer die Ware zurückschicken (solange der Versand im objektiven mutmaßlichen Interesse des Verkäufers ist). Dies ist beispielsweise nicht der Fall, wenn der Warenwert nicht im Verhältnis zu den Versandkosten steht. Beispiel: Der Warenwert im aktuellen defekten Zustand liegt bei fünf Euro, die Versandkosten betragen acht Euro. Da der Verkäufer das Transportrisiko trägt, kann es abhängig vom Warenwert im mutmaßlichen Interesse des Verkäufers sein, die Ware als Paket zu versenden.

Legen Sie dem Warenpaket eine aufgeschlüsselte Zahlungsaufforderung (Kaufpreis, tatsächlich angefallene Versandkosten) bei und setzen Sie dem Verkäufer eine Frist von 10 Tagen, innerhalb er die Gesamtkosten auf Ihr angegebenes Konto überweisen soll. Geben Sie das Paket beim Transportunternehmen auf und lassen Sie diese Vorgehensweise von einem Zeugen bestätigen.

---

[94] BGH, Urteil v. 24. März 2006, Az.: V ZR 173/05.
[95] jurisPK-BGB/ Faust, § 346, Rn. 22 f. BGB; BGHZ 87, 110; -Aufwendungsersatz aus Auftrag bzw. GoA.
[96] AG Aachen, Urteil v. 23.08.2006, Az.: 10 C 206/06.
[97] BGH, Urteil vom 16.09.2009, Az.: VIII ZR 243/08.

Nachdem Sie die Ware losgeschickt haben, der Verkäufer die Annahme des Pakets nicht verweigert hat und die Frist ergebnislos verstrichen ist, können Sie die Gesamtkosten per Mahnbescheid geltend machen. Beantragen Sie aber nicht gleich am Tag nach Fristablauf den Mahnbescheid, da häufig Zahlungen noch ein paar Tage verspätet eingehen. Die nochmalige Androhung eines Mahnverfahrens per E-Mail kann ratsam sein.

2. Lehnt der Verkäufer nach der Rücktrittserklärung die Rückabwicklung kategorisch und endgültig ab, so bieten Sie ihm den Rückversand der Ware schriftlich an. Setzen Sie ihm eine angemessene Frist von einer Woche zur Erklärung darüber, ob er die persönliche Abholung der Ware oder deren Rückversand wünscht. Lässt der Verkäufer diese Frist verstreichen, so gerät er in Annahmeverzug[98]. Hat der Verkäufer jedoch bereits die Annahme des Warenpakets verweigert, so befindet er sich schon im Annahmeverzug und bedarf keiner erneuten Aufforderung der Annahme.

Fordern Sie zusätzlich den Verkäufer unter Fristsetzung (zwei Wochen) zur Rückzahlung des Kaufpreises auf und bieten Sie ihm nochmals den Versand der Ware Zug-um-Zug gegen die Rückzahlung des Kaufpreises an. Spätestens nach erfolglosem Ablauf dieser Fristen gerät der Verkäufer in Annahme- und Schuldnerverzug[99].

Seit diesem Fristablauf stehen Ihnen nun Verzugszinsen auf den Rückzahlungsanspruch zu.

Nun können Sie den Rückzahlungsanspruch gerichtlich unter Erhebung einer Klage auf Leistung Zug-um-Zug gegen Rückgabe der Sache geltend machen. Ein Mahnverfahren ist hier nicht möglich, da der Anspruch von einer Gegenleistung (Rückgabe der Ware) abhängt.

3.5.6. Schadensersatz

46 Ist dem Käufer aufgrund des Mangels ein Schaden entstanden, kommt ein Schadensersatzanspruch des Käufers gegen den Verkäufer in Betracht. Schadensersatz setzt jedoch immer ein „Verschulden"[100] des Verkäufers voraus.

Zunächst wird das Verschulden des Verkäufers vermutet. Der Verkäufer kann diese Vermutung jedoch anhand von Beweisen widerlegen. Die Verschuldensvermutung des § 280 Abs. 1 S. 2 BGB ist widerlegt, wenn der Verkäufer die Ursache des Schadens nachweist und darlegt, dass er diese nicht zu vertreten hat[101].

3.5.6.1. Verschulden bezüglich der Lieferung einer mangelhaften Sache

47 Ein Verschulden liegt noch nicht automatisch im Versenden von mangelhafter Ware vor. Bei gebrauchten Sachen muss sich jedoch der Verkäufer zum Beispiel von der wesentlichen Funktionsfähigkeit der gebrauchten Sache überzeugen, wenn er nichts Gegenteiliges in der Angebotsbeschreibung angibt. Tut er das nicht und weist die Ware einen leicht zu erkennenden Defekt auf, liegt ein Verschulden des Verkäufers vor. Hingegen muss ein Verkäufer nicht die Funktionsfähigkeit neuer, originalverpackter Sachen testen. Beispiel: Verkauft ein Verbraucher einen Pkw ohne weitere Angaben, muss er zumindest die normale Funktionsfähigkeit geprüft haben. Eine genaue

---

[98] siehe §§ 293, 295 BGB.
[99] Soergel-Gsell, BGB, § 320, Rn.51, 53, 76.
[100] juristisch korrekt: Vertretenmüssen der Pflichtverletzung i.S.v. § 276 Abs.1 BGB.
[101] Palandt/Grüneberg, BGB, 72. Aufl., § 280 Rn.40.

Prüfpflicht, zum Beispiel Kontrolle des Unterbodens, hat er nicht. Pkw-Händler hingegen müssen umfassend prüfen! Aber auch das Verschweigen von wesentlichen Angaben zur Ware kann ein „Verschulden" des Verkäufers darstellen. Beispiel: Ein Handy mit Riss im Display wird verkauft. Der Verkäufer „vergisst" jedoch anzugeben, dass ein Freund bereits Lötversuche im Inneren unternommen hat. Dies stellt nach Ansicht des Gerichts bereits einen schadensersatzbegründenden Umstand dar[102]. Danach sind Vorbesitzer und Reparaturversuche stets anzugeben.

3.5.6.2. Verschulden bezüglich Verletzung der Nacherfüllungspflicht

Lehnt der Verkäufer die Nacherfüllung ab, ohne dass er sich tatsächlich auf Unmöglichkeit oder wirtschaftliche Unzumutbarkeit berufen kann, liegt auch hier ein „Verschulden" vor. Die daraus entstandenen Schäden können ersetzt werden.

Dabei werden folgende Schadensarten unterschieden:

3.5.6.3. Kleiner Schadensersatz[103]

Der Käufer kann vom Verkäufer den Ersatz des mangelbedingten Minderwerts der Sache als Schadensersatz verlangen. Dies ist von der Rechtsfolge her mit der Minderung zu vergleichen. Beispiel: Eine defekte Fernbedienung der Hi-Fi-Anlage. Die Anlage ist dadurch 100 Euro weniger Wert, der Käufer kann die 100 Euro ersetzt verlangen.

3.5.6.4. Großer Schadensersatz[104]

Allerdings könnte der Käufer auch Schadensersatz statt der ganzen Leistung verlangen, wenn die Pflichtverletzung des Verkäufers nicht unerheblich ist, zum Beispiel bei mangelhafter Lieferung. Der Käufer könnte neben dem Kaufpreis als Mindestschaden auch den Ersatz des ihm entgangenen Gewinns verlangen, zum Beispiel wenn der Käufer konkret nachweist, dass er die Ware gewinnbringend hätte weiterverkaufen können. Hat der Käufer ein Schnäppchen bei eBay gemacht und bekommt er die gleiche Ware bei eBay und im Handel nun nur noch für einen höheren Preis, kann er diese Mehrkosten ebenfalls geltend machen.

3.5.6.5. Mangelfolgeschaden[105]

Ist durch die mangelhafte Sache ein Schaden an einer anderen Sache entstanden, kann der Käufer auch diesen Schaden ersetzt verlangen. Beispiel: Ein elektrisches Gerät verursacht aufgrund eines Defektes einen Brand. Der Käufer könnte den Brandschaden ersetzt verlangen. Diesen Schaden kann der Käufer ohne vorherige Fristsetzung auch neben Nacherfüllung, Rücktritt oder Minderung geltend machen.

3.5.6.6. Aufwendungsersatz

Der Käufer kann auch anstelle des „Schadensersatzes statt der Leistung" einen Aufwendungsersatz geltend machen. Ersetzt werden dabei solche Aufwendungen, die

---

[102] AG Kehl, Urteil v. 16.9.03, AZ.: 4 C 290/03.
[103] sogenannter Schadensersatz statt der Leistung, §§ 280 Abs.1, 3, 281 Abs.1 S.1, 2. Alt. BGB.
[104] sogenannter Schadensersatz statt der ganzen Leistung, §§ 280 Abs.1, 3, 281 Abs.1, S.2, 3 BGB.
[105] sogenannter Schadensersatz neben der Leistung, § 280 Abs.1 BGB.

im Vertrauen auf den Erhalt der Ware gemacht wurden und auch billigerweise gemacht werden durften. Hierzu zählen die ursprünglichen Versandkosten (Versandkostenpauschale). Hat zum Beispiel der Käufer einen Pkw gekauft und mietet zum Zwecke der Überführung einen Hänger inklusive Zugfahrzeug, kann ihm ein Anspruch auf Ersatz dieser vergeblich investierten Mietkosten zustehen, wenn sich später ein wesentlicher Mangel herausstellt.

53 ### 3.5.7. Mängelbegriff: Was ist überhaupt ein Mangel?
Der Mängelbegriff umfasst Rechts- und Sachmängel. Ein Rechtsmangel liegt beispielsweise vor, wenn der Käufer nicht Eigentümer der Sache geworden ist, weil die Sache dem ursprünglichen Eigentümer gestohlen worden ist. Der Schwerpunkt soll hier jedoch auf dem Sachmangel liegen.

> **Fall 14:** *Jens kauft bei eBay ein* Plüschtier *aus 100 % Polyester für seinen auf Baumwolle allergisch reagierenden Sohn. Als die Ware bei ihm ankommt, stellt er fest, dass das Plüschtier aus 60 % Polyester und 40 % Baumwolle besteht. Liegt hier ein Sachmangel vor?*

54 Ja. Zur Erklärung: Ein Sachmangel liegt dann vor, wenn die tatsächliche von der vereinbarten Beschaffenheit der Sache abweicht[106].
Die vereinbarte Beschaffenheit ergibt sich aus der Artikelbeschreibung inklusive Artikelbezeichnung, Zustand der Ware (neu/gebraucht), und den angegebenen Fotos von der Ware (siehe auch Fall 39, Rn. 105).
Beschreibt der Verkäufer die Eigenschaften der Ware und trifft der Käufer auf dieser Grundlage die Kaufentscheidung, liegt bereits hierin eine vertragliche Beschaffenheitsvereinbarung. Unter Beschaffenheit wird jedes Merkmal der Sache verstanden. In Fall 14 liegt eine Abweichung von der vereinbarten Beschaffenheit und damit ein Sachmangel vor.

> **Fall 15:** *Peter bietet eine Software zur professionellen Webgestaltung zum Kauf an. In der Artikelbeschreibung erklärt er, dass selbst Profis mit dieser Software arbeiten. Webgestalterin Anja erkundigt sich im Vorfeld der Auktion bei Peter, ob die Software auch auf einem Apple-Computer (Mac) läuft, da sie die Software für ihre Arbeit benötigt und nur mit Apple-Computern arbeitet. Aus Unwissenheit bestätigt Peter die Kompatibilität mit Apple-Computern. Anja kauft die Software, stellt jedoch schnell fest, dass die Software nur auf Windows-PCs läuft, nicht jedoch auf Apple-Computern. Anja ist sauer. Liegt hier ein Sachmangel vor?*

55 Ja. – Hier wurde ein bestimmtes Merkmal anscheinend nicht vereinbart. Allerdings eignet sich die Software nicht für den Einsatz auf Apple-Computern. Ein Sachmangel liegt jedoch auch dann vor, wenn die Sache sich nicht für eine vereinbarte Verwendung eignet[107]. Hier teilte Peter Anja mit, dass sich die Software für den Einsatz am Apple-Computer eignet, woraufhin Anja die Software gekauft hat. Ein Sachmangel liegt somit

---

[106] Umkehrschluss zu § 434 Abs.1 S.1 BGB.
[107] Umkehrschluss zu § 434 Abs.1 S.2 Nr.1 BGB.

vor.

> **Fall 16:** *Roman bietet eine gebrauchte Lichterkette zum Kauf an. Weitere Angaben enthält das Angebot nicht. Marko, der seine Wohnung neu dekorieren will, kauft sie. Er stellt jedoch fest, dass manche Glühbirnen nach einer gewissen Zeit zu flackern beginnen – ein Sachmangel?*

Ja. – Roman und Marko haben weder eine bestimmte Beschaffenheit, noch eine bestimmte Verwendungseignung vereinbart. Daher reicht es für einen Sachmangel aus, wenn sich die Sache für eine gewöhnliche Verwendung nicht eignet oder eine Beschaffenheit aufweist, die bei Sachen gleicher Art unüblich ist und mit der der Käufer nicht zu rechnen braucht[108]. Ein Sachmangel liegt auch hier vor. 56

Vom Sachmangel zu unterscheiden sind jedoch Defekte, die einen normalen und typischen Verschleiß der Sache darstellen (siehe Fall 19, Rn. 72).

Auch öffentliche Äußerungen des Verkäufers oder des Herstellers bestimmen den Begriff der üblichen Beschaffenheit und was als übliche Beschaffenheit geschuldet ist. Wird zum Beispiel Werbung für eine gewisse Eigenschaft durch den Hersteller für das Produkt XY betrieben, muss der Verkäufer sicherstellen, dass diese Eigenschaft auch bei dem von ihm angebotenen Artikel funktioniert, er muss es sich „zurechnen" lassen. Ausnahme: Er distanziert sich ausdrücklich davon. Nur ausnahmsweise werden dem Verkäufer solche Äußerungen des Herstellers nicht zugerechnet, zum Beispiel wenn er diese nicht kannte und auch nicht kennen musste. 57

Auch eine fehlerhafte oder gänzlich fehlende Montageanleitung kann zum Sachmangel führen, jedoch nur dann, wenn die Sache deswegen nicht oder fehlerhaft aufgebaut wurde[109]. Unter Juristen wird diese Bestimmung auch scherzhaft „Ikea-Klausel" genannt[110]. 58

Ein Sachmangel liegt auch dann vor, wenn der Verkäufer eine ganz andere, als die bestellte Sache oder zu wenig liefert[111]. Zu beachten ist, dass der Mangel im Zeitpunkt des Gefahrübergangs vorgelegen haben muss (siehe auch Rn. 25). 59

3.5.8. Verjährung der Gewährleistungsrechte 60

Soweit nichts anderes vereinbart wurde, verjähren Sachmängelansprüche zwei Jahre nach der Ablieferung der Sache[112]. Das ist unabhängig von der Frage des Gefahrenübergangs der Zeitpunkt, an dem die Sache dem Käufer am vereinbarten Bestimmungsort zur Verfügung gestellt wird (Übergabe der Ware vom Transporteur an den Käufer). Geht es allerdings um Sachen, die üblicherweise für ein Bauwerk verwendet werden und dessen Mangelhaftigkeit verursachen, beträgt die Frist sogar fünf Jahre, zum Beispiel bei Dachziegeln, Zement oder Bauholz.
Ist dem Verkäufer nachzuweisen, dass er den Mangel arglistig verschwiegen hat, beträgt die Verjährungsfrist drei Jahre.

---

[108] Umkehrschluss zu § 434 Abs.1 S.2 Nr.2 BGB.
[109] § 434 Abs.2, S.2 BGB.
[110] Büdenbender in AnwK- Das neue Schuldrecht, §434 Rn.16.
[111] § 434 Abs.3 BGB.
[112] § 438 Abs.1, Nr.3 BGB.

61 **3.5.9. Gewährleistungsausschluss: Aber richtig!**

Aufgrund dieser weit gehenden und folgenreichen Mängelhaftung ist es verständlich, dass viele Verkäufer die Gewährleistung zeitlich zu begrenzen oder auszuschließen versuchen. Viele Mythen existieren um den Gewährleistungsausschluss und das nicht nur in Internetforen. Es scheint so, als ob die meisten Verkäufer den formulierten Unsinn der anderen kopieren und in ihrem eigenen Gewährleistungsausschluss wiedergeben. Häufig sind Sätze wie „... als Privatperson bin ich nach neuem EU-Recht zum Gewährleistungsausschluss verpflichtet ....", oder „... aufgrund vom neuen EU-Recht gebe ich keine Garantie ..." zu lesen. Diese Sätze sind nicht nur falsch, sondern können unter anderem die Unwirksamkeit des Gewährleistungsausschluss verursachen.

Selbst Juristen und Anwälte sind unsicher im Umgang mit dem rechtssicheren Gewährleistungsausschluss, da die Abgrenzung zur Allgemeinen Geschäftsbedingung (AGB) häufig nicht eindeutig bestimmt werden kann, was im hohen Maße zur Rechtsunsicherheit führt. Es stellt sich nun die Frage, wer die Gewährleistung ausschließen darf und wie ein Gewährleistungsausschluss formuliert sein muss. Sie meinen, Sie kennen sich bereits damit aus? Sie werden überrascht sein!

62 **3.5.9.1. Gewährleistungsausschluss bei „normalem" Kaufvertrag**

Grundsätzlich kann bei jedem „normalen" Kaufvertrag, also zwischen zwei Verbrauchern, die Gewährleistung ausgeschlossen werden. Das bedeutet im Grundsatz, dass bei einem auftretenden Mangel der Verkäufer weder nacherfüllen (Reparatur bzw. Neulieferung) muss, noch der Käufer Rücktritt (Rückgabe der Ware) oder Minderung verlangen kann. Ein Schadensersatzanspruch ist auf wenige Fälle beschränkt[113], jedoch nicht gänzlich ausgeschlossen.

63 **3.5.9.2. Arglistiges Verschweigen eines Mangels**

Fall 17: Jan besitzt ein Fernsehgerät. Seit einiger Zeit geht ab und zu das Bild aus und es riecht dabei leicht verbrannt. Jan schaltet dann immer das Gerät aus und nach einiger Zeit wieder an. Der Fernseher läuft dann wieder problemlos. Der zunehmende Brandgeruch macht Jan jedoch Angst. Er befürchtet, dass ein Brand ausbrechen könnte, und entschließt sich daher, den Fernseher über eBay zu verkaufen. In der Artikelbeschreibung schreibt er: „Verkaufe gebrauchten Fernseher. Manchmal geht das Bild aus. Aber kein Problem, durch An- und Ausschalten des Fernsehers kommt das Bild immer wieder. Ich verkaufe den Fernseher unter Ausschluss der Gewährleistung". Dabei gibt Jan bewusst nicht an, dass der Fernseher manchmal Brandgeruch entwickelt, um höhere Gebote zu erzielen. Mike bietet und bekommt den Zuschlag. Der Fernseher funktioniert wunderbar. Im Stand-by Betrieb bricht über Nacht ein Brand im Gerät aus, der auf Mikes Wohnung übergreift. Dadurch entsteht ein Schaden in Höhe von 250.000 Euro, den Mike von Verkäufer Jan ersetzt verlangt. Der verweigert die Zahlung, da er ja schließlich die Gewährleistung ausgeschlossen und mitgeteilt hat, dass der Fernseher manchmal ausgeht. Muss Jan Schadensersatz zahlen?

Das ist sehr wahrscheinlich. – Hier hat ein Mangel am Fernseher einen Schaden an der Wohnung verursacht. Mike muss Jan keine Frist setzen, da hier keine Nacherfüllung

---

[113] § 276 Abs.3 BGB; siehe MüKo § 475 Rn.14.

beabsichtigt ist, sondern Schadensersatz. Fraglich ist, ob der Schadensersatzanspruch hier nicht wegen Jans Gewährleistungsausschluss tatsächlich ausgeschlossen ist. Grundsätzlich ist der Gewährleistungsausschluss wirksam. Verschweigt der Verkäufer jedoch arglistig Eigenschaften oder Mängel an der Ware, um zum Beispiel höhere Gebote zu erzielen, kann sich der Verkäufer nicht mehr auf den Gewährleistungsausschluss berufen[114]. Obwohl Jan die Gefahr eines Brandausbruchs bekannt war, hat er den Käufer bewusst nicht über den Brandgeruch aufgeklärt, da er einen höheren Endpreis erzielen wollte. Somit ist der Gewährleistungsausschluss unwirksam und er hat diese Aufklärungspflicht vorsätzlich unterlassen[115]. Jan müsste Schadensersatz an Mike zahlen. Vermutlich muss Jan jedoch nicht den kompletten Schaden ersetzen, da Mike ein Mitverschulden am Brand trifft, weil er einen offensichtlich nicht einwandfrei funktionierenden Fernseher betrieben hat.

Sie sehen: Selbst mit einem grundsätzlich wirksamen Gewährleistungsausschluss kann sich der Verkäufer schadensersatzpflichtig machen. Geben Sie daher grundsätzlich alle bemerkten Mängel an. In diesem Fall hätte Jan ausdrücklich auf den Brandgeruch hinweisen müssen.

3.5.9.3. Richtige Formulierung

Ein wirksamer Gewährleistungsausschluss setzt zunächst eine wirksame Ausschlussformulierung voraus, dazu reicht eigentlich der Satz: „Die Gewährleistung ist ausgeschlossen".
Sehr oft wird jedoch fälschlicherweise geschrieben: „Ich gebe keine Garantie aufgrund EU-Recht." Laien bringen häufig die Begriffe Gewährleistung und Garantie durcheinander. Die gesetzliche Gewährleistung liegt immer vor, sofern sie nicht wirksam ausgeschlossen wurde. Die Garantie[116] ist im Gegensatz zur Gewährleistung nicht gesetzlich vorgeschrieben, sie wird freiwillig vom Hersteller oder Händler gegeben und besteht neben der gesetzlichen Gewährleistung. Die freiwillige Garantie und die gesetzliche Gewährleistung beeinflussen sich daher nicht. Schreibt nun ein Verkäufer, er gäbe keine Garantie, schließt er nicht die gesetzliche Gewährleistung aus – ungefähr die Hälfte aller Gewährleistungsausschlüsse bei eBay wären damit unwirksam, da sie auf diesem Fehler beruhen.
Jedoch haben mittlerweile das AG Kamen[117] und das OLG Köln[118] entschieden, dass Gewährleistungsausschlüsse mit einem Wortlaut wie: „... nach dem EU-Recht keine Garantie ..." oder „Privatverkauf, daher keine Garantie" verbraucherfreundlich auszulegen sind, da unter Berücksichtigung der Laienvorstellung die Gewährleistung damit vollständig ausgeschlossen sei.
Ob allerdings auch Formulierungen wie „Rücknahme ausgeschlossen" allein für einen umfassenden Gewährleistungsausschluss ausreichen, mag bezweifelt werden. Würde in diese Formulierung eines Laien der Erklärungsgehalt eines umfassenden Gewährleistungsausschlusses künstlich hineininterpretiert, würde der

---

[114] § 444 BGB.
[115] siehe auch § 276 Abs.3 BGB.
[116] § 443 BGB.
[117] AG Kamen, Urteil v. 3.11.04; Az.: 3 C 359/04.
[118] OLG Köln, Urteil vom 28.03.2011, Az.: 3 U 174/10.

Auslegungsspielraum maßlos überdehnt werden, da in diesem Fall wirklich nicht mehr sicher ist, ob der Verkäufer lediglich den Rücktritt vom Vertrag ausschließen will, jedoch Minderung und Nacherfüllung akzeptiert. Hier anzunehmen, der Laie wolle den kompletten Gewährleistungsausschluss erklären, wäre wohl schlicht eine Unterstellung. Ob sich eine derartige Interpretation dieser Formulierungen zukünftig durchsetzen wird, bleibt abzuwarten. Es kann jedoch davon ausgegangen werden, dass die Gerichte auch in Zukunft verbraucherfreundlich entscheiden werden. Daher ist anzuraten, eindeutige Formulierungen zu verwenden und die Gewährleistung auszuschließen. Eine Garantie muss nicht ausgeschlossen werden, da sie nur dann existiert, wenn sie ausdrücklich zugesichert worden ist[119].

Allerdings übersahen die Gerichte bzw. die beteiligten Parteien bei der Auslegung der o.g. „Klausel" völlig, dass eine diesbezüglich korrigierende Auslegung im Sinne eines vollständigen Gewährleistungsausschlusses bereits wegen Verstoßes gegen die AGB-Grundsätze unwirksam ist.

65 ### 3.5.9.4. AGB-Problematik
Wer nun glaubt, dass der Gewährleistungsausschluss wirksam ist, nur weil kein Verbrauchsgüterkauf vorliegt, eine wirksame Ausschlussformulierung geschrieben und keine Mängel arglistig verschwiegen wurden, der sollte den folgenden Fall lesen!

> **Fall 18:** *René will sein altes Handy verkaufen. Sylvia erhält bei eBay den Zuschlag. In der Artikelbeschreibung steht: „Verkaufe mein gebrauchtes Handy." Weiter unten im Feld bei „Angaben zu Zahlung, Versand und Rücknahme" steht Folgendes: „Versicherter Versand acht Euro, eBay zahle ich, Versand Du. Der Artikel wird unter Ausschluss der Gewährleistung verkauft". Kurz nach der Übergabe des Handys geht es wegen einer defekten Platine kaputt. Sylvia verlangt die Reparatur von René, andernfalls will sie vom Vertrag zurücktreten. René lehnt alles ab und beruft sich auf den Gewährleistungsausschluss. Die schlaue Sylvia recherchiert in Renés Bewertungsprofil und stellt fest, dass er im letzten Vierteljahr neun Artikel verkauft hat und jedes Mal bei „Angaben zu Zahlung, Versand und Rücknahme" den gleichen Text mit dem Gewährleistungsausschluss geschrieben hat. Sylvia freut sich, denn der Gewährleistungsausschluss könnte unwirksam sein.*

Ein pauschaler Gewährleistungsausschluss ist dann unwirksam, wenn er als Allgemeine Geschäftsbedingung (AGB) gewertet wird[120]. In AGB dürfen Schadensersatzansprüche nur teilweise beschränkt[121] werden. Wird jedoch die Gewährleistung pauschal ausgeschlossen, werden durch diese Formulierung sämtliche Gewährleistungsrechte aus § 437 BGB ausgeschlossen Darunter fällt auch der Schadensersatz wegen Verletzung der Rechtsgüter Leib, Leben und Gesundheit, und auch vorsätzliche und grobfahrlässige begangene Pflichtverletzungen können ausgeschlossen werden. Das führt dazu, dass der Gewährleistungsausschluss gegen die AGB-Bestimmungen

---

[119] OLG Celle, Urteil vom 08.04.2009, Az.: 3 U 251/08.
[120] §§ 305 ff. BGB; insbesondere wegen § 309 Nr.7 bzw. 8 BGB.
[121] § 309 Nr.7 bzw. 8 BGB.

verstößt und damit komplett unwirksam ist[122]. Da René mehrfach die Gewährleistung komplett ausgeschlossen hat, stellt der Gewährleistungsausschluss eine AGB dar, die gegen § 309 Nr.7 a, b BGB verstößt und daher unwirksam ist. Daher stehen Sylvia hier mangels wirksamen Gewährleistungsausschluss die Gewährleistungsansprüche zu.

Zur Erklärung: Eine AGB ist eine Vertragsbedingung, die für eine Vielzahl von Verträgen vorformuliert ist. Gewährleistungsausschlussformulierungen stellen solche Vertragsbedingungen dar. Dabei kommt es nicht darauf an, dass diese Vertragsbedingungen ausdrücklich als AGB bezeichnet werden. Wer solche Bedingungen mehr als ein- bis zweimal verwendet, erfüllt häufig schon die Voraussetzungen einer AGB[123]. Dabei macht es keinen Unterschied, ob der Gewährleistungsausschluss unterschiedlich formuliert wird. Es kommt hierbei nicht auf die Formulierung sondern auf den Regelungsgehalt des Ausschlusses an[124]. 66

Der Käufer muss im Zweifel nachweisen können, dass der Verkäufer diese Bedingungen wiederkehrend benutzt hat oder dies in Zukunft erneut vor hat. Dabei ist es unschädlich, wenn der Verkäufer die Verwendung gelegentlich unterlässt[125].

Bereits das erstmalige Verwenden einer Vertragsbestimmung (z.B. Gewährleistungsausschluss) kann eine AGB darstellen, wenn diese Formulierung aus einer Veröffentlichung, z.B. aus dem Internet, abgeschrieben wurde.

Bei eBay gibt es die Besonderheit, dass über das Bewertungsportal die Auktionen des Verkäufers über einen längeren Zeitraum einsehbar sind. Häufig kann somit der Käufer relativ einfach dem Verkäufer nachweisen, dass er mehr als ein- bis zweimal die Gewährleistungsrechte vollständig ausgeschlossen hat. Zwar kann der Verkäufer behaupten, dass er sich bei jedem Angebot erneut zur Verwendung eines Gewährleistungsausschlusses entschieden und damit nicht mit mehrmaliger Verwendungsabsicht gehandelt hat. In der eBay-Praxis wird allerdings der Anschein der mehrmaligen Verwendung der zumeist auch unter sprachlichen Gesichtspunkten identischen Vertragsbestimmungen gegen die einmalige Verwendungsabsicht des Verkäufers sprechen.

Gerade die Spalte „Angaben zu Zahlungen, Versand und Rücknahme" dient bei eBay durch die Speicherfunktion beim Einstellen anderer Artikel zur Wiederholung von typischen immer wiederkehrenden Vertragsbedingungen, ohne diese jedes Mal beim Einstellen von neuen Artikeln erneut eintippen zu müssen. Daher sind diese immer wiederkehrenden gleichen Bedingungen „*Versicherter Versand acht Euro, eBay zahle ich, Versand Du. Der Artikel wird unter Ausschluss der Gewährleistung verkauft*" als AGB zu werten. Folge: Der Gewährleistungsausschluss verstößt als AGB gegen § 309 Nr.7 a, b BGB und ist damit unwirksam[126].

Ein dagegen zulässiger, zwischen den Vertragsparteien ausgehandelter individualvertraglicher Gewährleistungsausschluss wird bei eBay allerdings immer unmöglich sein, da der Verkäufer die Gewährleistungsrechte ausschließt, bevor er

---

[122] Berger in: ZGS 2007, 257ff.; BGH, Urteil vom 15.11.06; Az.: VIII ZR 3/06.
[123] vergleiche BGH NJW 1998, 2286; 2002, 138.
[124] Palandt-Putzo, BGB, § 305 Rn.8; NZG 1998, 353; BB 1999, 228.
[125] NJW-RR 2001, 55.
[126] Berger in: ZGS 2007, S.257ff.

seinen Vertragspartner überhaupt kennt.

Schauen Sie sich die Artikelbeschreibungen des Verkäufers der letzten drei Monate an (siehe Bewertungen) und suchen Sie Hinweise auf die mehrmalige Verwendung von Gewährleistungsausschlussformulierungen.
Fertigen Sie im Beisein eines Zeugen Ausdrucke dieser Auktionen an, um gegebenenfalls später die mehrmalige Verwendung der Gewährleistungsausschlüsse beweisen zu können.
Dazu folgendes Urteil des OLG Hamm[127], das Verkäufer aufschrecken ließ:
Der ADAC hatte einen Formularkaufvertrag für seine Mitglieder zum privaten Pkw-Verkauf ausgearbeitet. Darauf stand: „... Der Pkw wird unter Ausschluss der Sachmängelhaftung verkauft ...". Ein Käufer klagte gegen diesen Gewährleistungsausschluss und bekam Recht – der Ausschluss wurde unwirksam. Grund: Der Verkäufer hat hier einen Formularvertrags-Vordruck benutzt. Der Gewährleistungsausschluss auf dem Formularkaufvertrag war grundsätzlich für mehrere Verkäufe gedacht (Sinn eines Standardformulars) und stellt damit eine AGB dar, die gegen die AGB-Grundsätze verstößt[128]. Selbst die Juristen des ADAC hatten diesen Aspekt nicht bedacht. Hätten die Vertragsparteien den Gewährleistungsausschluss handschriftlich auf dem Vertrag vermerkt, läge keine AGB vor und der Gewährleistungsausschluss wäre wirksam.
Selbst durch das erstmalige Benutzen einer Formulierung kann eine AGB vorliegen.

In unserem Fall konnte Sylvia nachweisen, dass René die gleichen Vertragsbestimmungen mehrfach verwendet hat. Der Gewährleistungsausschluss ist wegen Verstoßes gegen die AGB-Bestimmungen unwirksam. Sylvia kann von René die Reparatur des Handys verlangen.
Beachten Sie: Auch beim Verkauf von neuen Sachen durch Privatpersonen darf die Gewährleistung nur dann begrenzt werden, wenn die Gewährleistungsausschlussformulierung keine AGB darstellt. Sobald diese Formulierung eine AGB darstellt, liegt ein Verstoß gegen § 309 Nr.8 b BGB vor, der zur Unwirksamkeit der Begrenzung führt.
Kurz gesagt: Wer als Privatperson mehr als ein- bis zweimal neue Ware verkauft, kann die Gewährleistung nicht wirksam ausschließen!

67 **3.5.10. Gewährleistungsbegrenzung beim Verbrauchsgüterkauf**
Bei der Sonderform des Verbrauchsgüterkaufs kann der Verkäufer (Unternehmer) die Gewährleistung grundsätzlich nicht zum Nachteil des Käufers (Verbraucher) zeitlich verkürzen, beschränken oder ausschließen. Eine diesbezügliche Vereinbarung vor Mitteilung eines Mangels ist unwirksam[129].
Eine Ausnahme stellt die Möglichkeit der Verkürzung der Gewährleistungsansprüche für gebrauchte Sachen dar. Hier ist eine Verjährungsverkürzung auf ein Jahr zulässig. Eine Verjährungsverkürzung auf ein Jahr bei sogenannter "B-Ware" ist hingegen nicht

---

[127] OLG Hamm, Urteil v. 10.2.05, AZ.: 28 U 147/04, veröffentlicht in NJW-RR 2005/1220.
[128] § 309 Nr.7 a BGB.
[129] § 475 Abs.1, 2 BGB.

zulässig, sofern die "B-Ware" nicht ausdrücklich als gebraucht verkauft wird[130].
Des Weiteren können Schadensersatzansprüche unter Beachtung der AGB-Grundsätze begrenzt werden[131].

Ist der Gewährleistungsausschluss wirksam?
A) Liegt ein **Verbrauchsgüterkauf** vor (siehe Rn. 4 ff.)? Dann ist die Gewährleistung zeitlich bei neuen Sachen auf zwei Jahre gesetzlich beschränkt; bei gebrauchten Sachen auf ein Jahr beschränkbar. Schadensersatzansprüche können gegebenenfalls auf grobe Fahrlässigkeit und Vorsatz beschränkt werden. Weitergehende Gewährleistungsausschlüsse sind unwirksam.

B) Liegt ein **normaler Kaufvertrag** vor (Handel zwischen Privatpersonen):
- Werden Mängel arglistig verschwiegen?
- Oder ist der Ausschluss fehlerhaft formuliert, zum Beispiel lediglich mit „keine Rücknahme"?
- Ist der Gewährleistungsausschluss als AGB ohne <u>ausdrückliche Ausnahme</u> der Schadensersatzansprüche für Körperschäden und für vorsätzliche sowie grob fahrlässige Pflichtverletzungen beschrieben?

Die Ware weist einen Mangel (Abweichung von der Beschreibung oder einen Defekt) auf. Der Schnell-Check:

Können Sie einen Gewährleistungsanspruch geltend machen?
- Liegt ein **Sachmangel** vor?
- Lag der **Sachmangel auch schon im Zeitpunkt des Gefahrenübergangs** vor?
- Sind noch keine sechs Monate seit Gefahrenübergang vergangen, wird grundsätzlich zugunsten des Käufers beim Verbrauchsgüterkauf vermutet, dass der Mangel schon seit Gefahrenübergang vorlag (sogenannte **Beweislastumkehr**).
- Sind schon mehr als sechs Monate seit Gefahrenübergang vergangen oder handelt es sich um einen normalen Kaufvertrag, muss der Käufer (zum Beispiel anhand eines Gutachtens) beweisen können, dass der Mangel schon im Zeitpunkt des Gefahrenübergangs vorgelegen hat.
- Ist noch keine **Verjährung eingetreten** (im Regelfall zwei Jahre)?
- Liegt ein **wirksamer Gewährleistungsausschluss** vor? Zu beachten: Verbrauchsgüterkauf, arglistiges Verschweigen eines Mangels, missverständliche Formulierung, Verstoß gegen AGB-Grundsätze
- Käufer kann (**Nacherfüllung**) wahlweise **Reparatur** oder **Nachlieferung** vom Verkäufer verlangen.
- **Verkäufer kann Reparatur und/oder Nachlieferung** aus Gründen der tatsächlichen Unmöglichkeit oder der wirtschaftlichen Unverhältnismäßigkeit **ablehnen** (muss dies aber nachweisen können).

68

---

[130] LG Essen, Urteil vom 25.02.2016, Az.: 43 O 83/15.
[131] § 475 Abs.3 BGB.

49

> - **Fristsetzung zur Nacherfüllung** (durchschnittlich 10-14 Tage).
> - Nach **erfolglosem** Fristablauf kann der Käufer dem Verkäufer den **Rücktritt** erklären, **Minderung** verlangen, und/oder **Schadensersatz** fordern (gegebenenfalls können Fristsetzung und Schadensersatzforderung in einem Schreiben verbunden werden).
> - **Minderung** erfolgt durch Erklärung: Minderwert der Sache, der auf dem Mangel beruht, ist zu erstatten.
> - **Rücktritt** erfolgt durch Erklärung, setzt jedoch **Erheblichkeit** des Mangels voraus, gegenseitige Leistungen sind zurückzugewähren.
> - **Schadensersatz:** Schadensersatz statt der Leistung; Schadensersatz statt der ganzen Leistung; Schadensersatz neben der Leistung, Aufwendungsersatz. Setzt unter anderem **Verschulden des Verkäufers** voraus.

69   3.6. Die Garantie

Wie oben bereits beschrieben, dürfen Garantie und Gewährleistung nicht miteinander verwechselt werden. Selten geben Verkäufer bei eBay ihren Käufern Garantien. Wird dem Käufer jedoch eine Garantie gegeben, kann er die sich daraus ergebenden Ansprüche neben den gesetzlichen Gewährleistungsrechten geltend machen. Garantien werden freiwillig vom Hersteller oder Händler gegeben und müssen ausdrücklich vereinbart werden.

Gibt beispielsweise der Hersteller eine übliche Haltbarkeitsgarantie von 24 bzw. 36 Monaten und geht das Gerät aufgrund eines Mangels nach drei Monaten kaputt, kann der Käufer grundsätzlich wählen, ob er gegenüber dem Verkäufer seine gesetzlichen Gewährleistungsrechte, oder seinen Garantieanspruch gegenüber dem Hersteller geltend macht. Entscheidet er sich für den gesetzlichen Gewährleistungsanspruch, kann der Verkäufer die Nacherfüllung nicht mit dem Argument ablehnen, der Käufer solle sich zuerst an den Hersteller halten.

Welche Rechte sich aus der Garantie ergeben, hängt von der Garantievereinbarung ab. Da ein Garantieanspruch freiwillig vom Verkäufer oder Hersteller der Ware eingeräumt wird, bleibt es auch ihm überlassen, die Voraussetzungen für die Geltendmachung der Garantieansprüche zu regeln. Gewährt der Verkäufer oder der Hersteller eine Garantie, ist diese verbindlich. Genauere Informationen zur Garantie sind in der Regel in den Garantiebestimmungen des Herstellers/Verkäufers nachzulesen. Darin sind auch die Abwicklung und die Übernahme des Transportrisikos und der Versandkosten geregelt. Meist wird auf eine bestimmte Vertragswerkstatt vor Ort verwiesen. Es gibt verschiedene Arten von Garantien: Beschaffenheits-, Haltbarkeits- und Leistungsgarantien.

70   Eine **Beschaffenheitsgarantie** liegt vor, wenn der Hersteller/Verkäufer eine bestimmte Beschaffenheit der Ware im Zeitpunkt des Gefahrenübergangs garantiert, zum Beispiel eine Funktionsgarantie bei Übergabe. Hier übernimmt der Garantiegeber die Verpflichtung, verschuldensunabhängig für die fehlende garantierte Beschaffenheit zu haften.

71   Eine **Haltbarkeitsgarantie** wird regelmäßig vom Hersteller erklärt. Dabei erklärt der Hersteller, dass die Sache für eine bestimmte Zeit eine bestimmte Beschaffenheit behält, zum Beispiel nicht kaputt geht. Im Gewährleistungsrecht muss im Gegensatz zur

Garantie der Mangel bereits im Zeitpunkt des Gefahrenübergangs vorgelegen haben, auch wenn er sich erst später auswirkt. Bei der Garantie reicht es daher aus, wenn ein Mangel erst später eintritt. Tritt ein Defekt an der Ware auf, ist vom Vorliegen eines Garantiefalles auszugehen. Der Verkäufer kann jedoch auch das Gegenteil beweisen, zum Beispiel wenn er nachweist, dass die Ware durch unsachgemäße Behandlung beschädigt wurde. Zusätzlich müssen Garantieerklärungen bei Verbrauchsgüterkäufen einfach und verständlich verfasst sein[132].

Praxis-Tipp
Die Wahl zwischen Garantie und Gewährleistung kann zu unterschiedlichen Ergebnissen führen. Sie sollten daher überlegen, welchen Weg Sie einschlagen. Tritt ein Defekt an einer Sache innerhalb der ersten sechs Monate bei einem Verbrauchsgüterkauf ein, wird in der Regel die gesetzliche Gewährleistung vorteilhafter für Sie als Käufer sein. Hier können Sie zwischen Nachlieferung und Reparatur frei wählen. Bei der Garantie werden Sie meistens auf Vertragswerkstätten verwiesen und müssen eine längere Reparaturdauer akzeptieren und eventuell die Transportkosten selbst bezahlen. Bei der Gewährleistung (Nachlieferung bzw. Reparatur) müssen Sie in keinem Fall die Kosten für den Transport bezahlen und können eine überlange Reparaturdauer durch Fristsetzung ablehnen. Bringt die Nacherfüllung keinen Erfolg, können Sie unter Umständen Minderung, Rücktritt vom Vertrag oder Schadensersatz vom Verkäufer verlangen. Hier empfiehlt sich die Gewährleistung.
Tritt der Defekt erst nach sechs Monaten oder später auf, oder liegt kein Verbrauchsgüterkauf vor, kann es empfehlenswert sein, die Rechte aus der Haltbarkeitsgarantie geltend zu machen, da Sie hier im Gegensatz zur Gewährleistung nicht nachweisen müssen, dass der Mangel schon im Zeitpunkt des Gefahrenübergangs vorlag. Lesen Sie sich die Garantiebestimmungen immer genau durch.

Die Ihnen zustehenden Garantierechte können sich von den Gewährleistungsrechten stark unterscheiden.

Fall 19: *Mirjam ersteigert bei eBay ein gebrauchtes Auto von Händler* Schrottfix. *In der Artikelbeschreibung gibt Schrottfix an, dass der Pkw zwölf Jahre alt ist und bereits 200.000 km gelaufen ist. Nachdem Mirjam drei Monate lang mit dem Pkw zur Uni gefahren ist, gehen die Stoßdämpfer kaputt. Mirjam ist sauer und fragt ihren schlauen Freund Martin, ob sie Gewährleistungsrechte gegen den Händler* Schrottfix *geltend machen kann.*

Nein. – Um Gewährleistungsrechte wie Nacherfüllung geltend zu machen, müsste ein Mangel an dem Pkw im Zeitpunkt der Übergabe vorgelegen haben. Wenn ein Mangel in den ersten sechs Monaten nach Übergabe auftritt, wird beim Verbrauchsgüterkauf (widerlegbar) vermutet, dass dieser Mangel schon im Zeitpunkt der Übergabe vorlag. Allerdings ist fraglich, ob überhaupt ein Sachmangel am Pkw vorliegt. Das Vorliegen eines Mangels hat immer der Käufer zu beweisen. Hier ist beim Pkw der Stoßdämpfer kaputt gegangen. Da im Kaufvertrag nichts Besonderes geregelt wurde, müsste eine

---

[132] § 477 Abs.1 BGB.

Abweichung von der üblichen Beschaffenheit eines vergleichbaren Pkws vorliegen. Werden Alter und Laufleistung des Pkw betrachtet, ist es durchaus üblich, dass ein Stoßdämpfer nach 200.000 km „verbraucht" ist. Das stellt einen **altersbedingten typischen Verschleiß**, jedoch keinen Sachmangel dar. Daher kann Mirjam keine Gewährleistungsrechte geltend machen.

> **Fall 19a:** *Gäbe es einen Unterschied zum vorherigen Fall, wenn der Händler zusätzlich eine einjährige Haltbarkeitsgarantie gegeben hätte?*

73 Ja. Hier kommt es auf den Inhalt der Haltbarkeitsgarantie an. Grundsätzlich wird bei einer Haltbarkeitsgarantie erklärt, dass der Garantiegeber (hier der Händler) verschuldensunabhängig dafür einsteht, dass die Sache innerhalb der vereinbarten Frist nicht kaputt geht. Garantieansprüche ergeben sich dann aus der Garantievereinbarung.

74 **3.7. Widerrufrecht**
Das verbraucherschützende Widerrufsrecht befindet sich dank eines aktiven europäischen Normengebers im ständigen Wandel. Aufgrund der EU-Verbraucherrechterichtlinie[133] hat der deutsche Gesetzgeber durch das Gesetz zur Umsetzung der Verbraucherrechterichtlinie das Widerrufsrecht zum Freitag, den 13.06.2014 nahezu komplett neu geregelt[134].

> **Fall 20:** *Iris kauft bei einem gewerblichen eBay-Händler den eBay-Recht Ratgeber von Herrn Berger. Ein halbes Jahr später hat sie Geburtstag und bekommt zufällig dieses Buch erneut geschenkt. Auf eine Widerrufsbelehrung verzichtete der Händler. Iris fragt sich, ob sie das bereits gelieferte Buch nach einem halben Jahr noch zurückgeben kann.*

Das hängt von verschiedenen Faktoren ab. Das Widerrufsrecht[135] ist strikt zu unterscheiden vom Rücktritt vom Vertrag. Der aus dem Gewährleistungsrecht stammende Rücktritt ist nur dann möglich, wenn ein erheblicher Mangel vorliegt und die Nacherfüllung nach Fristablauf gescheitert, unmöglich oder unzumutbar ist. Hingegen bietet das fernabsatzrechtliche Widerrufsrecht dem Käufer die Möglichkeit, die Ware ohne Angabe von Gründen zurückzugeben. Sinn des Widerrufsrechts ist die Stärkung des Verbrauchers, der anders als ein Käufer im Ladengeschäft, die Ware nicht vor dem Kauf begutachten und testen kann. Damit sollen Käufer, die Waren über Fernkommunikationsmittel (übers Internet, Telefon oder per Bestellformular) bestellen, mit Käufern im Laden gleichgestellt werden. Beim Vertragsschluss über eBay liegt grundsätzlich ein Fernabsatzvertrag i.S.v. § 312c BGB vor, auch wenn die Ware vorher beim Verkäufer begutachtet wurde.

Früher war umstritten, ob bei eBay der Verkäufer ein Widerrufsrecht bei Verbrauchsgüterkäufen geben muss. Das ist jedoch durch ein Urteil des BGH eindeutig positiv entschieden worden[136]. Voraussetzung für ein solches Recht ist grundsätzlich das

---
[133] Richtlinie 2011/83/EU des Europäischen Parlaments und des Rates, vom 25.10.2011.
[134] VerbrRRL-UG vom 20.09.2013, BGBl. I S.3642.
[135] vgl. §§ 355ff. BGB i.V.m. §§ 312c ff. BGB.
[136] BGH, Urteil v. 3.11.04, Az.: VIII ZR 375/03.

Vorliegen eines Verbrauchsgüterkaufs (siehe Rn. 4 ff.).
Früher gab es für Verkäufer auch die Möglichkeit anstatt eines Widerrufsrechts ein **Rückgaberecht** zu gewähren. Diese rechtliche Gestaltungsmöglichkeit ist mittlerweile für Verkäufe ab 13.06.2014 entfallen.

75

Zurück zum Fall 20: Iris hat als private Person von einem gewerblichen eBay-Händler ein Buch gekauft. Ein Fernabsatzvertrag i.S.v. § 312c BGB liegt vor. Obwohl die Angebotsbeschreibung im Fall keinerlei Angaben zum Widerrufsrecht (sog. Widerrufsbelehrung) enthält, steht Iris ein Widerrufsrecht zu. Iris kann den Kauf des Buches innerhalb der Widerrufsfrist gegenüber dem Verkäufer mittels einer eindeutigen Erklärung widerrufen. Doch wie lang ist die Widerrufsfrist?

3.7.1. Widerrufsfrist

Wie lang die Widerrufsfrist bei eBay sein muss, war lange Zeit heftig umstritten[137]. Durch die Neuregelung 2014 gibt es nun endlich Klarheit. Die Widerrufsfrist beträgt grundsätzlich 14 Tage[138]. Verkäufern dürfen abweichend aber durchaus auch freiwillig eine längere Frist gewähren.

76

Bei eBay-Verkäufen beginnt die 14-tägige Frist erst, wenn der private Käufer seine Ware durch das Transportunternehmen (DHL; Post; Hermes, DPD etc.) erhalten hat[139].

Hat der Käufer mehrere Waren bestellt und liefert der Verkäufer in mehreren Teillieferungen, so beginnt die Widerrufsfrist erst mit Erhalt der letzten Teillieferung[140].

Aber Achtung! Die Widerrufsfrist beginnt nicht, bevor der Käufer nicht ordnungsgemäß über sein Widerrufsrecht durch den Verkäufer belehrt wurde[141].

Zurück zum Fall 20: Iris hatte keine Widerrufsbelehrung vom Verkäufer erhalten. Sie kann daher auch noch nach einem halben Jahr den Widerruf gegenüber dem Verkäufer erklären!

Während fehlerhafte oder fehlende Widerrufsbelehrungen vor Juni 2014 zu einem nahezu unendlich gültigen Widerrufsrecht führten, hat der Gesetzgeber nun das Widerrufsrecht auf max. 1 Jahr und 14 Tage beschränkt. Demnach erlischt bei einer fehlerhaften oder fehlenden Widerrufsbelehrung das Widerrufsrecht spätestens nach zwölf Monaten und 14 Tagen nach der Erhalt der Ware[142].

Iris hätte sich Zeit lassen können. Sie hätte bis zum 379. Tag nach Erhalt des Buches beim Verkäufer den Widerruf erklären können.

Fall 21: *Verbraucher Daniel kauft bei einem Händler bei eBay für sein neues Büro eine Kaffeemaschine. Die Kaffeemaschine wird von DHL am 04.05.2015 geliefert. Daniel will*

---

[137] LG Flensburg, Urteil v. 23.8.2006, Az.: 6 O 107/06; LG Paderborn, Urteil v. 28.11.06, Az.: 6 O 70/06; a.A.: KG Berlin, Beschluss v. 18.07.06, Az.: 103 O 91/06; OLG Hamm, Urteil v. 24.8.2006, Az.: 3 U 103/06; OLG Hamm, Beschluss v. 12.1.2007, Az.: 3 W 206/06; siehe auch Berger in ZGS 2007, S. 414ff.; vgl. Berger, eBay-Recht, Der Praxisratgeber für Käufer und Verkäufer, 1. Auflage 2007, Rn. 82, 136.
[138] vgl. § 355 Abs.2 S.1 BGB.
[139] vgl. § 356 Abs.2 Nr. 1 a) BGB.
[140] vgl. § 356 Abs.2 Nr. 1 b-c) BGB.
[141] vgl. § 356 Abs.3 S.1 BGB.
[142] vgl. § 356 Abs. 3 S.2 BGB.

> am 18.05.2015 gegen 23:58 Uhr den Widerruf gegenüber dem Verkäufer per E-Mail erklären. Da sich der Verkäufer zwecks Rückabwicklung nicht bei ihm meldet, kontaktiert er ihn nochmals am 25.05.15. Der Verkäufer behauptet, er habe keine E-Mail von Daniel am 18.05.2015 erhalten und überdies sei die Widerrufsfrist bereits abgelaufen. Wer hat Recht?

Der Reihe nach! Daniel hat die Ware am 04.05.2015 erhalten. Setzt der Fristbeginn ein Ereignis[143] voraus (hier Lieferung der Ware), so beginnt die Frist grundsätzlich am nächsten Tag, also am 05.05.15. Daniel hatte nun 14 Tage Zeit, seine Widerrufserklärung abzugeben. Die Widerrufsfrist endet somit am 18.05.15 um 24 Uhr. Hier hatte Daniel seine Widerrufserklärung am 18.05.15; 23.58 Uhr und damit rechtzeitig abgegeben.

Abweichend von den allgemeinen zivilrechtlichen Grundsätzen reicht zur Fristwahrung das rechtzeitige Absenden der Widerrufserklärung aus! Auf den Zeitpunkt des Zugangs der Widerrufserklärung beim Verkäufer kommt es hingegen nicht an. Das bedeutet aber nicht, dass es unerheblich wäre, ob die Widerrufserklärung dem Verkäufer überhaupt zugeht. Der Käufer muss im Streitfall nachweisen können, dass die Widerrufserklärung dem Verkäufer zugegangen ist[144]. Bei einer normalen E-Mail kann Daniel den Zugang beim Verkäufer grundsätzlich nicht beweisen. Daniel kann jedoch dem Verkäufer erneut den Widerruf unter Bezugnahme auf seine alte E-Mail vom 18.05.15 erklären. Diesmal sollte er dies in einer nachweisbaren Form (z.B. Übergabeeinschreiben oder über das eBay-Nachrichtenportal) tun. Die Widerrufserklärung geht dann dem Verkäufer verspätet zu, jedoch kann Daniel anhand des E-Mail Ausdrucks nachweisen, dass er die E-Mail vom 18.05.15 rechtzeitig abgesendet hat.

76a Anders wäre es nur, wenn Daniel am 18.05.15 die Widerrufserklärung zusammen mit der Kaffeemaschine im Paket an den Verkäufer zurückgesendet hätte. Kommt das Paket auf dem Transportweg abhanden, wird der Zugang der Widerrufserklärung beim Verkäufer dennoch fingiert. Dies wird damit begründet, dass der Verkäufer das **Transportrisiko** trägt und sich somit auch den Untergang der Widerrufserklärung zurechnen lassen muss[145].

77 ### 3.7.2. Widerrufsform
Neuerdings[146] kann der Widerruf auch formlos erklärt werden, also per Brief, per Telefon, per Fax, per E-Mail, im persönlichen Gespräch, per SMS oder einfach über die eBay-Portalfunktion. Die Erklärung bedarf weder einer Unterschrift, einer elektronischer Signatur noch einer inhaltlichen Begründung[147]. Der Käufer muss jedoch eindeutig gegenüber dem Verkäufer erklären, dass er den Kaufvertrag nicht mehr gelten lassen

---

[143] vgl. § 187 Abs.1 BGB; vgl. auch Palandt/Grüneberg, 74. Auflage, § 355 Rn. 11.
[144] Bei der Widerrufserklärung handelt es sich um eine empfangsbedürftige Willenserklärung gemäß § 130 I BGB. Diese wird erst wirksam, wenn sie dem Unternehmer zugeht (arg. § 355 III S.2 BGB); vgl. dazu auch Palandt/Grüneberg, 74. Auflage, § 355 Rn. 8.
[145] Palandt/Grüneberg, 74.Auflage, § 355, Rn.8.
[146] für Verträge bis 13.06.2014 ist zwingend Textform vorgeschrieben gewesen.
[147] vgl. BGH NJW-RR 12, 1197.

möchte. Das Wort „Widerruf" muss in der Erklärung nicht zwingend enthalten sein[148]. Strittig, aber im Ergebnis wohl nicht ausreichend, ist die kommentarlose Rücksendung der Ware an den Verkäufer[149].
Die Verkäufer sind neuerdings verpflichtet, die Käufer nicht nur über das Widerrufsrecht zu belehren, sondern ihnen auch ein Musterwiderrufsformular zur Verfügung zu stellen.

Praxis- Tipp
Trotz der neuen Formfreiheit ist es für den Käufer ratsam, dass er die Widerrufserklärung in Textform abgibt (bspw. über die eBay-Kontakt bzw. Portalfunktion), da der Käufer die Beweislast für die Rechtzeitigkeit des Widerrufs trägt.

3.7.3. Kein Widerrufsrecht bei bestimmten Sachen 78

Fall 22: *Sebastian hat sein Promotionsverfahren erfolgreich abgeschlossen. Für die bevorstehende feierliche Verleihung der Doktorenwürde lässt er sich bei einem Schneider, der über eBay seine Dienstleistungen zum Festpreis anbietet, einen klassischen „Doktorenhut" maßgerecht anfertigen. Nachdem er den Doktorenhut aufgesetzt hat, findet er die Idee mit dem Hut albern, und möchte am liebsten vom Vertrag Abstand nehmen. Eine Widerrufsbelehrung erfolgte nicht. Hat er ein Widerrufsrecht?*

Da Sebastian den Vertrag über eBay (Fernkommunikationsmittel) abgeschlossen hat, steht ihm im Grunde ein solches Widerrufsrecht zu. Ein Widerrufsrecht besteht jedoch ausnahmsweise unter anderem nicht bei:

- Zeitungen, Zeitschriften und Illustrierten mit Ausnahme von Abo-Verträgen;
- Waren, die nicht vorgefertigt sind und für deren Herstellung eine individuelle Auswahl oder Bestimmung durch den Käufer maßgeblich ist oder die eindeutig auf die persönlichen Bedürfnisse des Käufers zugeschnitten sind;
- Waren, die schnell verderben können oder deren Verfallsdatum schnell überschritten würde;
- versiegelte Waren, die aus Gründen des Gesundheitsschutzes oder der Hygiene nicht zur Rückgabe geeignet sind, wenn ihre Versiegelung nach der Lieferung entfernt wurde;
- Waren, wenn diese nach der Lieferung auf Grund ihrer Beschaffenheit untrennbar mit anderen Gütern vermischt wurden;
- Ton- oder Videoaufnahmen oder Computersoftware in einer versiegelten Packung, wenn die Versiegelung nach der Lieferung entfernt wurde[150].

Diese Aufzählung ist nicht abschließend und kann in § 312g Abs. 2 BGB nachgelesen

---

[148] alte BGH-Rechtsprechung wohl auch weiterhin anwendbar, da der EU-Verbraucherrechterichtlinie nichts Gegenteiliges zu entnehmen ist, vgl. daher BGH NJW 1996, 1964.
[149] vgl. Erwägungsgrund Nr. 44 der EU-Verbraucherrechterichtlinie; a.A. Janal in WM 12, 2314.
[150] d.h., dass grundsätzlich auchauf Datenträgern befindliche Software zurückgegeben werden kann, sofern diese versiegelt ist und das Siegel nicht entfernt wurde.

werden[151].

Eine fehlende oder unwirksame Widerrufsbelehrung steht dem ausnahmsweise hier nicht entgegen. Wird jedoch entgegen den gesetzlichen Bestimmungen über ein in Wirklichkeit nicht bestehendes Widerrufsrecht belehrt, ohne gleichzeitig auf die Ausnahmen hinzuweisen (zum Beispiel entsiegelte Software), so kann sich der Verbraucher durchaus auf die Belehrung und damit auf das dadurch freiwillig gewährte Widerrufsrecht berufen.
Zurück zum Fall 22: Hier hat sich Sebastian einen Hut nach persönlichen Maßen anfertigen lassen - somit steht ihm kein Widerrufsrecht zu. Das Fehlen einer Widerrufsbelehrung wirkt sich darauf nicht aus, da kein gesetzliches Widerrufsrecht bestand.

79 ### 3.7.4. Widerrufsfolgen
Die Rechtsfolge des Widerrufs ist, dass die gegenseitigen Leistungen – ähnlich wie beim Rücktritt vom Vertrag aufgrund eines Mangels – innerhalb von 14 Tagen zurückzugewähren sind[152]. Diese 14-tägige Frist gilt für Käufer und Verkäufer! Da es sich bei einem Verkauf über eBay regelmäßig um einen Verbrauchsgüterkauf[153] handelt, erfolgt die Rückgewährpflicht nicht „Zug-um-Zug", sondern der **Käufer ist vorleistungsverpflichtet**[154], d.h. er muss die Ware zunächst durch ein Versandunternehmen absenden. Dazu reicht es aus, wenn der Käufer die Ware dem Versandunternehmen übergeben hat und dem Verkäufer die Einlieferungsquittung zur Kenntnis gibt. Bis dahin kann sich der Verkäufer weigern, den Kaufpreis und die ursprünglichen Versandkosten dem Käufer zu erstatten (sog. Zurückbehaltungsrecht)[155]. Bietet der Verkäufer hingegen dem Käufer an, dass er die Ware beim Käufer abholt (oder durch einen Dritten abholen lässt), so entfällt die Vorleistungspflicht des Käufers und die Leistungen sind Zug-um-Zug bei Übergabe der Ware abzuwickeln.

Die Vorschriften über den Rücktritt sind seit 13.06.2014 nicht mehr anwendbar, da die §§ 357ff. BGB abschließend sind. Die Hauptleistungspflichten sind klar: Der Käufer muss grundsätzlich die Ware zurücksenden, der Verkäufer muss grundsätzlich den Kaufpreis erstatten.

80 ### 3.7.4.1. Erstattung der Versandkosten
Die gesetzliche Neuregelung zum 13.06.2014 wirkt sich auch auf die Erstattung der Versandkosten aus.
Bei Verträgen, die ab 13.06.2014 geschlossen wurden, trägt der Käufer immer die
81 **Rücksendekosten**, unabhängig vom Warenwert[156], wenn er in der Belehrung des Verkäufers auf diese Kostenfolge hingewiesen wurde. Hat der Verkäufer vergessen, auf diese Rechtsfolge hinzuweisen, so muss ausnahmsweise der Verkäufer die Kosten der

---

[151] Achtung: § 312g Abs.2 Nr.10 ist nicht auf den Vertragsschluss bei eBay anwendbar, da der Vertragsschluss bei eBay keine öffentliche Versteigerung darstellt.
[152] vgl. dazu § 357 Abs. 1 BGB.
[153] Voraussetzung: unternehmerisch tätiger (gewerblicher) Verkäufer und privater Käufer.
[154] vgl. § 357 Abs. 4 S.1 BGB.
[155] vgl. Palandt/Grüneberg, 74. Auflage, § 357 Rn.5.
[156] bis zum 12.06.2014 galt die 40 EUR-Wertgrenze.

Rücksendung tragen. Allerdings können Verkäufer auch freiwillig diese Kosten übernehmen.
Kann die Ware aufgrund ihrer Beschaffenheit (z.B. Größe/Gewicht) nicht im Wege des üblichen Versandes (z.B. per Post/ DHL/ Hermes/ DPD) versandt werden, sondern ist bspw. eine Spedition notwendig, so muss der Verkäufer dem Käufer bereits vor Vertragsschluss mitteilen, wie hoch die Rücksendekosten ausfallen. Anderenfalls muss der Käufer diese Kosten nicht tragen.
Grundsätzlich muss der Verkäufer - wie bisher - dem Käufer die **Hinsendekosten (ursprünglichen Versandkosten)** zusammen mit dem Kaufpreis erstatten.

> **Fall 23:** *Die Beschäftigten des Sachgebiets 33 möchten ihrem geschätzten Sachgebietsleiter zum Abschied ein schwäbisches Kochbuch überreichen und bestellen es über eBay. Der Verkäufer Listig bot den Versand kostenlos als „Büchersendung" an. Die Lieferdauer wurde mit bis zu 5 Werktagen angegeben. Da man das Buch aber schnell benötigte, wählte man die vom Verkäufer angebotene kostenpflichtige Zusatzoption Versand mittels normalen Brief für 3 Euro. Bei der Verabschiedung des Sachgebietsleiters stellte man dann jedoch fest, dass dieser das Buch bereits von anderen Kollegen geschenkt bekommen hatte. Kein Problem, es gibt ja schließlich das Widerrufsrecht! Gesagt getan. Der Verkäufer weigerte sich jedoch, die drei Euro für die ursprünglichen Hinsendekosten zu erstatten. Zu Recht?*

Mit der gesetzlichen Regelung ist nun klar und deutlich geregelt, dass im Falle des Widerrufes die **Hinsendekosten** grundsätzlich zu Lasten des Unternehmers gehen. Aber Achtung! Es gibt auch eine Ausnahme! Der Anspruch des Verbrauchers (Käufer) auf Erstattung der Hinsendekosten ist auf die Kosten des vom Verkäufer angebotenen Standardversands begrenzt[157]. Im oben genannten Fall bot der Verkäufer als Standardversand kostenlosen Versand mittels „Büchersendung" an. Da der Käufer vom Standardversand des Verkäufers abgewichen ist und sich für die Option Versand per normalen Brief entschieden hat, hat er Zusatzkosten verursacht, die er nicht vom Verkäufer ersetzt bekommen kann.

Voraussetzung für die Begrenzung bei der Erstattung der Hinsendekosten durch den Verkäufer ist, dass sich der Kunde bewusst für eine teurere als die zumutbare Standardlieferung entschieden hat.

> **Fall 24:** *Verkäufer Ludwig Listig erwägt – um sich vor der Rückzahlung der Hinsendekosten bei der Ausübung des Widerrufsrechtes zu drücken - künftig einen sehr ungünstigen Standardversand anzubieten. Er bietet eine kostenlose Lieferung als „Warensendung" (Lieferdauer ca. 10-12 Tage) und einen Versand per Paket für 7 Euro (Lieferdauer 2 Tage) an.*
> *Können die Kunden, die den Paketversand für 7 Euro gewählt haben, im Widerrufsfall den Ersatz der 7 Euro dennoch verlangen?*

Ja, ausnahmsweise! Eigentlich ist der Rückzahlungsanspruch nur auf den

---

[157] vgl. § 357 Abs. 2 S.2 BGB.

Standardversand begrenzt. Im vorliegenden Fall ist der Standardversand jedoch unüblich und inakzeptabel. Der angebotene Standardversand muss nach dem Erwägungsgrund 46 der Verbraucherrechterichtlinie „allgemein akzeptabel" sein[158]. Eine Lieferzeit von 10-12 Tagen ist nicht allgemein akzeptabel! Folglich muss Listig dem Käufer die 7 Euro erstatten.

3.7.4.2. Erstattung des Kaufpreises / Wertersatz

> **Fall 25:** *Justus bestellt sich bei eBay eine BVB Dortmund Fanmütze in der Größe S und überweist den Kaufpreis auf das Konto des Verkäufers. Nachdem er die Ware erhalten hat, bemerkt er, dass die Mütze für ihn zu klein ist. Er teilt dies dem Verkäufer mit und erklärt den Widerruf. Der Verkäufer erstattet Justus nicht den Kaufpreis, sondern schickt ihm einen Gutschein, damit dieser sich eine Mütze in einer anderen Größe aussuchen kann. Muss sich Justus darauf einlassen?*

Für die Rückzahlung des Kaufpreises und der Hinsendekosten an den Käufer muss der Verkäufer dasselbe **Zahlungsmittel** verwenden, das der Käufer bei der ursprünglichen Zahlung verwendet hatte[159]. Die Rückzahlung mittels Gutschein ist unzulässig, sofern nicht der Käufer ursprünglich mittels Gutschein bezahlt hat. Justus kann also die Rückzahlung auf sein Konto durch Überweisung fordern.

> **Fall 26:** *Lisa kauft bei einem Händler ein Wasserbett. Nachdem das Bett geliefert wurde, befüllt sie es mit Wasser. Bereits in der ersten Nacht wird Lisa „seekrank". Sie macht von ihrem Widerrufsrecht Gebrauch. Der Händler verweigert die Erstattung des Kaufpreises, da seiner Meinung nach das Wasserbett im gebrauchten Zustand unverkäuflich sei. Kann Lisa den vollen Kaufpreis vom Händler zurück verlangen?*

Der Käufer muss nur dann Wertersatz leisten, wenn die Ware einen Wertverlust erlitten hat. Der Wertverlust muss überdies auf einen Umgang mit der Ware zurückzuführen sein, der zur Prüfung der Beschaffenheit, der Eigenschaften und der Funktionsweise der Ware nicht notwendig war. Außerdem muss der Käufer über das Widerrufsrecht (inkl. einer möglichen Wertersatzpflicht) ordnungsgemäß belehrt worden sein.

Der Verkäufer kann daher nur unter folgenden Voraussetzungen Wertersatz vom Käufer für die Verschlechterung der Ware verlangen[160]:

- die Verschlechterung[161] der Ware ist auf Umstände zurückzuführen, die über eine umfängliche Prüfung der Ware durch den Käufer hinausgehen oder
- der Käufer auf die Wertersatzpflicht durch den Verkäufer hingewiesen wurde.

Sollte im Fall 26 durch das ordnungsgemäße Öffnen der Verpackung und durch den

---
[158] vgl. Nr. 46 der Richtlinie 2011/83/EU des Europäischen Parlaments und des Rates vom 25. Oktober 2011.
[159] vgl. EU-Verbraucherrechterichtlinie 13 I 2.
[160] vgl. § 357 III BGB.
[161] Der Anspruch auf Wertersatz aufgrund der Verschlechterung der Ware folgt aus §§ 357 III, 346ff. BGB; der Anspruch auf Wertersatz für Nutzungen der Ware folgt aus §§ 312e I, 346ff. BGB.

Zusammenbau und das Befüllen tatsächlich eine unvermeidbare Verschlechterung des Bettes eingetreten sein, so ist diese Verschlechterung auf die Prüfung der Eigenschaften und Funktionsweise des Bettes zurückzuführen. Ein Wertersatz ist damit ausgeschlossen. Lisa kann vom Verkäufer den vollen Kaufpreis zurück verlangen[162].
Auch kann sich der Verkäufer nicht darauf berufen, dass im Ladengeschäft ein Musterbett zu Prüfzwecken aufgebaut sei. Das wertersatzfreie Prüfungsrecht des Käufers ist im Fernabsatzhandel oft weitergehend als im Ladengeschäft. Da im Fernabsatzhandel, anders als im Ladengeschäft, Beratungs-, Vergleichs- und Vorführmöglichkeiten fehlen, darf der Käufer die Ware auch intensiver als im Laden testen[163]. Der Käufer schuldet auch dann keinen Wertverlust, wenn die Ware durch die (vorsichtige) Ingebrauchnahme einen kompletten Wertverlust erleidet.

Müsste Lisa Wertersatz leisten, wenn sie sich Unterwäsche bestellt, diese kurz trägt und dann feststellt, dass sie die falsche Größe bestellt hat? Nein! Auch hier steht dem Käufer ein umfassendes Prüfungsrecht zu. Lisa muss keinen Wertersatz leisten, da Lisa auch in einem Ladengeschäft die Unterwäsche anprobieren kann.

> **Fall 27:** *Elli benötigt für ihren Tintenstrahldrucker eine neue Farbpatrone. Sie bestellt eine Patrone für 28,95 Euro zuzüglich 5 Euro Versandkostenpauschale. Sie entnimmt die Patrone dem Paket und zieht die Plastikschutzversiegelung ab, um die Patrone in ihren Drucker zu stecken. Dabei bemerkt sie, dass sie die falsche Patrone bestellt hat. Sie schickt dem Verkäufer die Patrone zurück und erklärt den Widerruf. Der Verkäufer erstattet Elli pauschal 15 Euro. Kann Elli mehr verlangen?*

Der Reihe nach! Das Widerrufsrecht besteht zunächst, da im Katalog des § 312g Abs.2 BGB kein Ausschlussgrund genannt ist. Insbesondere kommt § 312g Abs. 2 Nr. 3 BGB (versiegelte Waren, die aus Gründen des Gesundheitsschutzes oder der Hygiene nicht zur Rückgabe geeignet sind) nicht als Ausschlussgrund in Betracht, da die Patrone nicht aus Gründen des Gesundheitsschutzes oder der Hygiene, sondern aus konservatorischen Gründen versiegelt war. Elli kann somit grundsätzlich den Widerruf des Kaufvertrages erklären. Sie hat grundsätzlich einen Anspruch auf Erstattung der ursprünglichen Versandkosten (Hinsendekosten), der Rücksendekosten und des Kaufpreises.
Im Hinblick auf den Wertersatz kommt es nicht darauf an, dass die Patrone nach dem Entsiegeln nahezu unverkäuflich und damit wertlos geworden ist. Auch dürfte irrelevant sein, dass Elli auch im Ladengeschäft die Patrone nicht vorher hätte „ausprobieren" hätte dürfen. Der Vergleich mit dem Ausprobieren im Ladengeschäft ist durch den Gesetzgeber in der Musterwiderrufsbelehrung gerade ersatzlos gestrichen worden. Im Ladengeschäft hätte Elli den Verkäufer fragen können, ob die Patrone in ihren Drucker passt. Im Fernabsatzhandel ist dies nur unter schwierigen Bedingungen (ggf. durch Kontaktaufnahme per E-Mail) möglich. Allerdings besteht ein Anspruch auf Wertersatz dann, wenn die Prüfung nicht erforderlich war. War bereits auch ohne Entsiegelung der Patrone eindeutig zu erkennen, dass diese Patrone (aufgrund der Größe und der

---

[162] vgl. dazu auch BGH, NJW 11, 56.
[163] vgl. Palandt/Grüneberg, 74. Auflage, § 357 Rn.9.

Abmessungen) nicht passen kann, so wäre die Entsiegelung offensichtlich nicht notwendig gewesen. Besteht daher ein Wertersatzanspruch, so kann der Verkäufer den Wertersatzanspruch mit dem Kaufpreis- und Versandkostenerstattungsanspruch verrechnen (sog. Aufrechnung).

> **Fall 28:** Bärbel bestellt einen neuen Flachbildfernseher. Nachdem das Gerät geliefert wurde, reißt sie die Plastikverpackung auf, wobei diese dabei typischerweise zerstört wird. Durch einen unsachgemäßen Einsatz der Schere beschädigt sie das Gehäuse des Gerätes (Kratzer). Nachdem sie den Fernseher 12 Tage ausgiebig getestet hat, erklärt sie dem Verkäufer den Widerruf und schickt den Fernseher ohne Plastikverpackung zurück.
> Der Verkäufer erstattet ihr die Versandkosten und einen Teil des Kaufpreises. 2 % vom ursprünglichen Kaufpreis zieht der Verkäufer für die beschädigte Plastikverpackung ab, weitere 5 % für den Kratzer und 4 % für die „überlange Ausprobierphase". Kann Bärbel den vollen Kaufpreis zurück verlangen?

Nein! Bärbel hat durch eine Unachtsamkeit den Fernseher beschädigt (Kratzer). Der Grund für die Beschädigung liegt nicht in der bestimmungsgemäßen Ingebrauchnahme des Gerätes, sondern in der Unachtsamkeit von Bärbel. Der Verkäufer kann für diese Beschädigung einen angemessenen Wertersatz verlangen und vom zu erstattenden Kaufpreis abziehen!
Jedoch hat der Verkäufer keinen Wertersatzanspruch aufgrund der beschädigten Plastikverpackung, sofern der Käufer keine andere Möglichkeit hatte, die Ware ohne Beschädigung der Verpackung ausgiebig auszuprobieren[164]. Will der Käufer den Wertersatz vermeiden, so muss er versuchen, die Verpackung mit höchstmöglicher Sorgfalt zu entfernen. Zerreist der Käufer die Verpackung aus Übermut - obwohl dies für das Ausprobieren der Ware vermeidbar gewesen wäre - so muss er gegebenenfalls Wertersatz dafür leisten. Jedoch darf ein Verkäufer deswegen nicht die Rücknahme der Ware verweigern.
Auch ein Ausschöpfen der 14-tägigen Widerrufsfrist führt grundsätzlich nicht zu einer Wert- bzw. Nutzungsersatzpflicht des Käufers.

> **Fall 29:** Christian kauft für eine Spanienrundreise in seinem alten Audi ein Navigationsgerät. Nach dem Ende der Rundreise (13 Tage nach Lieferung des Navis) erklärt Christian dem Verkäufer den Widerruf. Da er den e-Bay Ratgeber von Dr. Berger nur zur Hälfte gelesen hat, teilt er dem Verkäufer unter anderem übermütig mit, dass er das Navi nur für seine Europareise „probeweise" gekauft habe und er eigentlich sonst kein Navi bräuchte. Muss der Verkäufer den vollen Kaufpreis erstatten?

Vermutlich nicht! Der BGH hat in seinem Urteil deutlich gemacht, dass ein Nutzungs- bzw. Wertersatzanspruch des Verkäufers dann ausnahmsweise bestehen kann, wenn sich der Käufer durch das bestimmungsgemäße Ausprobieren der Ware treuwidrig

---

[164] Dies trifft mit hoher Wahrscheinlichkeit auch auf Displayschutzfolien zu.

verhält oder unberechtigt bereichert ist[165]. Dies dürfte hier der Fall sein. Auch die gesetzliche Neuregelung des Widerrufsrechtes dürfte keine Auswirkung auf die Anwendbarkeit dieses Grundsatzurteil haben.

Christian hat dem Verkäufer gegenüber geäußert, dass er das Navi nur für seine Spanienreise gekauft hat. Er macht dadurch deutlich, dass es ihm nur auf die Gebrauchsvorteile des Navis während der Widerrufsfrist ankam. Somit steht dem Verkäufer ausnahmsweise ein Nutzungs- bzw. Wertersatzanspruch gegen Christian zu. Diesen Nutzungs- bzw. Wertersatzanspruch kann dann der Verkäufer vom zu erstattenden Kaufpreis abziehen.

Aber Achtung! Der Verkäufer trägt die Darlegungs- und Beweislast[166]. Das bedeutet, der Verkäufer muss nachweisen können, dass der Käufer sein Widerrufsrecht nur treuwidrig ausnutzen wollte. Da der Käufer jedoch den Widerruf nicht begründen muss, wird der Verkäufer die treuwidrigen Beweggründe seines Kaufes wohl kaum nachweisen können.

> **Fall 30:** *Claudia kauft eine neue Hose bei Händler Sommer. Als die Hose bei ihr ankommt, stellt sie fest, dass sie ihr viel zu groß ist. Sie erklärt dem Händler per Fax den Widerruf. Claudia fordert den Händler auf, ihr den Kaufpreis inklusive der ursprünglichen Versandkosten zu ersetzen. Danach würde sie die Hose zurückschicken. Der Händler antwortet seinerseits, dass er bereit ist, Claudia die Kosten zu ersetzen, jedoch erst dann, wenn sie ihm die Hose zurückgeschickt hat. Wer muss zuerst handeln?*

Grundsätzlich sind die gegenseitigen Leistungen spätestens 14 Tagen nach Ausübung des Widerrufsrechtes zurückzugewähren. Allerdings ist der **Käufer vorleistungsverpflichtet**[167], d.h. er muss die Ware zunächst durch ein Versandunternehmen absenden. Dazu reicht es aus, wenn der Käufer die Ware dem Versandunternehmen übergeben hat und dem Verkäufer die Einlieferungsquittung zur Kenntnis gibt. Bis dahin kann sich der Verkäufer weigern, den Kaufpreis und die ursprünglichen Versandkosten dem Käufer zu erstatten (sog. Zurückbehaltungsrecht)[168]. Bietet der Verkäufer hingegen dem Käufer an, dass er die Ware beim Käufer abholt (oder durch einen Dritten abholen lässt), so entfällt die Vorleistungspflicht des Käufers und die Leistungen sind Zug-um-Zug bei Übergabe der Ware abzuwickeln.

> **Fall 31:** *Antje kauft bei einem Händler ein neues Saxofon, welches in einem Karton des Herstellers verpackt ist. Als das Saxofon geliefert wird, entsorgt sie voreilig den Originalkarton, da sie zu diesem Zeitpunkt nicht an eine Rückgabe denkt. Nach 13 Tagen stellt sie fest, dass sie doch lieber Blockflöte spielen will und erklärt den Widerruf. Der Verkäufer weigert sich, das Saxofon ohne originale Verpackung zurückzunehmen.*

Hier irrt der Verkäufer! Der Verkäufer ist grundsätzlich verpflichtet, die Ware auch ohne

---

[165] BGH, Urteil vom 03.11.2010, Az.: VIII ZR 337/09.
[166] BR-Drucksache 855/10 S.19.
[167] vgl. § 357 Abs. 4 S.1 BGB.
[168] vgl. Palandt/Gründeberg, 74. Auflage, § 357 Rn.5.

Originalverpackung zurückzunehmen[169]. Allerdings hat er dann die Möglichkeit, vom Käufer Wertersatz zu verlangen. Damit bekommt der Käufer nicht den vollen Kaufpreis zurückerstattet.

Die **Höhe des Wertersatzes** ermittelt sich am objektiven Wert der Ware und nicht am Kaufpreis, soweit der objektive Wert den Kaufpreis nicht übersteigt. Insbesondere hat der Verkäufer infolge der Ausübung des Widerrufsrechts keinen Anspruch auf den entgangenen Gewinn! Die Berechnung der Höhe des Wertersatzes hängt ganz entscheidend vom Einzelfall ab.

> **Praxis- Tipp**
> Oftmals lohnt es sich nicht, mit Verkäufern über die Höhe eines angemessenen Wertersatz zu streiten. Regelmäßig werden nur Gutachter die Höhe des angemessenen Wertersatzes beziffern können. Man sollte sich daher als Verkäufer und als Käufer schon rechtzeitig um einen Kompromiss mit dem Vertragspartner bemühen. Es macht oftmals wenig Sinn, sich mit seinem Vertragspartner vor Gericht zu streiten. Nur im Ausnahmefall kann sich ein solcher Streit – insbesondere bei hochwertigen – Waren lohnen.

85 ### 3.8. Anfechtung des Vertrags – Rücknahme eines Gebotes

> **Fall 32:** *Irene möchte eine alte Blockflöte kaufen. Sie ist bereit bis maximal 500 Euro zu bieten. Aufgrund von Stress und chronisch knapper Zeit vertippt sie sich und gibt 5.000 Euro ein und bestätigt dieses Gebot. Als sie am nächsten Tag den Gebotsverlauf überprüft, stellt sie fest, dass Sie mit 750 Euro immer noch Höchstbietende ist. Jetzt erst fällt ihr der Tippfehler auf. Was kann sie tun?*

Nach § 6 Nr. 7 der Allgemeinen Geschäftsbedingungen von eBay können Käufer ihre Gebote nur zurücknehmen, wenn ein „berechtigter Grund", d.h. eine gesetzliche Berechtigung[170] dazu vorliegt. Es muss also immer ein sogenannter Anfechtungsgrund vorliegen[171].

Sie können grundsätzlich immer die Anfechtung des Gebotes – unabhängig der technischen Voraussetzungen von eBay – gegenüber dem Verkäufer erklären, sofern Sie anfechtungsberechtigt (Anfechtungsgrund) sind und auch die Anfechtung fristgerecht (unverzüglich nach bemerken des Irrtums, § 121 Abs.1 BGB) erklären. Bei einer arglistigen Täuschung haben Sie sogar bis zu ein Jahr ab Entdeckung der Täuschung Zeit zur Anfechtung[172].

---

[169] LG Berlin, Beschluss vom 17.4.2007, Az.: 15 O 262/07.
[170] Zusatzdokument „Grundsatz zur Rücknahme eines Gebots" zu § 6 Nr.7 eBay AGB; kritisch zur Einbeziehung solcher Zusatzdukumente: Wagner/Zenger MMR 2013, 343, 347f. ;
siehe unter http://pages.ebay.de/help/policies/invalid-bid-retraction.html
[171] siehe §§ 119ff. BGB.
[172] siehe dazu auch Rn. 90

Für Käufer bietet eBay unter engen Voraussetzungen die technische Möglichkeit, dass Kaufgebot ohne „Mitwirkung des Verkäufers" zurückzunehmen:
- Der Käufer hat sich vertippt und einen falschen Gebotsbetrag eingegeben (5.000 Euro, statt 500 Euro).
- Der Verkäufer hat die Artikelbeschreibung in wesentlichen Punkten nach Gebotsabgabe verändert.

Diese technische Rücknahme erfolgt nur bei Geboten innerhalb einer gewissen Frist vor Ablauf der Auktion und nicht nach Ausübung des „Sofortkaufs".

Liegt ein Anfechtungsgrund vor, können Sie das Gebot <u>mindestens zwölf Stunden vor Auktionsende</u> ohne Mitwirkung des Verkäufers zurücknehmen. Dann werden Ihre abgegebenen Gebote für den Artikel gestrichen. Nach den eBay-Grundsätzen besteht nach Rücknahme wegen eines Tippfehlers jedoch die Verpflichtung erneut zu bieten (den richtigen Gebotsbetrag).

Soll das Gebot <u>innerhalb der letzten zwölf Stunden vor Auktionsende</u> zurückgezogen werden, muss dass innerhalb einer Stunde nach Gebotsabgabe erfolgen.

Falls diese Voraussetzungen (für die technische Rücknahme ohne Mitwirkung des Verkäufers) nicht vorliegen, kann nur noch der Verkäufer Ihr Gebot streichen – sofern er es will. Ihr Recht auf Anfechtung Ihres Gebotes (auch bei Ausübung der Sofortkauffunktion) ist Ihnen jedoch unbenommen.

Der entsprechende Link für die (technische) Gebotsrücknahme lautet:
http://pages.eBay.de/help/buy/bid-retract.html
Bei Sofort-Käufen ist die (technische) Gebotsrücknahme über eBay nicht möglich.

<u>Zurück zum Fall:</u> Irene kann ihr Gebot anfechten, da sie sich bei der Eingabe des Gebots vertippt hatte. Sofern die Auktion noch nicht innerhalb von 12 Stunden ausläuft, kann sie die Gebotsrücknahme gegenüber eBay erklären und damit die Gebotsrücknahme technisch auslösen, ohne auf die Mitwirkung des Verkäufers angewiesen zu sein. Sie ist jedoch verpflichtet, ein neues, berichtigtes Gebot in Höhe von 500 Euro abzugeben.

Praxis-Tipp

Sie sollten (sofern möglich) die von eBay geschaffene Möglichkeit der technischen Rücknahme des Gebotes wahrnehmen.

Dazu müssen Sie auf „Rücknahme des Gebots" klicken. Auch wenn Sie dadurch das Gebot ohne Mitwirken des Verkäufers zurücknehmen können, sollten Sie dem Verkäufer gesondert über die Anfechtung (per eBay-Nachrichtenfunktion oder per Einschreiben) erklären und den Anfechtungsgrund benennen und darlegen. Drucken Sie sich diese Nachricht aus, um im Fall der Fälle die Anfechtung nachweisen zu können.
Beachten Sie aber, dass dem Verkäufer so oder so ein Anspruch auf Schadensersatz zustehen kann!

87   ### 3.8.1. Erklärungsirrtum[173]

Sofern die technische Rücknahme über eBay nicht möglich ist, da beispielsweise das Gebot unmittelbar vor Ablauf der Auktion abgegeben wurde, könnte Irene das Gebot auch gegenüber dem Verkäufer anfechten, wenn ein Erklärungsirrtum vorliegt.

Dazu muss dem Erklärenden (Irene) ein Irrtum in der Erklärungshandlung unterlaufen sein, zum Beispiel die Abgabe eines falschen Gebots wegen eines Tippfehlers. Problematisch ist jedoch, dass der Anfechtende beweisen muss, dass ihm ein Erklärungsirrtum (Tippfehler)[174] unterlaufen ist, da sonst jeder sein Gebot zurückziehen könnte, wenn er kein Interesse mehr daran hat, oder den Artikel in einer anderen Auktion günstiger bekommen hat. In der Praxis dürfte so etwas nur sehr schwer nachweisbar sein, eventuell durch Zeugenbeweis. Jedenfalls hat es das OLG Oldenburg[175] zur Beweisführung ausreichen lassen, dass zwischen Verkäufer und Käufer noch während der Laufzeit des Angebots E-Mails mit den unterschiedlichen Preisvorstellungen gewechselt wurden. Die Anfechtung muss jedoch unverzüglich nach Erkennen des Irrtums erfolgen[176]. Dabei setzt sich der Anfechtende Schadensersatzansprüchen[177] aus.

88   ### 3.8.2. Motivirrtum[178]

> **Fall 33:** Brisko *verkauft seine Gitarre zum Festpreis von 200 Euro. Nach Angebotsende stellt* Brisko *plötzlich fest, dass auf der Gitarre früher einmal Paul* McCartney *persönlich gespielt hat und dadurch die Gitarre einen Marktwert von 2.000 Euro hat.* Brisko *möchte den Kaufvertrag anfechten.*

Zu einem Irrtum über den Inhalt der Erklärung gehört auch die Fehleinschätzung über Eigenschaften der Person oder der Sache, die im Verkehr als wesentlich angesehen werden (sogenannter Motivirrtum). Grundsätzlich geht das Gewährleistungsrecht (wenn möglich) vor. Hier hilft das Gewährleistungsrecht dem Verkäufer Brisko aber nicht weiter, da es nur dem Käufer Rechte gibt und auch kein Sachmangel vorliegt. Hier hat sich Verkäufer Brisko nachträglich über eine wesentliche Eigenschaft der Gitarre geirrt (Echtheit = eine wesentliche preisbildende Eigenschaft der Gitarre), die er zu einem Festpreis von 200 Euro niemals verkauft hätte. Er muss die Anfechtung unverzüglich gegenüber Käufer erklären, dem eventuell Schadensersatzansprüche zustehen.
Wenn der Verkäufer eine Paul McCartney-Gitarre verkauft und nachträglich feststellt, dass McCartney niemals darauf gespielt hat, ist das ein klarer Sachmangel. Dem Käufer ständen dann Gewährleistungsrechte (Nacherfüllung wäre hier wahrscheinlich unmöglich), also Minderung, Schadensersatz und Rücktritt vom Kaufvertrag zu.
Eine Anfechtung kommt dann nicht in Betracht, wenn sich der Verkäufer über den zu erzielenden Versteigerungserlös getäuscht hat. Bei einem Preis eines Artikels handelt es sich nicht um eine Eigenschaft, sondern vielmehr um ein wertbildendes Merkmal. Somit läge nur ein unbeachtlicher Motivirrtum vor, der nicht zur Anfechtbarkeit führt.

---

[173] siehe § 119 Abs.1, 2.Alt.BGB.
[174] siehe auch OLG Oldenburg, Urteil v. 27.9.2006, Az.: 4 U 25/06.
[175] OLG Oldenburg, Urteil v. 30.10.2003, Az.: 8 U 136/03.
[176] siehe § 121 BGB.
[177] siehe § 122 BGB.
[178] siehe § 119 Abs.2 BGB.

3.8.3. Inhaltsirrtum[179]

> **Fall 34:** Juliane kauft beim Händler über eBay „6 Gros Öko-Ravioli" mit Fleischfüllung von glücklichen Kühen. Dabei geht sie davon aus, dass „Gros" besonders große Dosen bedeutet. Dabei regt sie sich über das orthografische Unvermögen der Leute in der heutigen Zeit auf. Gros bedeutet in der Händlersprache Dutzend Stück[180]. Als Juliane erfährt, dass sie 72 Dosen gekauft hat, fragt sie sich, ob sie den Kaufvertrag anfechten kann.

Ja, aber ... – Hier hat Juliane eine falsche Vorstellung von der Bedeutung und dem Inhalt der Erklärung – ein Inhaltsirrtum liegt vor. Für den Inhaltsirrtum gilt das Gleiche wie beim Erklärungsirrtum. Juliane muss beweisen, dass sie sich geirrt hat. Sie muss unverzüglich die Anfechtung gegenüber dem Verkäufer nach Kenntnis vom Irrtum erklären und setzt sich gegebenenfalls Schadensersatzansprüchen aus.

3.8.4. Anfechtung wegen arglistiger Täuschung

> **Fall 35:** Christian gibt seinen Bürojob auf und wird Autohändler. Er kauft einen Pkw und verkauft ihn ohne ihn zu prüfen, als „unfallfreien Pkw" über eBay an die gutgläubige Anett. Später merkt Anett, dass es sich um einen Unfallwagen handelt. Was kann sie tun?

Zunächst könnte Anett ihre Gewährleistungsrechte geltend machen, da hier ein Sachmangel (Unfallfreiheit des Pkw als vereinbarte Beschaffenheit) vorliegt. Jedoch könnte sie auch den Kaufvertrag wegen arglistiger Täuschung anfechten. Das ist immer dann möglich, wenn der Verkäufer in der Artikelbeschreibung bewusst falsche Angaben macht oder er gegenüber dem Käufer bewusst falsche Auskünfte erteilt. Ausreichend ist jedoch schon, wenn der Verkäufer Behauptungen „ins Blaue" hinein aufstellt, für die er keine Anhaltspunkte hat und auf die der Käufer besonderen Wert legt. Dies kann bei der Unfallfreiheit der Fall sein. Hier hatte der Verkäufer eine entsprechende Aufklärungspflicht gemäß den eBay-Grundsätzen zur vollständigen Artikelbeschreibung. Dazu hätte der Verkäufer auf seine Unkenntnis bezüglich der Unfallfreiheit ausdrücklich hinweisen müssen. Insoweit hat Käuferin Anett ein Wahlrecht zwischen Anfechtung und Gewährleistungsrecht. Das Gewährleistungsrecht scheint vorteilhafter, da es mehr Gestaltungsmöglichkeiten bietet (Rücktritt, Minderung und Schadensersatz).

Bei der Anfechtung wegen arglistiger Täuschung beträgt die **Anfechtungsfrist** ein Jahr ab Kenntnis der Täuschung, höchstens jedoch zehn Jahre ab Gebotsabgabe[181].

---

[179] siehe § 119 Abs.1, 1. Alt. BGB.
[180] 12 Stück.
[181] siehe § 124 BGB.

3.8.5. Anfechtungen durch Verkäufer und vorzeitige Beendigung eines Angebots

Auch Verkäufer können im Ausnahmefall ihre Angebote vorzeitig beenden[182].

> **Fall 36**[183]: *Verkäufer Timo bietet einen Heizkörper zu einem Startpreis von einem Euro an. Peter ist mit 20 Euro drei Tage nach Auktionsbeginn Höchstbietender. Timo bemerkt, dass Kaufinteressent Peter im letzten halben Jahr 300 Kaufgebote kurzfristig zurückgenommen hat. Er wittert Manipulation und misstraut dem Gebot von Peter. Verkäufer Timo beendet daher die Auktion vorzeitig. Durfte er das?*

Technisch ist das vorzeitige Beenden über das „Formular für das vorzeitige Beenden von Angeboten" möglich. Das Formular finden Sie unter:
http://offer.ebay.de/ws/eBayISAPI.dll?EndingMyAuction

Trotz vorzeitiger Beendigung des Angebots durch den Verkäufer kommt ein verbindlicher Vertrag mit dem Höchstbietenden zustande, aus dem ein Schadensersatzanspruch des Käufers resultieren kann, wenn der Verkäufer keinen „berechtigten Grund" zur vorzeitigen Beendigung hatte. Liegt hingegen ein berechtigter Grund vor, so kommt zwischen Verkäufer und Käufer kein verbindlicher Kaufvertrag zustande. Ein Schadensersatzanspruch besteht dann nicht.
Was ein berechtigter Grund ist, ergibt sich aus dem Zusatzdokument zu den eBay-AGB[184]:

Ein **berechtigter Grund** liegt vor, wenn sich der Verkäufer beim Eingeben des Angebots geirrt hat: z.B.
- Fehler bei Angabe von Start- und Mindestpreis
- Wesentliche Fehler bei der Artikelbeschreibung

oder

es dem Verkäufer unverschuldet unmöglich geworden ist, den angeboten Artikel dem Käufer zu übereignen:
- der Artikel wurde unverschuldet beschädigt oder zerstört;
- der Artikel wurde gestohlen;
- der Verkäufer kann den Artikel wegen eines Rechtsmangels nicht übereignen.

Im Fall 36 lag kein berechtigter Grund vor. Verkäufer Timo hat sich grundsätzlich schadensersatzpflichtig gemacht.
Daneben stehen dem Verkäufer auch die allgemeinen oben genannten Anfechtungsrechte zu. Bei der Anfechtung muss der Käufer jedoch grundsätzlich mit Schadensersatzforderungen rechnen.

---

[182] siehe § 6 Nr. 6 eBay AGB.
[183] Fall in Anlehnung an BGH, Urteil vom 23.09.2015, Az.: VIII ZR 284/14.
[184] siehe http://pages.ebay.de/help/sell/end_early.html ; kritisch zur Einbeziehung eines solchen « Zusatzdokuments » Wagner/Zenger MMR 2013, 343, 347f.

Fall 37[185]: *Michael bot seinen Mercedes SLK bei eBay zum Kauf an und setzte ein Mindestgebot von ein Euro fest. Die Auktion war für zehn Tage vorgesehen. Martin bot unmittelbar nach Beginn der Auktion einen Euro und setzte sich eine Obergrenze von 500 Euro. Es gab keine weiteren Bieter. Sieben Stunden später brach Michael die Auktion ab. Martin fragte bei Michael nach den Gründen des Abbruchs. Michael antwortete Martin, dass er außerhalb von eBay einen anderen Kaufinteressenten gefunden hat. Dieser habe ihm 4.200 Euro gezahlt. Das Fahrzeug sei mittlerweile verkauft und dem neuen Käufer übergeben worden. Verkäufer Michael lehne jede weitere Diskussion mit Martin ab. Martin weiß, dass der Mercedes einen objektiven Wert von 12.000 Euro gehabt hat. Kann er Schadensersatz verlangen?*

Ja, so der Bundesgerichtshof[186]. Der potentielle Käufer Martin kann vom Verkäufer Michael Schadensersatz in Höhe von 11.999 Euro[187] verlangen. Der Verkäufer war nach den eBay Grundsätzen nicht berechtigt, die Auktion vorzeitig zu beenden.

> **Praxis-Tipp**
> Sofern Sie als Verkäufer eine Auktion vorzeitig beenden wollen, so prüfen Sie vor Beendigung genau, ob Sie dazu berechtigt sind. Im Zweifel können Käufer Schadensersatz geltend machen.
> Sind Sie hingegen Bieter einer vorzeitig abgebrochenen Auktion, so fragen Sie den Verkäufer nach den Gründen. Sofern dieser nicht antwortet, setzen Sie ihm eine Frist von 10 Tagen. Der Verkäufer muss darlegen und beweisen können, dass er zur vorzeitigen Beendigung ausnahmsweise berechtigt war. Kann er das nicht, so macht er sich schadensersatzpflichtig.

3.9. Keine Ware erhalten

Manchmal kommt es vor, dass der Käufer den Zuschlag erhält und den Kaufpreis inklusive Versandkosten an den Verkäufer ordnungsgemäß überwiesen hat, die Ware jedoch nicht ankommt. Schreiben Sie zunächst den Verkäufer über das eBay-Kontaktformular in „Mein eBay" an und schildern Sie den Sachverhalt freundlich. Nicht immer ist das Problem auf die Unzuverlässigkeit des Verkäufers zurückzuführen. So kann die Ware auf dem Versandweg verloren gegangen sein, oder der Verkäufer hat versehentlich einen Fehler gemacht. Manchmal kommt es auch vor, dass der Verkäufer einen Artikel bei eBay einstellt und vergisst, dass er einige Tage terminlich verhindert ist, zum Beispiel in den Ferien. Das sind zwar keine Entschuldigungen, jedoch sollten Sie als Käufer nicht gleich mit anfeindenden Schreiben reagieren oder dem Verkäufer Betrugsabsicht vorwerfen. Auch Verkäufer sind Menschen, denen Fehler passieren können.

Behauptet der Verkäufer, er habe die Ware losgeschickt, fordern Sie dafür einen Nachweis an. Der Verkäufer muss in jedem Fall belegen können, dass er die Ware (egal ob Brief, Päckchen oder Paket) losgeschickt hat. Eine Quittung über den Kauf von Briefmarken (sog. Postwertzeichen) ist jedoch nicht zum Beweis geeignet.

---

[185] Fall in Anlehnung an BGH, Urteil vom 12.11.2014, Az.: VIII ZR 42/14.
[186] Urteil vom 12.11.2014, Az.: VIII ZR 42/14.
[187] Objektiver Wert – Gebot zum Zeitpunkt der Beendigung der Auktion.

Liegt ein Verbrauchsgüterkauf vor, trägt stets der Verkäufer das Transportrisiko und müsste die Nachforschung beantragen und die Ware gegebenenfalls noch einmal verschicken. Liegt ein normaler Kauf vor, trägt der Käufer das Transportrisiko. Das entbindet den Verkäufer jedoch nicht von seiner Pflicht, das Absenden der Ware zu beweisen. Bei Paketen kann er den Beweis anhand des Einlieferungsscheins führen. Bei Brief und Päckchen müsste er anhand von Zeugen nachweisen können, dass er die Ware losgeschickt hat.

Kann der Verkäufer das Absenden der Ware nicht beweisen, und bestehen Zweifel an der Version des Verkäufers oder meldet er sich gar nicht, sollte der Vorgang zunächst eBay gemeldet werden. eBay wird dann den Verkäufer anschreiben und ihm Zeit zum Handeln geben. Versendet er die Ware nicht, wird er gegebenenfalls verwarnt. Diese Sanktion hilft dem „geprellten" Käufer zwar nicht, aber durch die Warnung von eBay wird der Verkäufer nochmals an seine Lieferpflicht erinnert. Meldet sich der Verkäufer auch dann nicht, gibt es zwei Möglichkeiten:

94 **Sie wollen unbedingt den Lieferanspruch aufrecht erhalten**
Setzen Sie dem Verkäufer eine angemessene Frist von ca. zehn Tagen zur Lieferung. Die Fristsetzung (Mahnung) müssen Sie beweisen können. Ist die Frist erfolglos verstrichen, können Sie auf Lieferung klagen. Darüber hinaus gerät der Verkäufer in aller Regel in Verzug[188]. Der Verkäufer gerät nur ausnahmsweise dann nicht in Verzug, wenn er die ausstehende Lieferung nicht zu „verschulden"[189] hat, zum Beispiel bei schwerer Krankheit. Diesen ihn entschuldigenden Umstand muss der Verkäufer beweisen.

95 **Sie wollen bei Nichtlieferung den bereits gezahlten Gesamtbetrag (Kaufpreis und Versandkostenpauschale) zurück[190] und eventuell zusätzlich[191] Schadensersatz geltend machen und sich vom Vertrag** lösen.
Setzen Sie dem Verkäufer auch hier eine angemessene Frist von ca. zehn Tagen zur Lieferung und erklären Sie ihm den Rücktritt vom Vertrag für den Fall der Nichtlieferung. Ist die gesetzte Frist erfolglos verstrichen, gerät der Verkäufer in aller Regel in Verzug[192] und Sie sind automatisch vom Vertrag zurückgetreten. Die Folgen des Rücktritts sind, dass der Verkäufer die Ware nicht mehr liefern muss, und sie einen Anspruch auf Rückzahlung des Kaufpreises und der Versandkostenpauschale haben. Ab Eintritt des Verzuges (erfolgloses Verstreichen der Frist) können Sie dafür Zinsen in Höhe von 5 % über dem aktuellen Basiszinssatz[193] verlangen. Dieses Geld können Sie im Mahnverfahren geltend machen. (Rn. 186 ff.)
Die entstehenden Kosten nach Eintritt des Verzugs (Ablauf der Frist) für das Mahnverfahren, Brief- und Portokosten, Anwaltskosten können Sie ebenfalls vom Käufer verlangen.

---

[188] siehe § 286 BGB.
[189] juristisch: vertreten, wenn der Verkäufer nicht fahrlässig oder vorsätzlich handelt.
[190] siehe § 323 Abs.1 BGB.
[191] siehe § 325 BGB.
[192] siehe § 286 BGB.
[193] Basiszinssatz ab 1.1.2015 beträgt -0,83 % p.a., also Verzugszinsen insgesamt 4,17 % p.a.; wenn sowohl Verkäufer als auch Käufer Unternehmer sind sogar 8% p.a. über dem Basiszinssatz, also insgesamt 7,17 % p.a.

Des Weiteren können Sie auch den unter der Rn. 50 und 52 dargestellten Schaden (großer Schadensersatz, Aufwendungsersatz) geltend machen.

> **Praxis-Tipp** 96
> So könnte eine Mahnung mit Fristsetzung und erklärtem Rücktritt formuliert werden:
>
> Musterstadt, den .... (Datum)
> Sehr geehrte Damen und Herren,
> am ..... (Datum) habe ich über eBay bei Ihnen folgenden Artikel .... (genaue Artikelbeschreibung, Artikelnummer) für ....Euro (Kaufpreis) ersteigert bzw. bestellt. Daraufhin habe ich Ihnen am .... (Datum) den Gesamtbetrag aus Kaufpreis und den angegebenen Versandkosten in Höhe von .... Euro auf das von Ihnen angegebene Konto (Inhaber, Kontonummer, BLZ.) überwiesen. Bis zum heutigen Tag habe ich jedoch von Ihnen noch keine Ware erhalten. Ich fordere Sie daher auf, mir bis zum......... (Datum, ca. 10-14 Tage nach Absenden des Schreibens) die Ware vertragsgemäß zu liefern. Sollte die Ware bei mir bis zu diesem Zeitpunkt nicht eingegangen sein, trete ich vom Vertrag zurück und behalte mir zusätzlich Schadensersatzansprüche vor.
> Mit freundlichem Gruß
>
> (Unterschrift)

Den Zugang dieses Schreibens müssen Sie im Zweifel nachweisen können (siehe Rn. 180 ff.).

Meldet sich der Verkäufer gar nicht, kommt auch eine Strafanzeige wegen Betruges in Betracht. Warten Sie jedoch zunächst ein paar Wochen auf eine Reaktion. Meldet sich der Verkäufer auf mehrere Mahnungen nicht, so kann eine Strafanzeige sinnvoll sein, da dann der Verdacht nahe liegt, dass der Verkäufer von Anfang an geplant hat, die Ware nicht zu verschicken. Strafanzeige können Sie auf jedem Polizeirevier erstatten. Planen Sie dafür einige Zeit ein. Schildern Sie dem Polizeibeamten den Sachverhalt und äußern Sie den Verdacht, dass eine betrügerische Handlung vorliegen könnte. Drucken Sie zum Nachweis unter Beisein eines Zeugen Ihren gesamten Schriftverkehr mit dem Verkäufer und die Artikelangebotsseite aus. Hilfreich können auch sogenannte Screenshots (Bildschirmfotos) der Auktion sein. Erwarten Sie jedoch von einem Strafverfahren nicht zu viel. Damit erhalten Sie meistens nicht die Ware oder Ihr Geld zurück. Häufig werden diese Strafverfahren wegen Mangel an Beweisen eingestellt, so dass es nur selten zu Gerichtsverhandlungen kommt.

Achtung: Häufig fühlen sich Vertragspartner voreilig als Opfer von Betrugsfällen. In den meisten Fällen (zum Beispiel Meinungsstreitigkeiten über Rechte und Pflichten bei der Ausübung von Gewährleistungsrechten, Widerrufsrechten, Wertersatz etc.) liegt jedoch kein Betrug vor. Sprechen Sie hingegen von Betrug, ohne dass der rechtlich begründete Verdacht vorliegt, so können Sie sich unter Umständen selbst wegen falscher Verdächtigung oder übler Nachrede strafbar machen. Das ist auch der Fall, wenn Sie Ihre Vermutungen in die (negative) Bewertung Ihres Handelspartners einfließen lassen.

Praxis-Tipp
Bevor Sie gegen den Verkäufer gerichtlich vorgehen, sollten Sie aufgrund des Prozess- und Kostenrisikos überprüfen, ob Sie den bereits geleisteten Betrag auf anderem Weg zurückerhalten können. Sofern Sie mit PayPal bezahlt haben, können Sie den Kaufpreis und die Versandkosten ohne Abzüge von PayPal zurückerhalten. Diesen eBay-Käuferschutz bei Bezahlung mit PayPal sollten Sie unbedingt vorrangig in Anspruch nehmen. Das erspart Ihnen Zeit, Mühe und Kosten.

98 3.10. eBay-Käuferschutz bei Bezahlung mit PayPal
Bis eBay ein eigenes Zahlungsabwicklungssystem einführt, sollten Sie -sofern es der Verkäufer anbietet- mit PayPal bezahlen. Damit profitieren Sie vom Käuferschutz, das heißt: Liefert der Verkäufer die Ware nicht oder weicht die Ware wesentlich von der Artikelbeschreibung ab, so zahlt Ihnen PayPal den bereits gezahlten Kaufpreis und die Versandkostenpauschale ohne Abzüge zurück.

Der Anspruch besteht jedoch nur dann[194], wenn:

- der Käufer den gekauften Artikel mit PayPal bezahlt hat;
- der gekaufte Artikel ein Gegenstand (kein Recht) ist, der versendet werden kann (also *kein Käuferschutz bei: Tickets, Eintrittskarten, Dienstleistungen, Gutscheine, Softwarelizenzen, Autos, industrielle Maschinen oder Sonderanfertigungen, etc.*);
- der gekaufte Artikel durch den Verkäufer nicht versendet wurde (*das bedeutet, dass kein Käuferschutz besteht, wenn der Artikel auf dem Versandweg abhanden gekommen ist*) oder
- der gekaufte Artikel stark von der Artikelbeschreibung abweicht (z.B. der Käufer meldet eBay innerhalb von 45 Tagen nach Einleitung der PayPal-Zahlung den Konflikt (*Dazu müssen Sie in den Menüpunkt „Mein eBay" gehen und auf „Gekauft" klicken. Klicken Sie nun auf den entsprechenden Artikel und wählen Sie dann den Menüpunkt „Problem klären"*)

99 3.11. Gestohlene Ware

Fall 38: *Daniel will seiner Tochter Laura ein Fahrrad schenken. Er bietet bei eBay auf ein hochwertiges gebrauchtes Fahrrad und erhält den Zuschlag. Nach einem halben Jahr bekommt Daniel einen Brief der Staatsanwaltschaft, in dem er aufgefordert wird, das Fahrrad umgehend an den Eigentümer herauszugeben, da es sich hier um gestohlene Ware handelt. Tochter Laura möchte nun wissen, ob sie das Fahrrad behalten darf.*

Leider nein. - Obwohl Daniel hier vom Diebstahl nichts wusste, konnte er kein Eigentum an der Ware erlangen. Laura muss ihr Fahrrad an den bestohlenen Eigentümer zurückgeben. Daniel kann jedoch den Kaufpreis vom Verkäufer zurückverlangen, unabhängig von dessen Wissen. Wusste der Verkäufer von der Eigenschaft der Ware, so sind auch Schadensersatzansprüche denkbar. (siehe dazu Rn. 46 ff.).

---

[194] Näheres unter: https://cms.paypal.com/cms_content/DE/de_DE/files/ua/buyerprotection.pdf

3.12. Verkaufsagenten

100

> **Fall 39:** *Robert kauft per Sofortkauf-Option einen gebrauchten PKW von einem Händler. Dieser gibt in der Artikelbeschreibung an, dass er den PKW für eine Privatperson als eBay- Verkaufsagent anbietet. Nachdem Robert den PKW abgeholt hatte, bemerkte er Mängel. Robert fragt sich, ob er trotz vereinbartem Gewährleistungsausschluss Gewährleistungsrechte geltend machen kann.*

Grundsätzlich ist ein Gewährleistungsausschluss unwirksam, wenn ein Verbrauchsgüterkauf vorliegt. Dann müsste Robert den Kaufvertrag mit dem Händler persönlich geschlossen haben. Hier trat der Händler als Verkaufsagent auf. Verkaufsagenten sind erfahrene eBay-Nutzer, die selbstständig für Dritte Artikel professionell über eBay verkaufen und damit im eigenen Namen den Kaufvertrag abschließen. Der Händler ist somit Vertragspartner von Robert geworden, der vereinbarte Gewährleistungsausschluss ist daher unwirksam.

Problematisch ist hingegen die Situation, wo ein Unternehmer einen privaten „Strohmann" zum Verkauf eines Artikels einsetzt, um die Gewährleistung wirksam ausschließen zu können. Ob hier der Gewährleistungsausschluss wirksam ist, hängt vom Einzelfall ab. Liegt nämlich ein solches Umgehungsgeschäft vor, ist der Gewährleistungsausschluss gemäß § 475 Abs.1 BGB unwirksam. Die Rechtsprechung bejaht Umgehungsgeschäfte nur dann, wenn der im Hintergrund stehende Unternehmer bei wirtschaftlicher Betrachtungsweise als der Verkäufer des Fahrzeugs anzusehen ist. Entscheidende Bedeutung kommt hierbei der Frage zu, ob der Händler oder der als privater Verkäufer in Erscheinung tretende das wirtschaftliche Risiko des Verkaufs zu tragen hat[195]. Die Beweisführung ist bei solchen Geschäften häufig sehr schwer.

101

> **Praxis-Tipp**
> Bieten Sie im Zweifel nicht auf Artikel, die von Personen „angeboten" werden, die im fremden Namen handeln. Häufig sind dann Streitigkeiten vorprogrammiert.

3.13. Manipulation durch den Verkäufer

101a

Es kommt gelegentlich vor, dass Verkäufer mittels eines zweiten Accounts auf die eigene Ware bieten, um den Kaufpreis gezielt in die Höhe zu treiben. Das ist zwar nach den eBay-Grundsätzen verboten[196], jedoch dürfte es vermutlich häufig unentdeckt vorkommen. Kann dieser Verstoß nachgewiesen werden, so ist die Rechtslage wie folgt: Hält der Anbieter unter Verstoß gegen die eBay-Grundsätze über einen weiteren eBay Account am Ende der Angebotsdauer das Höchstgebot, so wird der zuletzt überbotene Bieter nach § 162 BGB so gestellt, als sei mit dem Inhalt seines letzten Höchstgebotes ein Kaufvertrag zustande gekommen. Kann dann der Verkäufer nicht an den Bieter die Ware übereignen, so macht er sich ggf. schadensersatzpflichtig[197].

---

[195] BGH, Urteil v. 26.1.2005, Az.: VIII ZR 175/04; BGH, Urteil v. 22.11.2006, Az.: VIII ZR 72/06.
[196] siehe http://pages.ebay.de/help/policies/seller-shill-bidding.html
[197] OLG Stuttgart, Urteil vom 14.04.15, Az.: 12 U 153/14.

102 ## 4. Worauf Sie als Verkäufer achten müssen

Sie wollen eine Sache über eBay mit dem Ziel verkaufen, ein höchstmögliches Gebot zu erreichen. Es scheint daher verlockend, das angebotene Produkt deutlich positiver darzustellen, als es wirklich ist, negative Aspekte einfach unter den Tisch fallen zu lassen. Doch Vorsicht: Beim Verkaufen werden in der Praxis die meisten rechtlichen Fehler gemacht. So sind ca. 80 % der Gewährleistungsausschlüsse unwirksam[198]. Die Folge kann sein, dass Sie für Mängel zwei Jahre lang haften. Diesem Risiko sollten Sie sich nicht aussetzen.

103 So sollte sich jeder Verkäufer grundlegende Fragen stellen, bevor er eine Sache zum Verkauf anbietet:
- Bin ich Verbraucher oder Unternehmer?
- Bin ich Eigentümer der Sache und darf ich sie verkaufen? Gehört die Sache wirklich mir?
- Was muss ich in die Artikelbeschreibung schreiben, was kann ich weglassen?
- Will ich die gesetzliche Gewährleistung ausschließen? Wenn ja, darf ich das überhaupt?
- Ist eine gewerbliche Tätigkeit offen zu legen, oder kann ich mich selbst als Privatperson bezeichnen?
- Worüber muss ich den Kunden informieren?
- Muss ich ein Gewerbe anmelden?
- Muss ich meine Einkünfte beim Finanzamt angeben?
- Darf ich diesen Artikel überhaupt verkaufen, oder verstoße ich dadurch gegen Gesetze?

104 ### 4.1. Einstellen des Artikels

Bereits beim Einstellen des Artikels müssen Sie alles richtig machen, wollen Sie sich nicht Schadensersatzansprüchen aussetzen, Abmahnungen erhalten oder eine Sperrung ihres Nutzerkontos riskieren[199]. Alle Angaben die Sie hier machen, zählen zur Artikelbeschreibung. Wenig Fehler werden in der Regel bei der Wahl der richtigen Kategorie und der Artikelbezeichnung gemacht. Die Artikelbezeichnung muss zumindest die Art der Ware bezeichnen. Auch die Wahl des Zustands der Sache (neu oder gebraucht) ist in der Regel unproblematisch. Eine neu hergestellte Sache wird nicht automatisch deswegen zu einer gebrauchten Sache, weil sie kurz auf ihre Funktionsfähigkeit getestet wurde, ohne dass sie beschädigt oder verbraucht wurde. Neu hergestellte Pkw werden auch zunächst technisch überprüft und zum Händler überführt, sodass neue Pkw üblicherweise einige Kilometer auf dem Tacho stehen haben.

Die Artikelbeschreibung ist von bedeutender Wichtigkeit. Hier müssen Sie alle zur Kaufentscheidung wesentlichen Eigenschaften und Merkmale der Sache angeben.

---

[198] Berger in ZGS 2007, S. 257ff.
[199] eBay darf das Vertragsverhältnis (Nutzerkonto) bei Verstößen gegen die eBay AGB, eBay-Grundsätze und bei vielen negativen Bewertungen kündigen. Eine Kündigung stellt damit eine lebenslange Sperre dar, vgl. OLG Brandenburg, Urteil vom 18.05.05, Az.: 7 U 169/04.

Vergessen Sie ein Detail und musste der Käufer damit nicht rechnen, liegt bereits ein Sachmangel vor[200]. Verkaufen Sie einen gebrauchten Artikel und können Sie keine Angaben zur Funktionsfähigkeit machen, müssen Sie das ausdrücklich vermerken. Haben Sie die Sache von einer dritten Person bekommen (Sache aus zweiter Hand), müssen Sie das ebenfalls unbedingt angeben. Dieser Pflicht zur vollständigen und korrekten Beschreibung des angebotenen Kaufgegenstandes kann sich der Verkäufer nicht dadurch entziehen, dass er angibt, das Gerät habe einen Defekt und es könnten weitere Defekte nicht ausgeschlossen werden. Die Folge wäre, dass Ihnen arglistiges Verschweigen vorgeworfen werden kann, welches dann zur Unwirksamkeit Ihres Gewährleistungsausschlusses und zu Schadensersatzansprüchen führen kann[201]. Liegt ein Mangel an der Sache vor, müssen Sie ihn ganz genau beschreiben. Hier sei auf Fall 17 (Rn. 63) verwiesen.

105

Fall 40: *Grit benötigt für ihren Blasmusikverein neue Noten. Sie möchte sich daher gebrauchte Noten kaufen, um Geld zu sparen. In der Artikelbeschreibung von Verkäufer Lars steht, dass es sich um ein gebrauchtes Notenbuch handelt. Die Gewährleistung soll ausgeschlossen sein. Dazu ist auch ein Foto von dem Buch zu sehen, auf dem ein neuwertiges Buch abgebildet ist. Grit bietet und erhält den Zuschlag. Als das Buch geliefert wird, ärgert sie sich über die verdreckten Buchecken und die „Eselsohren". Auf dem Foto war jedoch ein sauberes Buch abgebildet. Der Verkäufer Lars beruft sich auf seinen Gewährleistungsausschluss. Kann Grit Gewährleistungsrechte geltend machen?*

Ja. – Dazu müsste ein Mangel am Buch vorliegen, den der Verkäufer arglistig verschwiegen hat. Soweit nichts anderes vereinbart wurde, sind dreckige Ecken und Eselsohren typisch für gebrauchte Bücher. Hätte der Verkäufer nur auf ein gebrauchtes Buch hingewiesen, läge wahrscheinlich noch kein Sachmangel vor. Hier hat jedoch der Verkäufer ein Foto von einem sauberen Buch in die Artikelbeschreibung eingestellt.
Auch Abbildungen und Fotos gehören zur Artikelbeschreibung. Hier weicht das Bild in der Artikelbeschreibung von dem tatsächlichen Erscheinungsbild der Ware ab. Es ist davon auszugehen, dass das der Verkäufer wusste und absichtlich ein anderes Foto verwendet hat. Der Verkäufer hat die „schmutzige Beschaffenheit" des Buches arglistig verschwiegen und damit ist sein Gewährleistungsausschluss unwirksam. Grit kann somit ihre Gewährleistungsrechte geltend machen.

Daher ist es ratsam, nur Fotos von der Sache im aktuellen Zustand in die Artikelbeschreibung einzustellen. Sehr häufig benutzen Verkäufer Fotos von neuen Sachen, die sie aus dem Internet haben, zum Beispiel von der Internetseite des Herstellers. Dabei verstoßen sie regelmäßig nicht nur gegen den Urheberschutz, sondern verschweigen den wahren Zustand der gebrauchten Sache, wenn sie dies nicht ausdrücklich als Beispielfoto deutlich machen. Teure Abmahnungen und die Geltendmachung von Gewährleistungsrechten können die Folge sein.

---

[200] BGH NJW 09, 2056.
[201] AG Kehl, Urteil v. 16.9.03, AZ.: 4 C 290/03.

Praxis-Tipp

Wenn Sie eine neue Sache auf ihre Funktionsfähigkeit getestet haben, dann vermerken Sie das ausdrücklich in Ihrer Artikelbeschreibung, um Missverständnissen vorzubeugen. Die eigene Erfahrung zeigt, dass umso mehr Informationen Sie zum Artikel schreiben, auch mehr Käufer Interesse an der Ware zeigen, was sich wiederum positiv auf den Kaufpreis auswirkt. Versuchen Sie daher so viele Informationen wie möglich zum Artikel zu schreiben – die jedoch alle zutreffen müssen. Auch reicht es grundsätzlich aus, wenn Sie ein oder kein Bild veröffentlichen. Der Käufer hat keinen Anspruch auf umfassende Bilder – wobei ansprechende Bilder der angebotenen Ware häufig den Verkaufspreis in die Höhe treiben. Weisen Sie aber stets auf übliche Gebrauchsspuren hin. Nur wenn unüblich hohe Gebrauchsspuren vorhanden sind, müssen Sie diese genau benennen. Es ist auch sinnvoll, typische Merkmale des Artikels zu dokumentieren, zum Beispiel Herstellerbezeichnung und Seriennummer. So können Sie bei Rücksendungen durch den Käufer „Verwechslungen" ausschließen: Es ist schon vorgekommen, dass Käufer neue Produkte gekauft und ein altes, defektes Modell zur Geltendmachung der Gewährleistungsrechte an den Verkäufer zurückgeschickt haben. Dabei handelt es sich um eine Straftat (Betrug)!

4.1.1. Vorkasse

Fall 41: *Konrad verkauft sein Netbook über eBay. Käufer Christian bekommt den Zuschlag. In der Artikelbeschreibung steht nur „Versand du, eBay ich". Es wird nur Paketversand und Überweisung angeboten. Käufer Christian möchte das Netbook per Paket zugeschickt bekommen. Konrad wartet jedoch vergeblich auf den Geldeingang auf seinem Konto. Als er bei Christian nachfragt, verlangt dieser, dass Konrad das Netbook zuerst losschickt, erst dann würde er das Geld überweisen. Konrad fragt, was er nun tun kann. Bislang ist er davon ausgegangen, dass bei eBay der Käufer immer zuerst das Geld überweisen müsste.*

Lange Zeit war unter Juristen umstritten, ob der Käufer zuerst zu bezahlen hat, bevor der Verkäufer die Ware versenden muss[202]. Nunmehr hat eBay in seinen AGB geregelt, dass der Käufer grundsätzlich vorleistungspflichtig ist, sofern nichts anderes vereinbart wurde.

Konrad kann daher das Versenden der Ware so lange verweigern, bis Christian gezahlt hat. Sofern Christian nicht zahlt, sollte Konrad ihm eine Frist von einer Woche zur Zahlung setzen. Dabei sollte Konrad die eBay Artikelnummer angeben und den Rücktritt vom Kaufvertrag androhen.

Der Verkäufer erzielt regelmäßig höhere Gebote, wenn zur Zahlungsabwicklung die Bezahlung per Paypal mit integrierten Käuferschutz angeboten wird.

Praxis-Tipp
Um Stress und Ärger vorzubeugen, ist es ratsam, nochmals in der Artikelbeschreibung auf die Vorleistungspflicht des Käufers hinzuweisen. So reicht der Standardsatz: „Sobald das Geld auf meinem Konto eingegangen ist, schicke ich die Ware los", oder „Der Käufer ist zur Vorkasse verpflichtet."
Bis zur Einführung des eBay-Zahlungsabwicklungssystems ist es ratsam per Paypal zu zahlen.

4.1.2. Selbstabholung

Fall 42: *Katja will ihre neue Wohnung streichen. Daher bestellt sie sich über eBay bei einem Farbenhändler einen Eimer hochdeckende Innenraumfarbe. In der Artikelbeschreibung steht zur Zahlungsmethode lediglich „Überweisung und versicherter Versand". Sie erhält erwartungsgemäß den Zuschlag. Danach stellt Katja überraschend fest, dass der Farbenhändler seine Firmenniederlassung im gleichen Ort hat. Sie will sich die Ware persönlich beim Verkäufer abholen, um Versandkosten zu sparen. Der Händler lehnt jedoch ab (da er den Gewinn aus der Versandkostenpauschale nicht einbüßen möchte). Hat Katja ein Recht auf Selbstabholung?*

Ja. - Es mag viele Verkäufer – sowohl Unternehmer als Verbraucher – verwundern, dass sie die Selbstabholung akzeptieren <u>müssen</u>, wenn sie nicht <u>ausdrücklich</u> die Selbstabholung ausgeschlossen haben. Häufig sind sie der Meinung, dass sie einen Ausschluss vereinbaren, indem sie als Zahlungsmethode „nur Überweisung" mit Versand anbieten. Daraus lässt sich jedoch kein Ausschluss der Selbstabholung

---

[202] Anmerkung Schlömer/Dittrich, eBay&Recht, 2004 Rn. 73; Leible/ Sosnitza, Versteigerungen im Internet, Rn. 223.

entnehmen[203]. Wenn nichts anderes vereinbart ist, hat der Käufer einen Anspruch auf Selbstabholung[204]. Katja kann somit beim Händler den Eimer Farbe abholen und die Versandkostenpauschale sparen.

108 **4.1.3. Streichen von Geboten und Anfechtung durch den Verkäufer**
Grundsätzlich sind alle bei eBay eingestellten Artikel rechtsverbindliche Angebote. Daher dürfen Verkäufer nur in Ausnahmefällen, bereits verbindlich eingestellte Angebote <u>bis zwölf Stunden vor Angebotsende</u> zurücknehmen, wenn sich der Verkäufer beim Eingeben des Angebots geirrt hat: z.B.

- Fehler bei Angabe von Start- und Mindestpreis
- wesentliche Fehler bei der Artikelbeschreibung

oder

es dem Verkäufer unverschuldet unmöglich geworden ist, den angeboten Artikel dem Käufer zu übereignen:

- der Artikel wurde unverschuldet beschädigt oder zerstört;
- der Artikel wurde gestohlen;
- der Verkäufer kann den Artikel wegen eines Rechtsmangels nicht übereignen.

Liegen diese Voraussetzungen vor, können Sie technisch das Angebot vorzeitig ohne Mitwirkung des Höchstbietenden beenden und die bisher abgegebenen Gebote streichen.

Das Formular für das vorzeitige Beenden von Angeboten finden Sie unter:
http://offer.ebay.de/ws/eBayISAPI.dll?EndingMyAuction

Wenn Sie allerdings Ihr Angebot bei <u>weniger als zwölf Stunden vor Auktionsende</u> vorzeitig zurücknehmen wollen, dürfen noch keine Gebote von Käufern vorliegen[205]. Liegen jedoch schon Gebote vor, so müssen Sie an den Höchstbietenden verkaufen.

Ist die Auktion noch nicht abgeschlossen, so können Sie versuchen, mit dem Käufer Kontakt aufzunehmen und ihm die Situation zu erklären. Der Käufer kann nun freiwillig sein Gebot zurückziehen *http://pages.ebay.de/help/buy/bid-retract.html*. Ist die Auktion allerdings schon abgeschlossen, so müssen Sie sich mit dem Käufer einigen, den Verkauf der Ware (nachträglich) nicht durchzuführen. Dies müssen Sie bei eBay unter **http://pages.ebay.de/help/sell/unpaid-items.html** angeben, damit Sie die eBay-Gebühren nicht bezahlen müssen.

Sollten Sie sich beim Einstellen des Artikels geirrt haben, so können Sie auch den Kauf anfechten. (siehe Rn. 85ff.)

---

[203] AG Koblenz, Urteil v. 21.6.2006, Az.: 151 C 624/06; OLG Oldenburg, Urteil vom 28. Juli 2005 - Az.: 8 U 93/05.
[204] vergleiche Rn. 15.
[205] siehe auch eBay-Zusatzdokument zu § 6 Nr. 4 der eBay AGB, http://pages.ebay.de/help/sell/end_early.html .

> **Fall 43:** Reinhard benötigt dringend Geld und möchte seine geliebte Taschenuhren-Sammlung auflösen. Er bietet eine wertvolle mit echten Diamanten besetzte Uhr zu einem Startpreis von einem Euro an. Aus einem nicht ersichtlichen Grund gab es nur ein Gebot für einen Euro. Da sich Reinhard mindestens 5.000 Euro erhofft hatte, möchte er nun wissen, ob er am Kaufvertrag festhalten muss.

Leider ja. - Allein die enttäuschte Erwartung auf einen höheren Erlös bei einem Risikogeschäft wie hier berechtigen nicht zur Anfechtung[206]. Etwas Anderes gilt jedoch dann, wenn der Verkäufer bspw. durch einen Tippfehler keinen Mindestpreis festgelegt hat[207].
Zu den Anfechtungsgründen sei auf Rn. 88 ff. verwiesen.

4.1.4. „Spaßbieterklausel"

> **Fall 44:** Marko hat schon öfters negative Erfahrungen mit der schlechten Zahlungsmoral einiger Käufer gemacht: Artikel werden gekauft, dann aber aus nicht nachvollziehbaren Gründen nicht bezahlt (sogenannte „Spaßbieter"). Er fügt daher seiner Artikelbeschreibung folgenden typischen Satz hinzu: „Spaßbieter bekommen Post von meinem Anwalt und zahlen 30% des Kaufpreises!!!" Nach mehreren erfolgreichen Auktionen weigert sich nun ein Käufer zu zahlen. Marko fragt sich, ob er 30 % Schadensersatz vom Käufer verlangen kann.

Grundsätzlich ja - Eine solche Vertragsbestimmung stellt eine sogenannte Vertragsstrafe gemäß § 339 BGB dar. Mit Abgabe eines Gebotes erklärt sich der Käufer mit der Vertragsbestimmung einverstanden. Es muss jedoch beachtet werden, dass die Vertragsstrafe nicht unverhältnismäßig hoch sein darf, was sich nach dem jeweiligen Einzelfall bemisst. Das Amtsgericht Bremen sah eine pauschale Schadensersatzquote in Höhe von 30 % vom erzielten Kaufpreis als verhältnismäßig an[208].
Aber Achtung! Sobald diese Vertragsbestimmung eine AGB darstellt, liegt ein Verstoß gegen § 309 Nr. 6 BGB vor, der zu dessen Unwirksamkeit führt[209]. Eine Vertragsbestimmung stellt häufig schon dann eine AGB dar, wenn sie mehrfach verwendet wurde oder zur mehrfachen Verwendung formuliert wurde. Schreiben Sie diese Formulierung irgendwo ab, so stellt diese Formulierung bereits beim erstmaligen Verwenden eine AGB dar[210].
Faustregel: Wenn Sie diese Vertragsbestimmung also mehr als ein- bis zweimal verwendet haben, wird diese automatisch unwirksam. Marko hat diese Vertragsbestimmung bereits mehrmals genutzt, so dass er keinen Anspruch auf einen pauschalen Schadensersatz von 30 % vom Kaufpreis hat. Das bedeutet aber nicht, dass Marko nun keinen Schadensersatz mehr verlangen kann. Marko muss nun den tatsächlich eingetretenen Schaden (Provisionsanspruch von eBay, Differenz zum Kaufpreiserlös bei einer erneuten Auktion, etc.) darlegen und beweisen können.

---

[206] OLG Köln, Urteil vom 08.12.2006, Az.: 19 U 109/06; BGH, Urteil vom 12.11.2014, Az.: VIII ZR 42/14.
[207] LG Koblenz, Urteil vom 18.03.2009, Az.: 10 O 250/08.
[208] AG Bremen, Urteil v. 20.10.2005, Az.: 16 C 168/05.
[209] AG Waiblingen, Urteil vom 12.11.2008, Az.: 9 C 1000/08.
[210] vergleiche dazu auch Berger in ZGS 2007, 257ff.

> **Praxis-Tipp**
> Der Käufer muss Ihnen die mehrmalige Verwendung nachweisen. Das kann er häufig nicht, wenn Sie diese Klausel nur einmal innerhalb 90 Tagen anwenden. Überlegen Sie sich also gut, wann es sich lohnt, eine solche Klausel zu verwenden oder nutzen Sie die Möglichkeit der sog. Privatauktion (Angebot mit nicht öffentlicher Bieter-/Käuferliste).

111   **4.1.5. Impressumspflicht**
Ob Privatpersonen ein Impressum auf der Angebotsseite haben müssen, ist derzeit rechtlich nicht geklärt. Das seit 1.März 2007 gültige Telemediengesetz lässt eine klare Beantwortung dieser Frage nicht abschließend zu. Sie sollten daher als Privatperson folgende Angaben prinzipiell auf der Angebotsseite angeben:
- Name
- Anschrift (keine Postfachadresse)
- Telefonnummer
- E-Mailadresse

Unternehmer treffen weitergehende Informationspflichten, siehe Rn.126 ff.

112   **4.1.6. Versandbesonderheiten beim Verbrauchsgüterkauf für Verkäufer**
Bisher war es üblich, dass Verkäufer **verschiedene Versandarten** (unversichert und versichert) anboten. Dieser Versicherungsstatus hängt meistens davon ab, ob die Ware per Päckchen (unversichert) oder per Paket (bei DHL versichert bis 500 Euro) versendet wird. Ist der Verkäufer keine Privatperson, sondern ein gewerblicher Verkäufer (Unternehmer), so ist dringend davon abzuraten, das Wort „unversicherter bzw. versicherter[211] Versand" zu wählen. Dadurch wird beim privaten Käufer der Eindruck erweckt, dass er das Transportrisiko trägt. Eine solche unkommentierte Formulierung stellt ein wettbewerbswidriges Verhalten dar und ist abmahnungsfähig[212].
Fügen Sie sicherheitshalber noch folgenden Satz hinzu: „Der Verkäufer trägt gegenüber Verbrauchern das Transportrisiko".

113   **4.2. Was Sie nicht verkaufen dürfen**
Bevor Sie Sachen bei eBay „einstellen" sollten Sie genau überlegen, ob ein Verkauf zulässig ist. Verstößt der Verkauf gegen Rechte Dritter, kann das für Sie sehr kostspielig werden.

---

[211] LG Hamburg, Beschluss vom 06.11.2007, Az.: 315 O 888/07; LG Mannheim, Urteil vom 13.09.2006, Az.: 24 O 80/06; LG Stuttgart, Beschluss vom 26.06.2008, Az.: 35 O 66/08.
[212] LG Düsseldorf, Verfügung vom.13.11.06, Az.: 12 O 401/06; a.A. LG Hamburg, Beschluss vom 18.01.2007, Az.: 315 O 457/06.

4.2.1. Verstöße gegen Geschmacksmuster, Marken- und Urheberschutz und sonstige Leistungsschutzrechte

Fall 45: *Norman verkauft an Anja über eBay eine Parfumflasche eines bekannten Herstellers, die er billig in seinem Türkeiurlaub für 20 Euro unter dem Hinweis „garantiert echt" erstanden hatte. Nach zwei Monaten bekommt er einen Brief von einem Anwalt. Darin mahnt er ihn ab und fordert von ihm die Abgabe einer Unterlassungserklärung, durch die ihm im Wiederholungsfalle eine Strafzahlung von 250.000 Euro aufgelegt wird. Anbei bittet der Anwalt um die Begleichung seiner Kosten in Höhe von 1.850 Euro. Norman ist schockiert. Was ist passiert?*

Hier könnte Norman gegen ein gewerbliches Schutzrecht, zum Beispiel Markenrecht, Geschmacksmuster, Gebrauchsmuster, Patent- oder Urheberrecht, verstoßen haben. Durch die gewerblichen Schutzrechte werden unter anderem Form und Aussehen (Geschmacksmuster), Name und Werbeslogan (Markenschutz), die technische Funktionsweise (zum Beispiel Patentschutz, Gebrauchsmuster) oder allgemein die geistige Schöpfung (Urheberschutz) geschützt. So kann der Inhaber des jeweiligen gewerblichen Rechtes allein entscheiden, wie er mit dem Recht umgeht. Wird sein Recht verletzt, kann er gegen diese Rechtsverletzung mit Hilfe von Abmahnungen oder gerichtlichen Verfahren dagegen vorgehen.

Ein Verstoß gegen das **Geschmacksmusterrecht** begeht derjenige, der widerrechtlich die Nachbildung eines Musters, zum Beispiel ein Parfum-Flakon der Firma JOOP!, bzw. eines Modells herstellt oder verbreitet oder aber auch rechtmäßig durch den Rechteinhaber hergestellte Produkte anbietet oder in Verkehr bringt, die für diesen Markt nicht bestimmt sind. So dürfen keine Produkte verkauft werden, die zum Beispiel nicht für den Verkauf im europäischen Raum zugelassen sind. Die Verbreitung von rechtmäßig hergestellten Produkten ist nur soweit zulässig, wie das einzelne Produkt durch den Rechteinhaber selbst oder mit dessen Erlaubnis innerhalb eines bestimmten Gebietes in den Verkehr gebracht worden ist (sogenannter Grundsatz der Erschöpfung des Inhaberrechts). Kaufen Sie beispielsweise in der Türkei ein Originalprodukt der bekannten Firma X, das nur in der Türkei und auf dem asiatischen Markt vertrieben werden darf, ist ein Verkauf in Europa unzulässig. Regelmäßig wird es so sein, dass in außereuropäischen Staaten (wie zum Beispiel Türkei) Markenwaren verkauft werden, die nicht für den Verkauf in der EU oder in einem anderen Vertragsstaat des Europäischen Wirtschaftsraumes (EWR) bestimmt und daher erheblich billiger sind, da andere Lizenzgebühren erhoben werden.

Somit kann es egal sein, ob es sich hierbei um eine Fälschung (Plagiat) oder ein Original handelt, welches zum Verkauf in der EU oder in der EWG nicht bestimmt ist. Dabei ist es unerheblich, ob Sie wussten, dass das Produkt eine Fälschung (Plagiat) ist, oder nicht zum Verkauf in der EU bestimmt war. Auf Wissen allein kommt es hier nicht an.

Auch **Markenrecht** wird häufig verletzt. Marken sind Kennzeichnen, die dazu dienen, Dienstleistungen und Waren von denen anderer Unternehmen zu unterscheiden. Dazu zählt nicht nur der Produktname, sondern auch markante Werbeslogans, etc. So ist es beispielsweise verboten, „No-Name Shirts" mit dem Aufdruck „Adidas" zu versehen.

Darunter fällt auch der Schutz vor Verwechslungen mit ähnlichen Namen. Drucken Sie also auf Shirts nicht den Originalnamen und das Originalsymbol sondern zum Beispiel „Addidas" mit einem vierblättrigen Symbol, liegt auch hier eine Markenrechtsverletzung vor. Aber auch die Verfälschung von markanten Werbeslogans führt zu Markenrechtsverletzungen, wie zum Beispiel: „Mars macht mobil bei Sex-Sport und Spiel"[213]. Vorsicht ist auch bei ausdrücklich als „Plagiate", „Nachahmungen" oder „Fälschungen" bezeichneten Artikeln geboten, da auch hier trotz explizitem Hinweis auf die Fälschung eine Verwechslungsgefahr bestehen kann[214]. Auch liegt eine Markenrechtsverletzung vor, wenn nicht für den Verkauf bestimmte Artikel angeboten werden (z.B. Parfum-Probepackungen)[215].

Eine Markenrechtsverletzung kommt jedoch nur dann in Betracht, wenn der Verkäufer im geschäftlichen Verkehr tätig ist. Unter „im geschäftlichen Verkehr tätig sein" wird auf den Unternehmerbegriff abzustellen sein.

117 Sehr oft kommen auch **Urheberschutzverletzungen** vor. Der Urheberschutz umfasst Werke, die eine persönliche geistige Schöpfung darstellen. Darunter fallen Texte, Fotos, Musik, Daten, Software, Werke der bildenden Künste, Baukunst, Filme u.v.m. So verstoßen Sie regelmäßig gegen den Urheberschutz, wenn Sie Werbefotos vom Hersteller des Artikels oder anderer Anbieter kopieren und in Ihren Angebotstext bei eBay einstellen. Auch Werbeaussagen sollten nicht ohne Kenntlichmachung übernommen werden. Dasselbe trifft auf AGB oder andere Texte zu. Beachten Sie auch, dass Sie beispielsweise keine hergestellten Kopien von CDs, DVDs, Disketten, Kassetten, und Fotokopien aus Büchern anbieten dürfen.

Häufig suchen die Rechteinhaber gezielt bei eBay nach solchen verbotenen Waren. An die Adressen der Verkäufer kommen sie ganz leicht, indem sie als Käufer auftreten. Dieses Vorgehen ist legal.

118 Folgende Produkte sollten Sie daher vorsichtshalber nicht anbieten:
- Waren, die Sie aus dem Urlaub aus einem Nicht-EU-Land (zum Beispiel Türkei) mitgebracht haben.
- Markenware, die Sie nicht im Fachhandel gekauft haben, insbesondere: Markenkleidung und Parfums.
- Markenplagiate und Fälschungen.
- Kopien von CDs, DVDs, Büchern, Videos, Fotos.
- Brennsoftware zum Umgehen eines Kopierschutzes.
- Selbst gemachte Fotos von Personen oder von nicht öffentlich zugänglichen oder nur kostenpflichtig zugänglichen Werken.

Zurück zu Fall 44: Norman hat hier vermutlich gegen das Geschmacksmusterrecht verstoßen. Dabei kann es egal sein, ob es sich bei der Ware um ein Original oder um eine Fälschung handelt, wenn das Original nicht für den europäischen Markt bestimmt war. Auf die Nichtkenntnis von Norman kommt es hier nicht an. Ob die Abmahnung

---

[213] BGH, Urteil vom 10.2.94, Az.: I RR 79/92.
[214] OLG Köln, Urteil vom 2.11.01, Az.: 6 U 12/01.
[215] OLG Karlsruhe, Urteil vom 23.06.2010, Az.: 6 W 21/10.

berechtigt ist, sollte Norman durch einen Anwalt klären lassen. Vermutlich muss er die Kosten des gegnerischen Anwalts in Höhe von 1.850 Euro bezahlen (siehe Rn. 190). Bei Abmahnungen sollte grundsätzlich ein Rechtsanwalt eingeschaltet werden. Oftmals können durch Verhandlungen Vergleiche erzielt werden.

4.2.2. Verbot nach eBay-AGB 119
Sie sollten nur solche Sachen anbieten, die nach den Grundsätzen von eBay auch verkauft werden dürfen.

> **Fall 46:** *Opa Knut möchte seine Hakenkreuzfahne aus seiner Jugend über eBay verkaufen. Er wundert sich, dass sein Artikelangebot gelöscht und sein eBay-Nutzerkonto gesperrt wird. Was ist, wenn bereits ein Käufer den Zuschlag zum Beispiel bei einem Sofort-Kauf, bekommen hat?*

eBay hat in seinen Geschäftsbedingungen einen Katalog mit Sachen, die nicht angeboten werden dürfen. Nach den Grundsätzen zu unzulässigen Artikeln[216] gemäß § 3 Nr.2 der eBay-AGB ist es verboten, Artikel anzubieten, die gegen gesetzliche Vorschriften, die guten Sitten oder gegen eBay Grundsätze verstoßen. Ein Hakenkreuz stellt ein verfassungsfeindliches Kennzeichen im Sinne des Strafgesetzbuches[217] dar und ist daher verboten. Ein wirksamer Kaufvertrag kommt nicht zustande[218].

> **Fall 47:** *Mirjam verkauft nicht mehr benötigte Babyunterwäsche, Strampelanzüge und Babystrümpfe als Komplettangebot. Sie wundert sich, dass ihr Angebot von eBay gelöscht wird.*

Grundsätzlich verstößt es gegen kein Gesetz, gebrauchte Wäsche zu verkaufen. Jedoch ist der Verkauf von gebrauchter Unterwäsche (auch wenn diese gründlich gereinigt wurde) nach den Grundsätzen von eBay unzulässig. Ein bereits geschlossener Kaufvertrag bleibt jedoch gültig. Der Verstoß gegen die eBay-Grundsätze könnte zu einer Verwarnung oder dem Ausschluss des eBay-Nutzers führen.
Außerdem dürfen u.a. keine Artikel verkauft werden, die gegen Urheberrechte oder gewerbliche Schutzrechte verstoßen (zum Beispiel gebrannte CDs), Propagandaartikel, pornografische und jugendgefährdende Artikel, Waffen, Tabakwaren ohne deutsches Steuerzeichen, gefährliche Stoffe, lebende Tiere, menschliche Organe, teilweise Wertpapiere, Schuldscheine, Gutscheine, Drogen, Arzneimittel (außer durch zugelassene Apotheken), Medizinprodukte, Grundstücke und Immobilien. Schauen Sie sich die nicht abschließende Liste der Grundsätze über unzulässige Artikel unter **http://pages.ebay.de/help/policies/items-ov.html** genau an!

Des Weiteren sollten Sie nur Artikel zum Kauf anbieten, die Sie auch tatsächlich verkaufen können: Sie müssen Eigentümer der Sache sein und über die Sache verfügen können. Sollten Sie nicht Eigentümer sein, ist zwar der Kaufvertrag wirksam, jedoch setzen Sie sich Schadensersatzansprüchen aus.

---

[216] siehe http://pages.ebay.de/help/policies/items-ov.html
[217] siehe § 86a StGB.
[218] siehe § 134 BGB.

120 **4.3. Gewährleistungsausschluss**
Leider kommt es immer wieder vor, dass verkaufte Ware mangelhaft ist oder der Käufer genau das behauptet. Wie reagieren Sie am besten und welche Rechte und Pflichten haben Sie wirklich?

4.3.1. Verbraucher als Verkäufer
Sie sollten sich fragen, ob Sie das Gewährleistungsrisiko auf sich nehmen wollen. Sollte ein Mangel später erkennbar auftreten, können Sie vom Käufer bis zu zwei Jahre in Anspruch genommen werden. So kann der Käufer dann eventuell Nacherfüllung, Minderung oder Schadensersatz verlangen, oder vom Vertrag zurücktreten (siehe Rn. 24 ff.).
Um diesem Risiko zu entgehen, können „Privatpersonen" (Verbraucher) die Gewährleistung prinzipiell ausschließen. Das kann durch den pauschalen Satz: „Die Gewährleistung ist ausgeschlossen" erfolgen.

Damit der pauschale Gewährleistungsausschluss wirksam ist, sollten Sie Folgendes beachten:
- Sie müssen entweder Verbraucher sein oder handeln als Unternehmer mit einem anderen Unternehmer. Aber Achtung: <u>Auch Privatpersonen können Unternehmer sein</u> (zur Abgrenzung siehe Rn. 4 ff.).
- Ihr pauschaler Gewährleistungsausschluss darf <u>keine Allgemeine Geschäftsbedingung darstellen</u>. Dies wird jedoch regelmäßig der Fall sein!
- Der Gewährleistungsausschluss muss wirksam und verständlich formuliert sein. So reicht nach meiner Auffassung die Formel „keine Rücknahme der Sache " allein noch nicht aus, da davon nicht Minderung oder Schadensersatz erfasst wird.
- Sie dürfen keine Mängel wissentlich verschweigen oder eine ausdrückliche Funktionsgarantie geben.

121 **Achtung AGB-Falle!** Wie schon unter Rn. 65 beschrieben, sind vollumfängliche Gewährleistungsausschlüsse unwirksam, die eine Allgemeine Geschäftsbedingung darstellen[219].

> **Fall 48:** *Verbraucher Volker verkauft seinen Motorroller „unter Ausschluss der Gewährleistung" über eBay. Kurz nach der Übergabe an den Käufer tritt ein Motorschaden auf. Der Käufer verlangt von Volker die Reparatur. Diese kostet 500 Euro (Wert des Motorrollers: 900 Euro). Muss Volker den Motorroller reparieren lassen?*

Ja. - Aber nur sofern sein Gewährleistungsausschluss unwirksam ist. Grundsätzlich kann Volker als Verbraucher die Gewährleistung voll ausschließen. Einen Mangel hat er nicht wissentlich (arglistig) verschwiegen. Der Käufer weist jedoch über die Bewertungen der letzten drei Monate nach, dass Volker häufig Waren „unter Ausschluss der Gewährleistung" verkauft hat. Spätestens der mehrmalige Gebrauch eines

---

[219] Berger in ZGS 2007, 257ff; siehe dazu auch Palandt/Grüneberg, § 309 Rn.40.

Gewährleistungsausschlusses führt dazu, dass dieser eine AGB darstellt. Ein vollständiger Gewährleistungsausschluss als AGB verstößt jedoch gegen § 309 Nr.7 a, b BGB und ist daher unwirksam[220]. Volker muss daher den Motorroller reparieren lassen.

Ein vollständiger Gewährleistungsausschluss ist daher nur dann wirksam, wenn Sie ihn selbst und zur einmaligen Verwendung formulieren. Schreiben Sie hingegen die Formulierung aus einem Ratgeber oder von anderen Angeboten ab, so liegt bereits bei einer einmaligen Verwendung eine AGB vor! Diesem Risiko sollten Sie sich nicht aussetzen.

> **Praxis-Tipp**
> Grundsätzlich muss Ihnen der Käufer nachweisen, dass Sie den pauschalen Gewährleistungsausschluss mehrmals vereinbart haben. Diese Beweisführung fällt dem Käufer häufig schwer, wenn Sie eine solche Vertragsbestimmung nur einmal innerhalb 90 Tagen vereinbaren, oder wenn Sie die Möglichkeit der Privatauktion nutzen. Dann bleiben Ihre Auktionen der letzten 90 Tagen im Verborgenen.
> Ich empfehle jedoch sicherheitshalber den Gewährleistungsausschluss gleich unter Einhaltung der AGB-Grundsätze zu formulieren. Eine solche Formulierung ist wirksam, sofern Sie keinen Mangel arglistig (wissentlich) verschweigen, keine neuen Sachen verkaufen oder kein Verbrauchsgüterkauf vorliegt.
> Schreiben Sie: „<u>Die Gewährleistung ist ausgeschlossen. Ansprüche wegen der Verletzung von Leben, Körper oder Gesundheit sowie bei grob fahrlässigem oder vorsätzlichem Verschulden bleiben davon unberührt.</u>"

122

> **Fall 49:** *Volker hat aus dem letzten Fall gelernt und schließt die Gewährleistung nun gleich als AGB mit folgender Formel aus: „Die Gewährleistung ist ausgeschlossen. Ansprüche wegen der Verletzung von Leben, Körper oder Gesundheit sowie bei grob fahrlässigem oder vorsätzlichem Verschulden bleiben davon unberührt." Volker verkauft erneut einen Motorroller. Da er die erst erneuerten Reifen behalten möchte, installiert er einen Satz alte gebrauchte Reifen. Dabei befestigt er den Vorderreifen nicht gründlich genug.*
> *Eine Woche später löst sich das Vorderrad, der Käufer stürzt und zieht sich eine schwere Rückenmarksverletzung zu. Seitdem ist der Käufer querschnittsgelähmt. Der Käufer verlangt nun eine lebenslange Rente oder eine einmalige Summe in Höhe von 200.000 Euro von Volker.*

Volker hat zwar wirksam die Gewährleistung in der Form einer Allgemeinen Geschäftsbedingung wirksam ausgeschlossen, dennoch haftet er weiterhin für die Körperverletzung des Käufers, da er fahrlässigerweise den Mangel am Vorderrad – der den schweren Unfall des Käufers ausgelöste – verursacht hat.
Zwar hat der Käufer in diesem Fall keinen Anspruch auf Nacherfüllung, Minderung, Rücktritt vom Kaufvertrag, Aufwendungsersatz, kleinem Schadensersatz oder Ersatz des Schadens am Motorroller, da Volker diese Gewährleistungsrechte wirksam

123

---

[220] Berger in ZGS 2007, 257ff.; wohl auch BGH, Urteil vom 15.11.2006, Az.: VIII ZR 3/06; Palandt/Grüneberg, § 309 Rn.40.

ausgeschlossen hat. Jedoch müsste Volker für den Mangelfolgeschaden (Querschnittslähmung) Schadensersatz zahlen.
Dieser Fall zeigt, dass unter Umständen der wirksame Gewährleistungsausschluss als Allgemeine Geschäftsbedingung auch weit reichende Folgen haben kann.

Häufig erhalten Angebote mit Gewährleistungsausschluss nicht so hohe Gebote, da die Käufer das Risiko eingehen, eine defekte Sache zu erwerben. Meistens steht dann in der Artikelbeschreibung „... konnte Ware nicht testen und verkaufe sie daher als defekt."
In aller Regel können Sie dann davon ausgehen, dass die Ware wirklich defekt ist.

124 **Praxis-Tipp**
Wer sich als privater Verkäufer (Verbraucher) nicht sicher ist, und dennoch ein hohes Gebot erreichen will sollte schreiben:
„....*Ware funktionierte bei mir bis zum Schluss, konnte Ware jedoch nicht noch mal testen, sodass ich einen zwischenzeitlich eingetretenen Defekt nicht mit aller Sicherheit ausschließen kann. Die gesetzliche Gewährleistung ist ausgeschlossen. Ansprüche wegen der Verletzung von Leben, Körper oder Gesundheit sowie bei grob fahrlässig oder vorsätzlich verschuldeten Pflichtverletzungen bleiben davon unberührt. Ich gebe jedoch eine Art „Übergabegarantie": Sollte die Ware im Zeitpunkt der Übergabe von der Transportperson an den Käufer defekt sein, nehme ich die Sache zurück und erstatte dem Käufer den Kaufpreis. Der Käufer hat unverzüglich nach Erhalt der Ware diese noch am selben Tag zu testen und gegebenenfalls auftretende Mängel sofort ohne schuldhaftes Zögern beim Verkäufer anzuzeigen, um vom Rückgaberecht Gebrauch zu machen. Davon ausgeschlossen sind Schäden durch den Transport."*
Somit schließen Sie die gesetzliche Gewährleistung aus, geben dem Käufer jedoch die Sicherheit, keine defekte Ware ersteigert zu haben, da ihm eine besondere Funktionsgarantie für den Fall der Fälle zustehen wird. Sie müssen nicht befürchten, nach einigen Wochen noch in Anspruch genommen zu werden, da dann die sehr kurze Frist bereits verstrichen ist. Dies wird dazu führen, dass Sie durchschnittlich höhere Gebote bekommen, da das Risiko für den Käufer wesentlich geringer ist. Eine faire Sache gegenüber dem Käufer, die sich im erzielten Kaufpreis auswirken wird! Wer kauft schon gern „die Katze im Sack"?

125 **4.3.2. Gewährleistungsbegrenzung durch Unternehmer als Verkäufer**
Sie sind Unternehmer? Dann können Sie die Gewährleistung gegenüber Verbrauchern bei gebrauchten Sachen nur zeitlich auf ein Jahr verkürzen[221]. Da bei Unternehmern häufig AGB vorliegen, müssen Sie wieder auf die Ausnahmen hinweisen[222]. Schreiben Sie als Unternehmer: „*Die Gewährleistung ist nur gegenüber Unternehmern ausgeschlossen. Gegenüber Verbrauchern ist die Gewährleistung bei gebrauchten Sachen auf ein Jahr zeitlich beschränkt. Ansprüche wegen der Verletzung von Leben, Körper oder Gesundheit sowie bei grob fahrlässig oder vorsätzlich verschuldeten Pflichtverletzungen bleiben davon jeweils unberührt*[223]"

---

[221] siehe § 475 Abs. 2 BGB.
[222] Palandt/Grüneberg, § 309 Rn.44; NJW-RR 95, 440; BGH NJW 07,674; 09, 1486.
[223] Berger in ZGS 2007, 257ff.

4.4. Informationspflichten des Unternehmers gegenüber Verbrauchern

Wenn Sie als <u>Unternehmer</u> über eBay Waren anbieten, dürfen Sie das nicht einfach „nur so" tun, sondern müssen dabei zahlreiche Dinge beachten.

Bestimmte Pflichten bestehen dabei bereits vor Vertragsschluss. Das trifft aber nur dann zu, wenn Ihr Vertragspartner ein Verbraucher ist. Bei eBay wissen Sie aber nicht im Voraus, wer Vertragspartner wird. Sie können jedoch Ihr Angebot nur an Unternehmer richten und Verbraucher ausdrücklich ausschließen. Dazu bietet Ihnen eBay eine spezielle Funktion an[224].

Als unternehmerisch tätiger Verkäufer sind Sie verpflichtet, Ihren Unternehmerstatus zu offenbaren[225].

Das Vorspiegeln des falschen Status führt im Zweifelsfall nicht nur zur Unwirksamkeit des Gewährleistungsausschlusses oder zur Verlängerung der Widerrufsmöglichkeit, sondern birgt auch die Gefahr von kostspieligen Abmahnungen.

Dann müssen Sie jedoch unter anderem vorvertragliche Informations- und Belehrungspflichten des Fernabsatzrechts sowie Informationspflichten im elektronischen Geschäftsverkehr beachten. Sie müssen also bereits in der Artikelbeschreibung unter anderem über folgende Aspekte informieren[226]:

- Bestehen eines Widerrufsrechts inkl. Muster-Widerrufsbelehrung und Muster-Widerrufserklärung[227]: Die Widerrufsbelehrung muss deutlich gestaltet sein und dem Verbraucher seine wesentlichen Rechte in einer dem benutzen Kommunikationsmittel angepassten Weise deutlich machen. Die Belehrung muss einen Hinweis auf das Recht zum Widerruf; einen Hinweis darauf, das der Widerruf durch Erklärung gegenüber dem Unternehmer erfolgt und keiner Begründung bedarf; den Namen und die ladungsfähige Anschrift (keine Postfachangabe!) desjenigen, gegenüber dem der Widerruf zu erklären ist und einen Hinweis auf Dauer und Beginn der Widerrufsfrist sowie darauf, dass zur Fristwahrung die rechtzeitige Absendung der Widerrufserklärung genügt[228].
- die wesentlichen Eigenschaften der Waren oder Dienstleistungen im angemessenen Umfang[229]
- den Gesamtpreis der Waren oder Dienstleistungen (inkl. Steuern, Fracht-, Liefer- und Versandkosten)[230]
- Identität (Name/Firmenname); Anschrift des Ortes der Niederlassung; Telefonnummer[231]
- Zahlungs-, Liefer- und Leistungsbedingungen, den Termin, bis zu dem sich der Unternehmer verpflichtet hat, die Waren zu liefern oder die Dienstleistung zu erbringen, sowie das Verfahren des Unternehmers zum Umgang mit

---

[224] http://pages.eBay.de/help/sell/businessfeatures.html .
[225] siehe §§ 312a ff. BGB i.V.m. Art. 246ff. EGBGB.
[226] siehe § 312i BGB und Art. 246 EGBGB.
[227] siehe Art. 246a § 1 Abs. 2 Nr.1 EGBGB i.V.m. § 312g Abs.1 BGB.
[228] siehe Art. 246 Abs.3 EGBGB.
[229] siehe Art. 246 Abs.1 Nr.1 EGBGB.
[230] siehe Art. 246 Abs. 1 Nr.3 EGBGB.
[231] siehe Art. 246 Abs.1 Nr.2 EGBGB.

Beschwerden[232]
- das Bestehen eines gesetzlichen Mängelhaftungsrechts für Waren und ggf. das Bestehen und die Bedingungen einer freiwilligen Garantie oder Kundendienstleistungen[233]
- bei Software die Hard- und Softwarekompatibilität, soweit diese Informationen dem Verkäufer bekannt sind oder bekannt sein müssen[234].
- Informationen zum Vertragsschluss (technischen Schritte, die zum Vertragsschluss führen)[235]
- Vertragstextspeicherung und Zugänglichkeit durch den Kunden[236]
- darüber, wie er mit den zur Verfügung gestellten technischen Mitteln Eingabefehler vor Abgabe der Vertragserklärung erkennen und berichtigen kann[237]

Sie sehen, als unternehmerisch tätiger Verkäufer muss man zahlreiche Informationspflichten beachten.
Diese Angaben sollten Sie unbedingt auf der Artikelseite veröffentlichen. Eine Veröffentlichung auf der „Mich-Seite" ist nicht ausreichend[238]. Tun Sie das nicht, können Sie von Mitbewerbern abgemahnt werden.

4.4.1. Widerrufsrecht

Nur als Unternehmer müssen Sie einem Verbraucher gegenüber ein Widerrufsrecht gewähren. Bereits vor Vertragsschluss müssen die potentiellen Kunden (Privatpersonen) über ihr Widerrufsrecht ordnungsgemäß belehrt werden. Nutzen Sie dazu unbedingt die Muster-Widerrufsbelehrung des Gesetzgebers!
Unmittelbar nach Vertragsschluss muss dem Käufer eine (automatisierte) E-Mail mit der gesetzlichen Widerrufsbelehrung zugehen (sog. nachvertragliche Informationspflicht). Diese E-Mail wird durch eBay versandt, sofern Sie bei eBay im Menüpunkt „Mein eBay" bzw. im Verkaufsformular unter „Rücknahmebedingungen" die Widerrufsbelehrung hinterlegt haben.

---

[232] siehe Art. 246 Abs.1 Nr.4 EGBGB.
[233] siehe Art. 246 Abs.1 Nr.5 EGBGB.
[234] siehe Art. 246 Abs.1 Nr.8 EGBGB.
[235] siehe § 312i Abs.1 Nr.2 BGB i.V.m. Art. 246c Nr.1 EGBGB.
[236] siehe § 312i Abs.1 Nr.2 BGB i.V.m. Art. 246c Nr.2 EGBGB.
[237] siehe § 312i Abs.1 Nr.2 BGB i.V.m. Art. 246c Nr.3 EGBGB.
[238] OLG Hamburg, Urteil v. 15.2.2007, Az.: 3 O 253/06; zum Impressum auf der Mich-Seite: OLG Hamm, Urteil vom 04.08.2009, Az.: 4 U 11/09.

4.4.1.1. Widerrufsfrist

Während jahrelang heftig umstritten war, ob ein unternehmerischer Verkäufer einen Monat oder 14 Tage lang das Widerrufsrecht gewähren muss[239], so besteht seit der Gesetzesänderung im Jahr 2010 Klarheit. Sofern Sie die oben genannten Informationspflichten beachten, beträgt die Widerrufsfrist bei eBay **14 Tage** ab Zugang der Ware beim Käufer[240]. Der Verkäufer darf jedoch auch freiwillig mehr, z.B. einen Monat, gewähren.

Der Fristbeginn setzt im Wesentlichen zwei Ereignisse voraus: Der Verkäufer (Unternehmer) muss den oben genannten Informationspflichten nachgekommen sein, so dass der Verbraucher (Käufer) insbesondere eine ordnungsgemäße Widerrufsbelehrung in Textform unmittelbar nach Vertragsschluss per E-Mail bekommen <u>und</u> die Warenlieferung erhalten hat. Liegen diese beiden Voraussetzungen vor, beginnt die Frist am nächsten Tag zu laufen[241]. Die Frist läuft 14 ganze Tage und endet am letzten Tag[242]. Fällt das Fristende (letzter Tag der Frist) auf einen Samstag, Sonn- oder Feiertag, verlängert sich die Frist auf den nächsten Werktag[243].

Beispiel-Fristberechnung

Voraus-setzungen (Belehrung/ Ware erhalten) liegen erstmals vor am:	Fristbeginn:	Fristende:	Anmerkung:
5. Jan. 2015 (Mo)	6. Jan. (0 Uhr) (Di)	19. Jan. (24 Uhr) (Mo)	Am 19. Jan. muss bis spätestens 24 Uhr die Erklärung abgegeben worden sein. Der Zeitpunkt des Zugangs der Erklärung beim Verkäufer ist irrelevant.
17. Apr. 2015 (Fr)	18. Apr. (0 Uhr) (Sa)	1. Mai (24 Uhr) (Fr), gesetzlicher Feiertag! -> Verlängerung der Frist auf den 4.Mai 2015 (Mo)	Das Fristende würde hier auf Freitag, den 1.5. (gesetzlicher Feiertag) fallen. Somit verschiebt sich hier das Fristende auf den nächsten Werktag (Mo).

---

[239] vergleiche dazu Berger „Widerrufsrecht bei eBay - eine vollkommen unsichere und verworrene Rechtslage" in: ZGS 2007, S.414ff.
[240] siehe §§ 355 Abs. 2 , 356 Abs.2 Nr.1 BGB.
[241] siehe § 187 Abs.1 BGB.
[242] siehe § 188 Abs. 1 BGB.
[243] siehe § 193 BGB.

4.4.1.2. Muster-Widerrufsbelehrung

Der Gesetzgeber hat eine Musterwiderrufsbelehrung verfasst, die unbedingt verwendet werden sollte, da diese Belehrung durch ihren Gesetzesrang als „korrekt" fingiert wird. Aber beachten Sie, dass das gesetzliche Muster zahlreiche Gestaltungsvarianten enthält, welche auf den konkreten Einzelfall zugeschnitten werden müssen, um den Kunden ordnungsgemäß zu belehren.

Die folgende Muster-Widerrufsbelehrung ist durch die Verwendung einiger Gestaltungshinweise für den gewöhnlichen Gebrauch bei eBay zugeschnitten.

131 **Die gesetzliche Muster-Widerrufsbelehrung für den (gewöhnlichen) Gebrauch bei eBay**[244]

Widerrufsbelehrung

Widerrufsrecht

Sie haben das Recht, binnen vierzehn Tagen ohne Angabe von Gründen diesen Vertrag zu widerrufen.

Die Widerrufsfrist beträgt vierzehn Tage ab dem Tag, *an dem Sie oder ein von Ihnen benannter Dritter, der nicht der Beförderer ist, die Waren in Besitz genommen haben bzw. hat*[245].

Um Ihr Widerrufsrecht auszuüben, müssen Sie uns (Ihr Name, Ihre Anschrift und soweit verfügbar Ihre Telefonnummer, ggf. Telefaxnummer und E-Mail-Adresse) mittels einer eindeutigen Erklärung (z. B. ein mit der Post versandter Brief, Telefax oder E-Mail) über Ihren Entschluss, diesen Vertrag zu widerrufen, informieren. Sie können dafür das beigefügte Muster-Widerrufsformular verwenden, das jedoch nicht vorgeschrieben ist[246]. Zur Wahrung der Widerrufsfrist reicht es aus, dass Sie die Mitteilung über die Ausübung des Widerrufsrechts vor Ablauf der Widerrufsfrist absenden.

Folgen des Widerrufs

Wenn Sie diesen Vertrag widerrufen, haben wir Ihnen alle Zahlungen, die wir von Ihnen erhalten haben, einschließlich der Lieferkosten (mit Ausnahme der zusätzlichen Kosten, die sich daraus ergeben, dass Sie eine andere Art der Lieferung als die von uns angebotene, günstigste Standardlieferung gewählt haben), unverzüglich und spätestens binnen vierzehn Tagen ab dem Tag zurückzuzahlen, an dem die Mitteilung über Ihren Widerruf dieses Vertrags bei uns eingegangen ist. Für diese Rückzahlung verwenden wir dasselbe Zahlungsmittel, das Sie bei der ursprünglichen Transaktion eingesetzt haben, es sei denn, mit Ihnen wurde ausdrücklich etwas anderes vereinbart; in keinem Fall werden Ihnen wegen dieser Rückzahlung Entgelte berechnet. *Wir können die*

---

[244] Musterwiderrufsbelehrung für Verträge ab 13.06.2014;
vgl. dazu auch: http://www.bmjv.de/DE/Themen/MarktundRecht/Musterbelehrungen/musterbelehrungen_node.html
Diese Formulierung umschreibt den gewöhnlichen Fall, dass Sie einen Artikel oder mehrere Artikel zusammen versenden. Sollten Sie mehrere Artikel oder einen Artikel zerlegt und getrennt versenden oder wenn Sie dem Kunden regelmäßig Waren aufgrund dieses Vertrages zuschicken sollen, so müssen Sie diese Formulierung anpassen. Siehe dazu auch: http://pages.ebay.de/rechtsportal/widerrufsbelehrung_2014.html

[246] Diese Formulierung müssen Sie verwenden, da Sie gesetzlich verpflichtet sind, dem Kunden (Verbraucher) eine Muster-Widerrufserklärung zukommen zu lassen. Gewähren Sie dem Kunden die Möglichkeit, diese Muster-Widerrufserklärung elektronisch auf Ihrer Kundenseite auszufüllen und elektronisch zu übermitteln, müssen Sie diese Formulierung ergänzen.: http://pages.ebay.de/rechtsportal/widerrufsbelehrung_2014.html

> Rückzahlung verweigern, bis wir die Waren wieder zurückerhalten haben oder bis Sie den Nachweis erbracht haben, dass Sie die Waren zurückgesandt haben, je nachdem, welches der frühere Zeitpunkt ist.[247] Sie haben die Waren unverzüglich und in jedem Fall spätestens binnen vierzehn Tagen ab dem Tag, an dem Sie uns über den Widerruf dieses Vertrags unterrichten, an uns[248] zurückzusenden oder zu übergeben. Die Frist ist gewahrt, wenn Sie die Waren vor Ablauf der Frist von vierzehn Tagen absenden[249]. Sie tragen die unmittelbaren Kosten der Rücksendung der Waren[250].Sie müssen für einen etwaigen Wertverlust der Waren nur aufkommen, wenn dieser Wertverlust auf einen zur Prüfung der Beschaffenheit, Eigenschaften und Funktionsweise der Waren nicht notwendigen Umgang mit ihnen zurückzuführen ist.

Es wird dringend empfohlen, die gesetzliche Musterwiderrufsbelehrung unverändert (Veränderungen nur im Rahmen der Fußnoten bzw. gesetzlichen Gestaltungshinweise) zu übernehmen. Achten Sie auf die gesetzlichen Gestaltungshinweise. Die oben abgedruckte Muster-Widerrufsbelehrung verwendet einzelne gesetzliche Gestaltungshinweise für die gebräuchlichsten eBay-Anwendungsfälle. Im Ausnahmefall muss jedoch auch dieses Muster – im Rahmen der gesetzlichen Gestaltungshinweise – nochmals modifiziert werden.

Sofern Sie vom gesetzlichen Muster abweichen, ist die Gefahr sehr groß, dass Ihre Widerrufsbelehrung nicht mehr den gesetzlichen Anforderungen entspricht und damit Ihnen kostspielige Abmahnungen drohen. Veränderungen dürfen Sie nur in den gesetzlich vorgesehenen Fällen vornehmen[251].

Die oben dargestellte Widerrufsbelehrung müssen Sie in Ihre AGB aufnehmen. Dabei muss sich die Widerrufsbelehrung in Ihren AGB optisch von dem anderen Text (fett oder umrahmt) abheben. Sie können die Widerrufsbelehrung im Verkaufsformular im Feld „Rücknahmebedingungen" eintragen bzw. in Ihrem externen Verkäufertool, oder unter „Mein eBay" auf der Unterseite „Einstellungen für gewerbliche Verkäufer" hinterlegen.

4.4.1.3. Muster-Widerrufsformular

> **Muster-Widerrufsformular**[252]
> (Wenn Sie den Vertrag widerrufen wollen, dann füllen Sie bitte dieses Formular aus und senden Sie es zurück.)
> - An [hier ist der Name, die Anschrift und gegebenenfalls die Telefaxnummer und E-Mail-Adresse des Unternehmers - durch den Unternehmer **vorausgefüllt** einzufügen]:
> - Hiermit widerrufe(n) ich/wir (*) den von mir/uns (*) abgeschlossenen Vertrag über den

---

[247] Diese Formulierung verwenden Sie, wenn Sie die Ware im Fall der Ausübung des Widerrufsrechts beim Kunden nicht selbst abholen wollen, sondern den Versandweg nutzen.
[248] Bei einer abweichenden Adresse sind hier abweichend Namen und Anschrift anzugeben!
[249] Sollten Sie nicht den Versandweg wählen wollen, so schreiben Sie statt dessen: „Wir holen die Waren ab".
[250] Sie können natürlich auch die Kosten der Rücksendung freiwillig tragen: Dann schreiben Sie statt dessen: „Wir tragen die Kosten der Rücksendung der Waren".
[251] Schauen Sie dazu in die Gestaltungshinweise (Fußnoten) der Musterwiderrufsbelehrung der Anlage 1 zu Art.246a, § 1 Abs.2 S.2 EGBGB;
siehe unter http://www.bmjv.de/DE/Themen/MarktundRecht/Musterbelehrungen/musterbelehrungen_node.html
[252] Anlage 2 zu Artikel 246a § 1 Absatz 2 Satz 1 Nummer 1 und § 2 Absatz 2 Nummer 2 EGBGB.

> Kauf der folgenden Waren (*)/die Erbringung der folgenden Dienstleistung (*)
> - Bestellt am (*)/erhalten am (*)
> - Name des/der Verbraucher(s)
> - Anschrift des/der Verbraucher(s)
> - Unterschrift des/der Verbraucher(s) (nur bei Mitteilung auf Papier)
> - Datum
> (*) Unzutreffendes streichen

Sie sollten das Muster-Widerrufsformular gemeinsam mit der Muster-Widerrufsbelehrung auf Ihrer Angebotsseite einstellen. Die Angabe, an wen der Widerruf zu richten, müssen Sie bereits vorausfüllen! Sofern Sie jedoch dem Kunden die Möglichkeit technisch gewähren, dieses Formular online auszufüllen, so müssen Sie dem Verbraucher den Zugang des Schreibens unverzüglich per E-Mail bestätigen. Diese Bestätigung ist m.E. nicht notwendig, wenn der Kunde dieses Formular mit der „Copy & Paste" Funktion in eine E-Mail überträgt und den Widerruf per E-Mail an Sie versendet.

133

4.4.1.4. Widerrufsfolgen

Übt der Käufer fristgerecht das Widerrufsrecht aus, so ist der Käufer grundsätzlich verpflichtet, die Ware innerhalb von 14 Tagen an den Verkäufer zurückzusenden[253]. Dabei kommt es auf das Absenden der Ware und nicht auf den Zugang der Ware an. Das Transportrisiko trägt in jedem Fall der Verkäufer. Kann die Ware nicht per Paket versandt werden, so muss der Käufer dem Verkäufer die Ware zur Abholung anbieten.

Der Verkäufer kann die **Rückzahlung** des Kaufpreises und der ursprünglichen Versandkosten (Hinsendekosten) **verweigern**, bis er die Waren zurückerhalten hat oder der Käufer den Nachweis erbracht hat, dass er die Waren abgesandt hat. Dies gilt nicht, wenn der Unternehmer angeboten hat, die Waren abzuholen[254].
Der Verkäufer muss dem Käufer grundsätzlich den vollen **Kaufpreis erstatten**. Sofern der Verkäufer ausnahmsweise Wertersatz vom Käufer verlangen kann, ist eine Verrechnung mit dem Kaufpreiserstattungsanspruch möglich.

134 Der Käufer muss nach der Rechtssprechung aber nur ausnahmsweise **Wertersatz** für die Verschlechterung der Ware an den Verkäufer zahlen[255].
Der Käufer muss nur dann Wertersatz leisten, wenn die Ware einen Wertverlust erlitten hat. Der Wertverlust muss überdies auf einen Umgang mit der Ware zurückzuführen sein, der zur Prüfung der Beschaffenheit, der Eigenschaften und der Funktionsweise der Ware nicht notwendig war. Außerdem muss der Käufer über das Widerrufsrecht (inkl. einer möglicher Wertersatzpflicht) ordnungsgemäß belehrt worden sein.

Der Verkäufer kann daher nur unter folgenden Voraussetzungen Wertersatz vom Käufer für die Verschlechterung der Ware verlangen[256]:

---

[253] siehe § 357 Abs.1 BGB.
[254] siehe § 357 Abs. 4 BGB.
[255] EuGH, Urteil vom 03.09.2009, Az.: C-489/07; BGH, Urteil vom 03.11.2010, Az.: VIII ZR 337/09.
[256] vergleiche § 357 III BGB.

- die Verschlechterung[257] der Ware ist auf Umstände zurückzuführen, die über eine umfängliche Prüfung der Ware durch den Käufer hinausgehen oder
- der Käufer auf die Wertersatzpflicht durch den Verkäufer hingewiesen wurde.

Nähere Informationen dazu finden Sie unter Rn. 84ff.
Der Verkäufer ist außerdem verpflichtet, die **ursprünglichen Versandkosten** (Hinsendekosten) dem Käufer zu erstatten. Die Ausnahmen siehe unter Rn. 82f.

Bei Verträgen, die ab 13.06.2014 geschlossen wurden, trägt der Käufer immer die **Rücksendekosten** unabhängig vom Warenwert[258], wenn er in der Belehrung des Verkäufers auf diese Kostenfolge hingewiesen wurde. Hat der Verkäufer vergessen, auf diese Rechtsfolge hinzuweisen, so muss ausnahmsweise der Verkäufer die Kosten der Rücksendung tragen. Allerdings können Verkäufer auch freiwillig diese Kosten übernehmen. 135

Kann die Ware aufgrund ihrer Beschaffenheit (z.B. Größe/Gewicht) nicht im Wege des üblichen Versandes (z.B. per Post/ DHL/ Hermes/ DPD) versandt werden, sondern ist bspw. eine Spedition notwendig, so muss der Verkäufer dem Käufer bereits vor Vertragsschluss mitteilen, wie hoch die Rücksendekosten ausfallen. Anderenfalls muss der Käufer diese Kosten nicht tragen.

4.4.2. Identität des Unternehmers: Offenbaren Sie sich! 136
Häufig wird die Frage gestellt, ob ein Händler (Unternehmer) verpflichtet ist, seine Unternehmeridentität bei eBay zu offenbaren, oder ob er sich auch als Privatperson bezeichnen darf.
Der Unternehmer (auch wenn sich der Unternehmer als Privatperson fühlt) hat seine Identität immer offen zu legen. Dazu gehört, dass er seinen vollständigen (privaten) Namen, seinen Firmennamen inklusive allgemein anerkannter Bezeichnung (e.K., oHG, GbR, AG, KG, GmbH, etc.) nennt[259]. Der Unternehmer muss außerdem, sofern er im Unternehmensregister, wie dem Handelsregister, eingetragen ist, dieses benennen und seine Registernummer mitteilen[260].

4.4.3. Postanschrift und ladungsfähige Anschrift 137
Der Unternehmer muss seine ladungsfähige Anschrift angeben. Dies darf keine Postfachadresse sein. Hat der Unternehmer eine abweichende Postanschrift, muss er auch diese angeben. Des Weiteren müssen Telefon- und Faxnummer, sowie die E-Mail-Adresse angegeben werden[261].

4.4.4. Zahlungs- und Lieferbedingungen 138
Sie müssen Ihren Kunden über Einzelheiten der Zahlung, Lieferung und Erfüllung

---

[257] Der Anspruch auf Wertersatz aufgrund der Verschlechterung der Ware folgt aus §§ 357 III, 346ff. BGB; der Anspruch auf Wertersatz für Nutzungen der Ware folgt aus §§ 312e I, 346ff. BGB.
[258] bis zum 12.06.2014 galt die 40 EUR-Wertgrenze.
[259] siehe § 19 HGB; § 4 AktG; § 4 GmbHG.
[260] siehe § 37a Abs.1 HGB (Kaufleute); § 125a Abs.1 S.1 HGB (Handelsgesellschaften); § 35a GmbHG; § 80 AktG (Kapitalgesellschaften).
[261] siehe § 5 TMG.

informieren. Sie müssen also genau sagen, wann der Kunde zahlen soll (zum Beispiel Vorkasse), sowie wann die Lieferung bzw. Erfüllung erfolgt. Üblicherweise wird Folgendes vereinbart: „Der Käufer ist zur Vorleistung des Kaufpreises inklusive Versandkostenpauschale durch Überweisung verpflichtet. Nach Eingang des Betrages wird die Ware per Transportunternehmen losgeschickt. Die Erfüllung trifft im Zeitpunkt der Übergabe der Ware vom Transportunternehmer an den Käufer ein." Schließen Sie Selbstabholung nicht ausdrücklich aus, müssen Sie angeben, wo der Kunde die Ware und unter welchen Umständen (zum Beispiel nach telefonischer Anmeldung) abholen kann. Bei Selbstabholung ist der Ort der Leistung und Erfüllung der Ort der Selbstabholung. Geben Sie dann an, dass die Kaufpreisschuld im Zeitpunkt der Übergabe der Ware fällig wird.

139 **4.4.5. Informationen zum Vertragsschluss**
Der Unternehmer hat die wesentlichen Merkmale der Ware oder der angebotenen Dienstleistung dem Verbraucher mitzuteilen, sowie darüber zu informieren, wie der Vertrag zustande kommt. Dabei wird der Unternehmer die wesentlichen Merkmale der Ware regelmäßig schon in der Artikelbeschreibung angeben, was vollkommen ausreichend ist. Für das Zustandekommen des Vertrages bei eBay reicht ein Hinweis auf die eBay-AGB, da darin der Vertragsschluss unter § 9 erklärt wird. Sie können vorsichtshalber einen Link setzen: http://pages.ebay.de/help/policies/user-agreement.html#formate

140 **4.4.6. Hinweis auf etwaigen Austausch oder Lieferungsvorbehalt**
Wenn Sie sich den Austausch der Ware oder deren Lieferung vorbehalten wollen, also eine im Vergleich zur angebotenen Leistung in Qualität und Preis gleichwertige Sache zu liefern, müssen Sie explizit darauf hinweisen. Beachten Sie hierbei aber die eingeschränkte Zulässigkeit solcher AGB-Vereinbarungen nach §§ 305 ff. BGB.

141 **4.4.7. Angabe des Gesamtpreises inklusive Mehrwertsteuer**
Sie sind verpflichtet, den Gesamtpreis (Bruttopreis, Kaufpreis inklusive MwSt.) anzugeben. Sie sind auch verpflichtet darauf hinzuweisen, dass die geforderten Preise die Umsatzsteuer und sonstige Preisbestandteile enthalten[262]. Dies kann in der Spalte Zahlungshinweise des Verkäufers erfolgen. Dazu reicht die Anmerkung: „Preis inklusive MwSt.". Hinweise zu den Grundpreisangaben finden Sie unter Rn. 149.

142 **4.4.8. Angabe zusätzlich anfallender Liefer- und Versandkosten, Steuern und Abgaben**
Des Weiteren müssen Sie auch die anfallenden Liefer- und Versandkosten betragsmäßig angeben. Dies sollte bei eBay ohnehin selbstverständlich sein. Fallen zusätzliche Steuern und Abgaben (zum Beispiel Zölle) an, müssen Sie darauf auch hinweisen.

---

[262] siehe §§ 1f. PAnGV.

4.4.9. Hinweis auf die Gültigkeitsdauer eines befristeten Angebots 143

Grundsätzlich muss bei befristeten Angeboten wie eBay-Auktionen, ein Hinweis auf die Gültigkeitsdauer des Angebots erfolgen. Hier wird dies jedoch bereits von eBay im automatisierten Verfahren angezeigt, sodass Sie keine zusätzlichen Angaben machen müssen.

Umstritten ist, ob es ausreicht, wenn Sie diese Informationen auf der „Mich-Seite" bereitstellen und darauf verlinken. Hier wird vertreten, dass der durchschnittliche Kunde nicht damit rechnet, dass er auf der „Mich-Seite" hinreichend informiert wird. Damit wäre die ausschließliche Information auf der „Mich-Seite" unzulässig[263].

Praxis-Tipp

Sämtliche oben genannten Informationen sollten Sie daher auf der Angebotsseite angeben, da Sie als Unternehmer im Zweifel den Beweis erbringen müssen, dass Sie den Käufer (Verbraucher) hinreichend informiert haben. Zusätzlich können Sie diese Informationen auch auf die „Mich-Seite" stellen. Auch auf der „Mich-Seite" müssen grundsätzlich alle Impressums-Pflichtangaben gemäß § 5 TMG veröffentlicht werden: Name (bzw. Firmenname), vertretungsberechtigte Personen, Anschrift (keine Postfachanschrift), Telefon, Fax, E-Mail-Adresse, USt.-Identifikationsnummer, Register (zum Beispiel Handelsregister und Registernummer), gegebenenfalls die Wirtschafts-Identifikationsnummer[264].

4.4.10. Folgen mangelhafter Information des Verbrauchers 144

Wird die Informationspflicht durch den Unternehmer nicht oder nicht ordnungsgemäß erfüllt, hat das auf die Wirksamkeit des Kaufvertrages grundsätzlich keine Auswirkung. Jedoch können Sie auf ein Unterlassen verklagt werden. Dazu sind Verbraucherschutzverbände, Kammern und Wettbewerbsvereine unter anderem berechtigt. Kommen häufiger Verstöße vor, kann darin ein wettbewerbswidriges Verhalten liegen, sodass Sie auch von Mitbewerbern abgemahnt werden können.

Ist jedoch die Widerrufsbelehrung nach Vertragsschluss fehlerhaft, kann der Widerruf auch noch nach Monaten bzw. Jahren durch den Käufer ausgeübt werden.

4.5. Allgemeine Unternehmerpflichten

Neben den speziellen Anforderungen des Unternehmers gegenüber einem Verbraucher, denen sich der Unternehmer noch entziehen kann, indem er sein Angebot ausschließlich an Unternehmer richtet, muss er die folgenden Punkte (4.4.2.1 bis 4.4.2.3) immer beachten. Dabei ist es egal, ob sein Vertragspartner ein Unternehmer oder Verbraucher ist oder ob überhaupt ein Fernabsatzvertrag vorliegt.

4.5.1. Vertragstextspeicherung 145

Der Unternehmer muss darüber informieren, ob der Vertragstext gespeichert und daher für den Käufer weiterhin abrufbar bleibt[265]. Des Weiteren muss ein Hinweis erfolgen, wie

---

[263] vergleiche OLG Hamburg, Urteil v. 27.3.03 Az.: 5 U 113/02; OLG Frankfurt a.M. Urteil v. 17.4.01 Az.: 6 W 37/01; OLG Hamburg, Urteil vom 15.02.2007, AZ 3 U 253/06.
[264] siehe § 139c AO.
[265] siehe Art. 246c Nr.2 EGBGB.

der Kunde auf den gespeicherten Text zugreifen kann. Bei eBay bleibt der Vertragstext bis 90 Tage nach dem Vertragsschluss gespeichert. Daher sollte ein folgender Hinweis an den Käufer erfolgen: „Der Vertragstext bleibt bei eBay bis zu 90 Tage nach Vertragsschluss unter der eBay-Artikelnummer gespeichert und kann von Ihnen weiterhin unter dieser Nummer eingesehen werden. Wenn Sie darüber hinaus bzw. über den von eBay angebotenen Rahmen der Speicherung Vertragstexte sichern wollen, so müssen Sie das selbst veranlassen (siehe § 3 Nr. 12 der eBay-AGB). Es empfiehlt sich daher, den Vertragstext über die Druckfunktion Ihres Webbrowsers auszudrucken. Dafür bietet eBay eine spezielle Druckversion des Vertragstextes durch Anklicken eines entsprechenden Hyperlinks an. Des Weiteren erhalten Sie nach Vertragsschluss automatisch eine E-Mail mit weiteren Informationen zur Abwicklung des Vertrages."

146 **4.5.2. Information über die technischen, zum Vertragsschluss führenden Schritte**
Grundsätzlich muss der Unternehmer seinen Kunden erklären, welche technischen Schritte zum Vertragsschluss notwendig sind[266]. Umstritten ist, ob der Unternehmer seinen Kunden dies bei eBay ausdrücklich erklären muss, da die Kunden bereits durch die eBay-AGB auf diese Schritte hingewiesen worden sind und durch ihren Vertragsschluss mit eBay diese auch wirksam anerkannt haben[267]. Um auf alle Fälle sicherzugehen, sollten Sie nochmals darauf verweisen: „Durch die Abgabe eines Gebots oder durch Klicken auf Sofort-Kauf werden Sie von eBay aufgefordert, Ihre Eingaben nochmals auf Richtigkeit hin zu überprüfen und gegebenenfalls zu berichtigen. Durch Klicken auf den Button „Senden" geben Sie Ihre rechtlich bindende Willenserklärung auf einen Vertragsschluss ab. Ihre Eingaben können Sie bis zum rechtsverbindlichen Abschluss des Bestellvorganges jederzeit korrigieren, indem Sie in Ihrem Browser die Schaltfläche „Zurück" wählen und danach die entsprechenden Änderungen vornehmen."

4.5.3. Sonstiges
Ferner müssen Sie nun auch darauf hinweisen, dass der Vertragsschluss **nur in deutscher Sprache** erfolgt, sowie dass man sich, über die Teilnahmebedingungen von eBay hinaus, keinem besonderen **Verhaltenskodex** unterworfen hat[268].

146a **4.5.4. Link zur EU Schlichtungsplattform**
Seit dem 09. Januar 2016 besteht nach einer neuen EU-Verordnung unter anderem für Internethändler die Verpflichtung auf die neue EU-Plattform zur Onlinestreitbeilegung (sog. OS-Plattform) zu verlinken[269]. Unternehmer sind zur Verlinkung verpflichtet, selbst wenn Sie nicht am (freiwillig ausgestalteten) Schlichtungsverfahren teilnehmen möchten. Tragen Sie dazu " **Plattform der EU-Kommission zur Online-Streitbeilegung: www.ec.europa.eu/consumers/odr** " in das Feld "Rechtliche Informationen des Verkäufers" ein und wiederholen Sie ggf. Ihre E-Mailadresse. Haben Sie ein zusätzliches Impressum, so sollte diese Information auch im Impressum wiederholt werden.

---

[266] siehe Art. 246c Nr.1 und Nr.3 EGBGB.
[267] Für eine gesonderte Unterrichtungspflicht: OLG Hamm, Urteil vom 11.03.2014, Az.: 4 U 127/13; LG Bochum, Beschluss vom 27.10.2008, Az.: I-14 O 191/08; LG Leipzig, Beschluss vom 28.12.2007, Az.: 06 HK O 4379/07; LG Dresden, Beschluss vom 04.01.2008, Az.: 44 HK O 433/07EV; a.A. LG Frankenthal, Urteil vom 14.02.2008, Az.: 2 HK O 175/07.
[268] siehe Art 246c Nr. 4 und Nr.5 EGBGB.
[269] Art. 14 der ODR-Verordnung Nr. 524/2013.

In den AGB muss ein Hinweis derzeit noch nicht aufgenommen werden. Vermutlich erst in 2017 muss ein Hinweis in die AGB aufgenommen werden, wenn der Internethändler mehr als 10 Personen beschäftigt.

> **Praxis-Tipp**
> An der (freiwilligen) Teilnahme rate ich ab. Zunächst besteht dazu keine Pflicht. Die Streitschlichtung ist kostenpflichtig. Die Gebühr beträgt 250 EUR bei Streitwerten zwischen 100-500 EUR. Kosten und ggf. Nutzen stehen in keinem angemessenen Verhältnis zueinander. Da eine Streitschlichtung auch vor einem ordentlichen Zivilgericht stattfinden kann, sollte dieser Weg bevorzugt werden.
> Wenn eine Beschwerde über Sie bei der Schlichtungsstelle eingeht, werden Sie per E-Mail informiert. Sie müssen nichts veranlassen. Sie können sich ggf. registrieren und die Beschwerde lesen.
> Gleichwohl rate ich zur Kontaktaufnahme mit dem Kunden mit dem Ziel der gütlichen Einigung außerhalb eines Schlichtungs- oder Gerichtsverfahrens. Dies spart zumeist Geld und Nerven.

4.5.5. Preisangaben und Impressumspflicht

Als sei das Vorangegangene nicht schon verwirrend genug, hat sich der Gesetzgeber noch weitere Informationspflichten im Zusammenhang mit den Preisangaben einfallen lassen. Diese sind in der Preisangabenverordnung geregelt.

Die Preisangabenverordnung findet nach einem Urteil des OLG Hamburg keine Anwendung auf Online-Auktionen bei eBay[270]. Etwas anderes gilt natürlich für „Sofort-Käufe" gegen Festpreis. Dort gibt es keinen Unterschied zu normalen Kaufverträgen.

Beachten Sie aber, dass dennoch unbedingt auf der Angebotsseite ein Hinweis enthalten sein muss, dass der erzielte Endpreis die Mehrwertsteuer enthält. Zusätzlich müssen Sie auch die Versandkosten auf der Angebotsseite nennen. Angaben auf der „Mich-Seite" reichen dazu nicht aus.

Bei „Sofort-Käufen" zum Festpreis kommt die Preisangabenverordnung nur dann zur Anwendung, wenn der Käufer ein Letztverbraucher ist. Letztverbraucher ist derjenige, der die Ware zum Ver- oder Gebrauch erwirbt. Somit kann hier auch ein gewerblicher Kunde (Unternehmer) Letztverbraucher sein. **Daher müssen Sie als Unternehmer beim Verkauf zum Festpreis immer die Preisangabenverordnung beachten.**

Sie müssen generell den Endpreis inklusive Mehrwertsteuer angeben und diesen **Endpreis** auch als solchen mit dem Zusatz „inklusive MwSt." benennen.

Verkaufen Sie Waren zum Festpreis, die in Fertigpackungen, offenen Packungen oder als Verkaufseinheiten ohne Umhüllung nach Gewicht, Volumen, Länge oder Fläche angeboten werden, müssen Sie neben dem Endpreis auch den **Grundpreis** je Mengeneinheit (1 kg, 1 l, 1 m³ etc.) inklusive Umsatzsteuer und sonstigen Preisbestandteilen angeben. Auf die Angabe des Grundpreises kann verzichtet werden, wenn dieser mit dem Endpreis identisch ist[271].

---

[270] OLG Hamburg, Urteil vom 15.02.2007, AZ 3 U 253/06.
[271] siehe § 2 PAnGV.

Bei Waren, deren Nenngewicht oder Volumen üblicherweise 250 g oder ml nicht übersteigt, dürfen als Einheit für den Grundpreis auch 100 g oder 100 ml angegeben werden.
Beispiel: Nachfülltoner 200 g: 10 Euro (Grundpreis: 5 Euro/100 g).
Die Pflicht zur Grundpreisangabe bezieht sich auch auf die Angabe mit Preisreduzierungen. Des Weiteren sind einige Waren von der Grundpreisangabenpflicht befreit[272].

Nach neuer Rechtsprechung reicht es bei eBay nicht mehr aus, wenn Sie den Grundpreis in der Artikelbeschreibung angeben. Nach Ansicht des Bundesgerichtshofes muss der Grundpreis im Internet in unmittelbarer Nähe zum Endpreis angegeben werden, so dass beide Preise auf einen Blick ersichtlich sind[273]. Da eBay bisher dafür noch keine technische Möglichkeit geschaffen hat, sind die Verkäufer nach Ansicht des Landgerichts Hamburg verpflichtet, den **Grundpreis** bereits **in die Artikelüberschrift zu übernehmen**[274].

150 Verstoßen Sie gegen die PAnGV (**Preisangabenverordnung**), stellt das eine Ordnungswidrigkeit dar, welche mit einem Bußgeld geahndet werden kann.
Des weiteren müssen Unternehmer seit 1.1.2007 beachten, sofern sie als Kaufmann im Handelsregister eingetragen sind, auf allen E-Mails, Geschäftsbriefen und auf der Angebotsseite, die Firma, den Namen des Kaufmanns, Rechtsform, Ort der Handelsniederlassung, Registergericht und die Registernummer angegeben werden müssen[275]. Entsprechendes gilt für Handelsgesellschaften bezüglich Sitz der Gesellschaft, Rechtsform, Geschäftsführer, Registergericht und Registernummer. Auch sollten Sie die Umsatzsteueridentnummer angeben. Bei einer GmbH muss zusätzlich der Vorsitzende eines Aufsichtsrates mit Vornamen genannt werden.
Unternehmer, die nicht im Handelsregister eingetragen sind, müssen mindestens den vollständigen Namen, und eine ladungsfähige Adresse (keine Postfachadresse!) angeben.
Außerdem wird die Angabe von Telefon, Fax und E-Mailadresse empfohlen.
Wenn Sie Ihr Briefpapier mit Ihrem Briefkopf als Rechnung verwenden wollen, so müssen Sie zusätzlich Steuernummer und falls vorhanden die Umsatzsteueridentifikationsnummer bzw. Wirtschafts-Identifikationsnummer angeben.

151 **4.5.6. Zusammenfassung der gebräuchlichsten Unternehmerpflichten**
Die zahlreichen vertraglichen und vorvertraglichen Unternehmerpflichten, wie Informations- und Belehrungspflichten, scheinen fast unüberschaubar zu sein. Fehler bewirken meist kostspielige Abmahnungen, Unterlassungsklagen, faktische Ausdehnung der Widerrufsfrist oder sogar Bußgelder. Daher sollten Unternehmer diesen Pflichten und deren zukünftiger Entwicklung durch die Rechtsprechung besondere Aufmerksamkeit schenken. Im Zweifel sollten Sie über alles, was oben genannt wurde aufklären.

---

[272] siehe § 9 PAnGV.
[273] BGH, Urteil vom 26.02.2009, Az.: I ZR 163/06.
[274] LG Hamburg, Urteil vom 24.11.2011, Az.: 327 O 196/11.
[275] siehe § 35a GmbHG; § 37a HGB.

Unternehmerpflichten in der Übersicht

- Bestehen des Widerrufsrechtes, inkl. Muster-Widerrufsbelehrung und Muster-Widerrufserklärung
- Information über die wesentlichen Eigenschaften der Waren/Dienstleistungen
- Gesamtpreis der Waren/Dienstleistung (inkl. Steuern, Liefer- u. Versandkosten)
- Identität (Name, Anschrift, Ort der Niederlassung, Telefonnummer)
- Zahlungs-, Liefer- und Leistungsbedingungen inkl. Lieferzeit
- Verfahren des Unternehmers zum Umgang mit Beschwerden
- Bestehen des gesetzlichen Mängelhaftungsrechts; ggf. Informationen über freiwillige Garantie oder Kundendienstleistungen
- Bei Software die Soft- und Hardwarekompatibilität
- Informationen zum Vertragsschluss (techn. Schritte, die zum Vertragsschluss führen)
- Vertragstextspeicherung und Zugänglichkeit durch den Kunden
- Die zur Verfügung gestellten technischen Mittel zur Überprüfung, Erkennung und Berichtigung von Eingabefehlern
- Ggf. Unterwerfung unter einen Verhaltenskodex
- Sprachen für den Vertragsschluss
- Grundpreisangaben
- Hinweislink zur OS-Schlichtungsstelle
- Impressumspflicht, inkl. Angabe über Handelsregistereintrag

Praxis-Tipp
Die vorvertraglichen Informationen können Sie bei eBay unter „Mein eBay" hinterlegen.

4.5.7. Muster-AGB

152

Folgende Muster-AGB können Sie verwenden, wenn Sie als Unternehmer bei eBay Waren verkaufen oder einen Shop betreiben. Beachten Sie aber, dass diese Muster-AGB nur auf die gebräuchlichsten, jedoch nicht auf alle Verkaufsvorgänge bei eBay anwendbar sind.

Anbieterkennzeichnung:

Musterfirma
Max Mustermann
Mustergasse 72
99999 Musterhausen
Tel. 0876/0815
E-Mail: Max.Mustermann@Musteradresse.de

- Verwenden Sie hier die oben dargestellte Muster-Widerrufsbelehrung- (optisch hervorheben)
- Verwenden Sie hier die oben dargestellte Muster-Widerrufserklärung
Ende der Widerrufsbelehrung

Allgemeine Geschäftsbedingungen

1. Vertragsschluss
Das Zustandekommen des Kaufvertrages zwischen dem Kunden und dem Verkäufer bei eBay richtet sich nach § 6 der eBay-AGB. Dort ist der Vertragsschluss je nach Angebotsformat wie folgt geregelt:

1.1. Vertragsangebot durch den Verkäufer gemäß § 6 Nr. 2 und Nr.3 der eBay-AGB
„Stellt ein Verkäufer mittels der eBay-Dienste einen Artikel im Auktions- oder Festpreisformat ein, so gibt er ein verbindliches Angebot zum Abschluss eines Vertrags über diesen Artikel ab. Dabei bestimmt er einen Start- bzw. Festpreis und eine Frist, binnen derer das Angebot angenommen werden kann (Angebotsdauer). Legt der Verkäufer beim Auktionsformat einen Mindestpreis fest, so steht das Angebot unter der aufschiebenden Bedingung, dass der Mindestpreis erreicht wird. Der Verkäufer kann Angebote im Auktionsformat zusätzlich mit einer Sofort-Kaufen-Funktion versehen."

1.2. Vertragsannahme durch den Käufer

1.2.1. Sofort-Kauf-Funktion
„Bei Festpreisartikeln nimmt der Käufer das Angebot an, indem er den Button „Sofort-Kaufen" anklickt und anschließend bestätigt. Bei Festpreisartikeln, bei denen der Verkäufer die Option „sofortige Bezahlung" ausgewählt hat, nimmt der Käufer das Angebot an, indem er den Button „Sofort-Kaufen" anklickt und den unmittelbar nachfolgenden Zahlungsvorgang abschließt. Der Käufer kann Angebote für mehrere Artikel auch dadurch annehmen, dass er die Artikel in den Warenkorb (sofern verfügbar) legt und den unmittelbar nachfolgenden Zahlungsvorgang abschließt."

1.2.2. Auktionen
„Bei Auktionen nimmt der Käufer das Angebot durch Abgabe eines Gebots und dessen Gebotsbestätigung „an". Die Annahme erfolgt unter der aufschiebenden Bedingung, dass der Käufer nach Ablauf der Angebotsdauer Höchstbietender ist. Ein Gebot erlischt, wenn ein anderer Käufer während der Angebotsdauer ein höheres Gebot abgibt". Anbieter können für eine Auktion unter bestimmten Voraussetzungen einen Mindestpreis festlegen, der vom Startpreis abweicht. In diesem Fall kommt ein Vertragsschluss nicht zustande, wenn das Gebot des Höchstbietenden bei Ablauf der Auktion den Mindestpreis nicht erreicht. „Bei vorzeitiger Beendigung des Angebots durch den Verkäufer kommt zwischen diesem und dem Höchstbietenden ein Vertrag zustande, es sei denn der Verkäufer war dazu berechtigt, das Angebot zurückzunehmen und die vorliegenden Gebote zu streichen".

1.2.3. Preis-Vorschlag
Bietet der Verkäufer die Preis-Vorschlagsoption an, so kann der Käufer ein verbindliches Angebot abgeben. Erklärt der Verkäufer daraufhin die Annahme dieses Angebots, so kommt ein Kaufvertrag zustande.

1.2.4. Bestätigung des Vertragsschlusses
Nach Vertragsschluss erhalten Sie automatisch eine E-Mail mit weiteren Informationen zur Abwicklung des Vertrages.

1.2.5. Ergänzungen zum Vertragsschluss
Ergänzend verweisen wir im Hinblick auf die Modalitäten des Vertragsschlusses und der einzelnen technischen Schritte auf die eBay-AGB unter § 6 eBay-AGB. Dieses Regelwerk ist verlinkt unter: http://pages.ebay.de/help/policies/user-agreement.html

2. Preise, Liefer- und Versandkosten
Die in den jeweiligen Angeboten angeführten Verkaufspreise enthalten die gesetzliche Umsatzsteuer und stellen Endpreise dar. Die anfallenden Liefer- und Versandkosten sind nicht im Kaufpreis enthalten. Diese richten sich nach dem jeweiligen konkreten Angebot und den darin gemachten Angaben zum Versand und sind vom Kunden (Vorkasse) zu tragen. Alle Artikel werden innerhalb der Länder ausgeliefert, für welche Versandkosten ausgewiesen sind.

3. Zahlungsbedingungen
Der Verkäufer akzeptiert die auf der jeweiligen Angebotsseite angegebenen und dem Kunden zur Auswahl gestellten Zahlungsmethoden. Der Kunde kann die bevorzugte Zahlungsart unter den zur Verfügung stehenden Zahlungsmethoden selbst auswählen.
Sollte der Kunde als Zahlungsmöglichkeit die Banküberweisung oder PayPal wählen, so ist der Kunde verpflichtet den Kaufpreis zuzüglich der angegebenen Liefer- und Versandkosten spätestens eine Woche nach Erhalt der mitgeteilten Zahlungsaufforderung ohne Abzug zu zahlen. Die Kontodaten sind bei eBay hinterlegt und können durch den Kunden abgerufen werden.

4. Versandbedingungen/ Selbstabholung
Die Lieferung der Ware erfolgt grundsätzlich auf dem Versandweg an die vom Kunden bei eBay hinterlegte Lieferanschrift oder an die vom Kunden gesondert mitgeteilte Lieferanschrift. Die Lieferzeit ist dem jeweiligen Angebot und der jeweiligen Versandart zu entnehmen. Der Anspruch auf Selbstabholung der Ware wird ausgeschlossen.

5. Fernabsatzrechtliche und weitere aufgrund des elektronischen Geschäftsverkehrs basierende Informationspflichten

5.1. Vertragstextspeicherung
Der Vertragstext bleibt bei eBay bis zu 90 Tage nach Vertragsschluss unter der eBay-Artikelnummer gespeichert und kann von Ihnen weiterhin unter dieser Nummer eingesehen werden. Wenn Sie darüber hinaus bzw. über den von eBay angebotenen Rahmen der Speicherung Vertragstexte sichern wollen, so müssen Sie das selbst veranlassen (siehe § 3 Nr. 12 der eBay-AGB). Es empfiehlt sich daher, den Vertragstext über die Druckfunktion Ihres Webbrowsers auszudrucken. Dafür bietet eBay eine spezielle Druckversion des Vertragstextes durch Anklicken eines entsprechenden Hyperlinks an. Des Weiteren erhalten Sie nach Vertragsschluss automatisch eine E-Mail mit weiteren Informationen zur Abwicklung des Vertrages.

5.2. Korrekturmöglichkeit
Sie können Ihre Eingaben während des Bestellvorganges bis zum verbindlichen Vertragsschluss jederzeit korrigieren, indem Sie den Button „Zurück" in Ihrem Browser wählen und danach die entsprechenden Änderungen vornehmen. Nachdem Sie den Betrag eingegeben haben, wird der Betrag erneut angezeigt. Nun können Sie das Gebot verbindlich „bestätigen". Weitere Informationen zur Gebotsrücknahme erhalten Sie unter § 6 der eBay-AGB. http://pages.ebay.de/help/policies/user-agreement.html

5.3. Widerrufsrecht
Ihnen steht als Verbraucher das gesetzliche Widerrufsrecht zu. Nähere Angaben dazu entnehmen Sie bitte der oben abgedruckten Widerrufsbelehrung und dem Muster-Widerrufsformular.

5.4. Sonstiges
Wir gewähren selbst keine Garantien oder erbringen Kundendienstleistungen.
Der Vertragsschluss erfolgt ausschließlich in deutscher Sprache.
Weder haben wir uns einem außergerichtlichen Schlichtungsverfahren, noch einem über die

Teilnahmebedingungen von eBay hinausgehenden besonderen Verhaltenskodex unterworfen.

6. Mitteilung von Transportschäden
Warenlieferungen sind durch den Kunden auf etwaige Transportschäden zu überprüfen. Im Fall äußerlich erkennbarer Transportschäden werden Sie gebeten, diese Schäden auf den jeweiligen Versandpapieren zu vermerken und vom Zusteller quittieren zu lassen.
Ist die Beschädigung der Ware äußerlich nicht erkennbar, wird der Kunde gebeten, den Verkäufer unverzüglich davon in Kenntnis zu setzen, damit dieser etwaige Ansprüche ggü. dem Transportunternehmen rechtzeitig geltend machen kann.
Die gesetzlichen Gewährleistungsrechte des Kunden bleiben jedoch auf jeden Fall davon unberührt.

7. Gewährleistungsrechte und deren Begrenzung
Ist der Kunde Unternehmer, so sind die gesetzlichen Mängelgewährleistungsansprüche ausgeschlossen.
Verbrauchern stehen die gesetzlichen Mängelgewährleistungsansprüche hingegen zu. Nur bei gebrauchten Sachen werden die gesetzlichen Gewährleistungsansprüche auf ein Jahr begrenzt.
Der Verkäufer haftet jedoch aus jedem Rechtsgrund bei der Verletzung des Lebens, des Körpers oder der Gesundheit, bei Vorsatz oder grober Fahrlässigkeit uneingeschränkt.

8. Datenschutz
Alle von uns erhobenen, verarbeiteten und gespeicherten persönlichen Kundendaten werden ausschließlich zum Zweck der Kaufabwicklung genutzt. So wird der Name des Kunden, die Rechnungs- und Lieferanschrift sowie gegebenenfalls die hinterlegte Rufnummer bzw. E-Mailadresse gespeichert. Die erhobenen Daten werden nicht an Dritte weitergeleitet, es sei denn, es dient der notwendigen Rechtsverfolgung von Ansprüchen aus dem Kaufvertrag oder ist für den Versand durch Versandunternehmen einschließlich der Sendungsverfolgung notwendig.

9. Hinweise zum Batteriegesetz (BattG)
Falls die gekaufte Ware Akkus oder Batterien umfasst, sind Sie gesetzlich verpflichtet, gebrauchte Batterien oder Akkus gesondert zu entsorgen. Bitte geben Sie diese im Handel vor Ort oder an einer kommunalen Sammelstelle ab. Batterien und Akkus, die sie von uns erhalten haben, können Sie bei uns unentgeltlich zurückgeben. Batterien oder Akkus, die Schadstoffe enthalten, sind mit dem Symbol einer durchgestrichenen Mülltonne und dem chemischen Symbol des jeweiligen Schadstoffes (z.B. "Cd" für Cadmium, "Pb" für Blei, "Hg" für Quecksilber) gekennzeichnet. Sie finden diese Hinweise auch noch einmal in den Begleitpapieren der Warensendung.

10. Vertragspartner
Der Kunde schließt den Kaufvertrag mit:
Firmenname,
Inhaber (Name, Vorname)
Anschrift
(Handelsregistereintrag, Nummer, Ort)
Ust.-Nr. sofern vorhanden
Tel./Fax
Emailadresse

11. Gerichtsstand
Gerichtsstand ist der Sitz des Verkäufers.

12. Salvatorische Klausel
Sollten einzelne Bestimmungen dieser AGB ganz oder teilweise unwirksam sein oder die

Vereinbarungen eine Lücke enthalten, so wird hierdurch die Gültigkeit der übrigen Bestimmungen nicht berührt.

Ende der Allgemeinen Geschäftsbedingungen[276]

4.6. Nach Vertragsschluss

„3... 2... 1... seins" – der Käufer hat den Zuschlag erhalten, als Verkäufer haben Sie nun einen wirksamen Kaufvertrag mit dem Käufer abgeschlossen. Doch Vorsicht: Mit Vertragsabschluss haben Sie nicht nur Rechte, Ihnen sind auch Pflichten auferlegt worden.

4.6.1. Vertragsabwicklung

Sie können grundsätzlich warten, bis der vollständige Kaufbetrag auf Ihrem Konto eingegangen ist. Das setzt jedoch voraus, dass der Käufer überhaupt die Möglichkeit bekommt, Ihnen den Betrag zu überweisen. Sie können dem Käufer Ihre Bankverbindung per E-Mail mitteilen oder gleich Ihre Bankverbindung im eBay-System hinterlegen oder die Abwicklung über PayPal anbieten.

4.6.2. Verlust auf dem Transportweg

Bieten Sie mehrere Versandmöglichkeiten an, muss der Käufer eine Versandart wählen. Diese Wahl muss nicht ausdrücklich erfolgen, sondern es reicht hier aus, wenn es für den Verkäufer aus dem überwiesenen Gesamtbetrag ersichtlich ist, für welche Versandart sich der Käufer entschieden hat.

Fall 50: *Pfarrer Sebastian ersteigert das Buch „Hebräisch leicht gemacht" für zehn Euro von Gottfried. Der private Verkäufer Gottfried bietet Versand als Büchersendung für 1,50 Euro oder per Paket für sechs Euro an. Sebastian überweist kommentarlos mit Angabe der eBay-Artikelnummer 16 Euro an Gottfried. Der jedoch schickt das Buch als Büchersendung im Briefumschlag los. Problem: Das Buch kommt nie bei Sebastian an. Was kann Sebastian tun?*

Kommt darauf an... – Bei „normalen" Versendungskäufen zwischen Privatpersonen – also nicht bei einem Verbrauchsgüterkauf – trägt der Käufer das Transportrisiko[277]. Hier müsste Gottfried nachweisen können, dass er das Buch dem Transportunternehmen übergeben hat. Diese Beweisführung ist jedoch schwierig, da bei der Aufgabe eines Päckchens kein „Einlieferungsschein" ausgestellt wird. Gottfried hat hier nur eine Quittung über Briefmarken bekommen. Mit dieser Quittung kann zwar nachgewiesen werden, dass Gottfried Briefmarken gekauft hat, jedoch nicht, dass er auch ein Päckchen an Sebastian losgeschickt hat[278]. Allerdings könnte Gottfried durch einen eventuellen Zeugen bei der Post, den Versand des Päckchens beweisen. In diesem Fall wäre Gottfried trotz Abweichung von der vereinbarten Versandart von seiner

---

[276] In den AGB muss ein Hinweis auf das EU Schlichtungsverfahren derzeit noch nicht aufgenommen werden. Vermutlich erst in 2017 muss ein Hinweis in die AGB aufgenommen werden, wenn der Internethändler mehr als 10 Personen beschäftigt.
[277] siehe § 447 Abs.1 BGB.
[278] AG Bad Iburg, Urteil v. 11.1.2002, Az.: 4b C 1028/01.

Leistungspflicht frei geworden[279] – er müsste das Buch **nicht** noch mal besorgen und verschicken. Käufer Sebastian trägt das Versandrisiko. Ihm steht dabei grundsätzlich kein Anspruch auf Rückforderung des bezahlten Kaufpreises und der Versandpauschale zu. Jedoch könnte hier Sebastian Schadensersatz geltend machen. Das setzt jedoch voraus, dass der Verkäufer tatsächlich von der vereinbarten Versandabrede abgewichen ist. Ausdrücklich haben Sebastian und Gottfried nichts vereinbart. Hier hat jedoch Sebastian durch die Überweisung des bestimmten Betrages für den Verkäufer ersichtlich den Versand per Paket gewählt[280]. Eine Einigung über Paketversand ist hier konkludent zustande gekommen. Von dieser Vereinbarung ist Gottfried ohne wichtigen Grund abgewichen. Wegen dieser Abweichung müsste Sebastian ein Schaden entstanden sein. Hier kann nicht behauptet werden, wenn ein Paket anstatt eines Päckchens verschickt worden wäre, wäre es angekommen. Auch ein Paket kann mal verloren gehen. Jedoch wäre der Vertragsschluss zwischen Transportunternehmen und dem Verkäufer nachweisbar und eine Nachforschung möglich. Der eigentliche Schaden liegt in dem fehlenden „Versicherungsanspruch" gegenüber dem Transportunternehmen. Beim Paketversand wird regelmäßig eine Transportversicherung bis zu einer bestimmten Höchstgrenze abgeschlossen[281]. Diese Ansprüche gegenüber dem Transportunternehmen könnte der Verkäufer geltend machen und den vom Transportunternehmen empfangenen Schadensersatz an den Käufer abtreten[282].

Somit könnte der Käufer Sebastian vom Verkäufer Gottfried zumindest die gezahlten 16 Euro als Schadensersatz geltend machen. Darüber hinaus könnte er auch einen weitergehenden Schaden ersetzt verlangen (erhöhter Wiederbeschaffungspreis oder entgangener Gewinn).

Fall 51: *Privatperson Wolfram bietet bei eBay Katzenfutter an. Käuferin Cornelia erhält den Zuschlag. Beide einigen sich darauf, dass das Futter per DHL-Paket versendet wird, was auch tatsächlich geschieht. Leider kommt das Paket nie bei Cornelia an. Sie verlangt daher „weiterhin" von Wolfram, dass er endlich liefert. Wolfram behauptet, er müsse nicht noch mal liefern, er schickt Cornelia den Einlieferungsschein des Paketes. Sie solle doch Ansprüche gegen DHL geltend machen – wer hat Recht?*

Grundsätzlich ist Wolfram von seiner Lieferpflicht durch Aufgabe des Paketes in der Postfiliale befreit worden, ihm stehen Kaufpreis und Versandpauschale zu. Cornelia hat – im Gegensatz zum Verbrauchsgüterkauf – keinen Anspruch auf nochmalige Lieferung. Cornelia kann jedoch ihren „Schaden" nicht gegenüber dem Transportunternehmen DHL geltend machen, da sie weder Eigentümerin des Paketes geworden ist[283] noch eine Vertragsbeziehung mit DHL hat, schließlich hat Verkäufer Wolfram den Transportvertrag mit DHL geschlossen. Da nützt auch der Einlieferungsschein nichts. Hier kann nur Verkäufer Wolfram den durch den Verlust des Paketes entstandenen Schaden beim Transportunternehmen geltend machen[284].

---

[279] Palandt-Putzo, § 447 Rn. 19 f.
[280] siehe § 133 BGB.
[281] bei DHL bis zu einem Warenwert von 500 Euro, bei anderen privaten Paketdiensten häufig bis 750 Euro.
[282] sogenannte Drittschadensliquidation.
[283] frühestens mit Erhalt des Paketes wird der Empfänger Eigentümer.
[284] sogenannte Drittschadensliquidation.

Käuferin Cornelia hat jedoch einen Anspruch auf Abtretung der Forderung von Wolfram (Versicherungsanspruch gegenüber Transportunternehmen): Der Verkäufer ist verpflichtet, die Forderungsabtretung an den Käufer schriftlich zu erklären und zusammen mit dem Paketschein an den Käufer zu schicken.

> **Praxis-Tipp**
> Grundsätzlich kann nur der unmittelbare Vertragspartner (Absender) den „Versicherungsanspruch[285]" gegenüber dem Transportunternehmen geltend machen und das daraus erlangte Geld dem Käufer überweisen.
> Oder der Absender (Verkäufer) tritt seinen „Versicherungsanspruch" gegenüber dem Transportunternehmen schriftlich an den Adressaten (Käufer) ab. Dazu muss er die Abtretung schriftlich erklären und mit den Unterlagen (Paketeinlieferungsschein) zusammen an den Käufer schicken. Das Porto für die Versendung der Unterlagen trägt der Verkäufer. Der Verkäufer ist hier zur aktiven Mitwirkung verpflichtet, da er in der Artikelbeschreibung „versicherten Versand" angegeben hat[286].
> Eine Forderungsabtretung könnte wie folgt formuliert werden: *„Hiermit trete ich............(Name, Anschrift) als Absender des Pakets ....(Paket-Ident.-Nr.) sämtliche mir aus diesem Paketversand zustehenden Forderungen gegenüber DHL [insbesondere aus der Transportversicherung] an den Adressaten:............(Name, Anschrift) ab.*
>
> *Unterschrift*
> Eine zusätzlich unterschriebene Kopie des Personalausweises ist ratsam.

4.6.3. Beweisschwierigkeiten bei falscher Lieferung

Fall 52: *Hendrik verkauft über eBay einen goldenen Briefbeschwerer. Käufer Tilo erhält den Zuschlag. Als Tilo das Paket öffnet, befinden sich darin nur drei Steine. Tilo ist sauer. Er fordert von Hendrik die Lieferung des goldenen Briefbeschwerers. Hendrik behauptet, er hätte den Briefbeschwerer geliefert. Wie sind die Erfolgsaussichten auf eine erneute Lieferung?*

Auch hier gilt: Kommt darauf an! – Grundsätzlich ist der Verkäufer verpflichtet, dem Käufer nachzuweisen, dass er die richtige Ware losgeschickt hat. Hier kann Hendrik anhand des Paketscheines zwar nachweisen, dass er ein Paket mit einem bestimmten Gewicht losgeschickt hat. Den Inhalt kann Hendrik nicht beweisen. Tilo kann Hendriks Aussage bestreiten, sodass Hendrik die Sendung der richtigen Ware nachweisen muss, was er wahrscheinlich nicht kann. Kommt es nun zum Prozess, liegt es grundsätzlich in der freien Beweiswürdigung des Richters, wem er glaubt. Hat Tilo jedoch das Paket unter Zeugen ausgepackt, kann Tilo mit einiger Sicherheit den Richter überzeugen, dass Hendrik nicht ordnungsgemäß geliefert hat.
Ist der Verkäufer ein Gewerbetreibender, geht die Rechtsprechung regelmäßig durch den Beweis des ersten Anscheins davon aus, dass nach der allgemeinen Lebenserfahrung eine hohe Wahrscheinlichkeit dafür spricht, dass an den Kunden exakt

---
[285] sozusagen als verschuldensunabhängiger Schadensersatzanspruch.
[286] jurisPK-Leible, § 447 Rn. 40.

die bestellte und berechnete Ware versendet worden ist[287]. In diesem Fall haben Sie als Käufer gegenüber einem gewerblichen Verkäufer nur relativ schlechte Chancen.

> **Praxis-Tipp**
> Packen Sie als Verkäufer die Ware stets im Beisein eines Zeugen in das Paket bzw. Päckchen oder Umschlag und übergeben Sie es daraufhin gemeinsam an das Transportunternehmen. Somit können Sie im Zweifel den Versand der richtigen Ware beweisen. Häufig ist das jedoch aus Praktikabilitätsgründen nicht möglich, insbesondere wenn der Warenwert gering ist. Bei einem hohen Warenwert oder bei Päckchenversand (bzw. Briefversand) ist jedoch der Zeugenbeweis dringend zu empfehlen.
> Als Käufer empfiehlt es sich, die Sendung unter Zeugen auszupacken.

158 ### 4.6.4. Versandpflicht

> **Fall 53:** *Olivia ersteigert bei eBay einen Kinderwagen von einem privaten Verkäufer. In der Artikelbeschreibung steht nichts von einer Versandmöglichkeit. Als Zahlungsmethode sind Überweisung und Barzahlung bei Selbstabholung angegeben. Olivia meldet sich nach Zuschlagserteilung beim Verkäufer und wünscht den Versand des Kinderwagens. Der Verkäufer gibt an, dass er keinen Versand anbietet (die Suche nach einer Spedition macht ihm zu viel Arbeit), und fordert von Olivia, dass sie den Kinderwagen bei ihm abholt. Olivia fordert vom Verkäufer den Versand. Wer hat Recht?*

Grundsätzlich ist das ganze Konzept von eBay auf die Versendung von Waren ausgerichtet, sodass nach der Verkehrsauffassung auch davon auszugehen ist, dass auch ohne ausdrückliche Versandangabe eine Schickschuld konkludent vereinbart wurde[288].
Will der Verkäufer die Ware nicht verschicken, muss er das ausdrücklich in der Artikelbeschreibung bzw. unter Angaben zu Versand der Ware erklären.
Hier könnte Olivia vom Verkäufer den Versand des Kinderwagens verlangen. Olivia müsste die verkehrsüblichen Versand-/Speditionskosten tragen.

159 ### 4.6.5. Fehlerhafte Angaben zum Versand

> **Fall 54:** *Jana versteigert ein nicht mehr benötigtes Meteorologie-Lehrbuch. Sie bietet Versand per Päckchen für vier Euro und Paketversand für sechs Euro an. Der Käufer verlangt Päckchenversand. Erst in der Postfiliale merkt Jana, dass das Buch 2,1 Kilo wiegt und daher ein Päckchenversand unmöglich ist. Jana muss die Ware nun als Paket verschicken. Kann sie die Differenz der Versandkosten vom Käufer verlangen?*

Nein. Die Verkäuferin Jana muss die Differenz aus „eigener Tasche" bezahlen. Zwar trägt grundsätzlich der Käufer bei einem Versendungskauf die Versandkosten, wie hier die tatsächlichen Paketkosten[289]. Jedoch ist, wie bei eBay üblich, eine Versandpauschale für den Versand per Päckchen vereinbart worden. Der Versand per Päckchen wurde hier zur Nebenabrede und somit Vertragsbestandteil, allerdings ist diese Versandart wegen des überschrittenen Gewichts unmöglich. Daher ist die

---

[287] BGH, Urteil v. 24.10.2002, Az.: I ZR 104/00.
[288] Schlömer/Dittrich, eBay&Recht, Rn. 315.
[289] siehe § 448 Abs.1 BGB.

Verkäuferin verpflichtet, das Paket auf andere Weise zu verschicken. Grundsätzlich müsste der Käufer diese erhöhten Kosten tragen, jedoch könnte dieser den Differenzbetrag wiederum als Schadensersatz geltend machen, da die Verkäuferin hier fahrlässig die Unmöglichkeit des Päckchenversands übersehen hat. Im Ergebnis trägt daher die Verkäuferin Jana die höheren Kosten.

4.7. Was tun, wenn der Verbraucher sein Widerrufsrecht ausübt?

160

Wie sollten Sie sich verhalten, wenn der Käufer von seinem Widerrufsrecht gebrauch macht? Übt der Käufer sein Widerrufsrecht tatsächlich aus, kommt es zu einer Rückabwicklung des Kaufvertrages. In deren Folge sind die gegenseitig empfangenen Leistungen durch die Vertragsparteien zurückzugewähren. Der Verkäufer ist dann dazu verpflichtet, dem Käufer den Kaufpreis und die ursprüngliche Versandkostenpauschale und gegebenenfalls die Kosten der Rücksendung zu ersetzen. Näheres dazu finden Sie auch unter Rn 74ff.

> **Fall 55:** *Christiane verkauft häufig wertvolle Uhren über eBay. Anhand ihrer Bewertungsübersicht ist ersichtlich, dass sie im letzten Monat 21 Uhren, in den letzten sechs Monaten 654 Sachen und im letzten Jahr 1.234 Sachen verkauft hat. Christiane kauft bei einem eBay-Händler eine Uhr. Nach drei Wochen erklärt sie per E-Mail den Widerruf des Vertrages. Wie soll sich der Händler verhalten?*

Zuerst sollten Sie als Händler überprüfen, ob der Käufer überhaupt Verbraucher ist. Häufig fühlen sich Leute, die unter den Unternehmerbegriff fallen, als Privatperson und glauben, dass sie Verbraucher sind. Da hier Christiane offensichtlich mit Uhren handelt, wird sie als Unternehmerin zu qualifizieren sein. Daher steht ihr kein Widerrufsrecht zu. Sollten Sie sich als Verkäufer nicht sicher sein, so gewähren Sie im Zweifel das Widerrufsrecht, um unnötigen Ärger vorzubeugen!

> **Fall 56:** *Martin kauft mit der Sofort-Kauffunktion über eBay bei Spirituosenhändler Steve eine Kiste Eierlikör für 39 Euro. Am 4.1. wird die Kiste geliefert. Eine Widerrufsbelehrung wurde vom Verkäufer per E-Mail unmittelbar nach dem Kauf versandt. Martin, der erst Silvester schlechte Erfahrungen mit Alkohol gemacht hatte, will nun generell keinen Alkohol mehr trinken. Darauf beschließt er, die Kiste unkommentiert wieder zurückzuschicken. Am 18.1. (Freitag) geht er zur Post und schickt die Kiste inklusive der Muster-Widerrufserklärung an den Verkäufer zurück. Die Kiste kommt jedoch durch eine verlängerte Postlaufzeit erst am 25.1. bei Steve an, der sich jedoch weigert den Kaufpreis und die ursprünglichen Versandkosten (Hinsendekosten) an Martin zu überweisen. Begründung: Martin hat den Widerruf zu spät erklärt. Stimmt das?*

Sie müssen überprüfen, ob die Widerrufserklärung verspätet abgegeben wurde und die Widerrufsfrist bereits abgelaufen ist. Grundsätzlich reicht zur Wahrung der Widerrufsfrist die rechtzeitige **Absendung** des Widerrufs an den Unternehmer. So kann es vorkommen, dass am letzten Tag der Widerrufsfrist der Verbraucher die Widerrufserklärung zusammen mit der Ware bei der Post aufgibt und Sie erst nach Fristablauf (mit Zustellung der Ware) erfahren, dass der Kunde den Widerruf erklärt hat. Hier treffen am 4.1. die Voraussetzungen – Lieferung der Ware und Erhalt der

161

wirksamen Belehrung – für den Lauf der Frist ein. Damit beginnt die 14-tägige Frist am 5.1., die Frist endet folglich am 18.1., 24 Uhr. In unserem Fall bringt Martin die Ware am 18.1. zur Post – womit er den Kaufvertrag fristgerecht widerrufen hat (siehe auch Rn. 130). Die Frist ist auch gewahrt, wenn die Ware auf dem Transportweg abhanden kommt und der Verkäufer erst später von der Ausübung des Widerrufsrechtes erfährt.

Schwieriger ist es allerdings, wenn Martin nur einen Brief mit einem Widerrufsschreiben am 18.1. gegen 23.55 Uhr in den Briefkasten geworfen hätte. Dann hätte der Brief einen Poststempel vom 19.1. und Martin müsste anderweitig beweisen können, dass er den Brief noch vor 24 Uhr des 18.1. eingeworfen hat. Einen solchen Beweis könnte Martin nur durch einen glaubhaften Zeugen führen.

Schauen Sie in einem solchen Fall auf den Datumsstempel des Päckchens oder des Paketes. Ergeben sich daraus Zweifel, ob der Kunde die Ware wirklich rechtzeitig losgeschickt hat, fordern Sie ihn auf, das Absendedatum zu beweisen. Die Darlegungs- und Beweislast für den ordnungsgemäßen und fristgerechten Widerruf trägt der Kunde.

162 **4.7.1. Wertersatz**
Sollten Sie Gebrauchsspuren an der an Sie zurückgesendeten Ware finden, die nicht lediglich auf das Überprüfen und Ingebrauchnehmen der Ware zurückzuführen sind, können Sie vom Käufer gegebenenfalls Wertersatz für diese „Verschlechterung" verlangen. Seien Sie bei der Berechnung des Wertersatzes vorsichtig und zurückhaltend, schließlich ist die Berechnung eines angemessenen Wertersatzes schwierig und endet daher häufig vor Gericht.

Der Käufer kann regelmäßig keinen Wertersatz für die zwischenzeitliche Verwendung des Geldes (möglicher Zinsanspruch) von Ihnen verlangen, soweit Sie nicht tatsächlich das Geld gewinnbringend angelegt oder einen laufenden Kredit damit zurückgezahlt haben. Dies wird der Käufer jedoch kaum nachweisen können.

Häufig stellt sich die Frage, ob beim Widerrufsrecht zuerst der Käufer die Ware zurückschicken oder der Verkäufer zuerst den Kaufpreis inklusive der ursprünglichen Versandkosten erstatten muss – siehe dazu Rn. 79.

163 **4.8. Käufer macht Gewährleistungsrechte geltend**
Macht der Käufer Gewährleistungsrechte geltend, sieht sich der Verkäufer mit vielen Fragen konfrontiert:
- Kann der Käufer Ersatz für seine Aufwendungen verlangen, wenn er selbst den Mangel behoben hat (siehe Rn. 32f.)?
- Wer trägt die Kosten der Mangelbeseitigung?

164
- Wer entscheidet, ob die mangelhafte Sache repariert oder neu geliefert werden soll?
- Kann der Käufer gleich Schadensersatz verlangen oder vom Vertrag zurücktreten?

Fall 56: *Yvonne verkauft über eBay ihren gebrauchten (vollfunktionsfähigen) Laptop an Steve. Nach zwei Monaten bekommt Yvonne von Steve eine E-Mail. Darin schreibt Steve, dass am Laptopnetzteil ein Defekt aufgetreten ist und er sich nunmehr im Laden ein neues Netzteil gekauft hat. Dafür verlangt Steve von Yvonne nun 150 Euro. Yvonne ist sauer, da sie noch ein Netzteil in Reserve zu Hause liegen hat, das sie Steve* *angeboten hätte. Sie weigert sich, die 150 Euro an Steve zu zahlen. Steve droht mit einem Anwalt. Wie soll sich Yvonne verhalten?*

Liegt ein Mangel an der gekauften Sache vor, kann der Käufer vom Verkäufer die Nacherfüllung im Sinne einer Reparatur oder Neulieferung einer mangelfreien Sache verlangen. Insoweit **hat der Käufer ein Wahlrecht**. Voraussetzung dafür ist jedoch unter anderem, dass der Verkäufer die Gewährleistungsrechte nicht wirksam ausgeschlossen hat (siehe Rn. 61ff.). Den Mangel muss der Käufer beweisen, der seine Aufwendungen in Höhe von 150 Euro erstattet bekommen möchte. Zunächst hat der Käufer Steve jedoch nur einen Anspruch auf Nachlieferung eines mangelfreien Netzteils oder auf Reparatur[290]. Ein Anspruch auf Ersatz der Kosten für die Selbstvornahme steht dem Käufer nicht zu[291]. Eine Ausnahme von diesem Grundsatz kann nur dort gemacht werden, wo es für jedermann offensichtlich ist, dass eine Selbstvornahme im objektiven Interesse des Verkäufers ist (siehe Rn. 32). Auch Schadens- bzw. Aufwendungsersatzansprüche kommen nicht in Betracht. Diese setzen voraus, dass der Käufer dem Verkäufer eine angemessene Frist zur Nacherfüllung gesetzt hat und diese ergebnislos abgelaufen ist. Dies hat Steve bisher jedoch noch nicht getan. Daher steht ihm auch kein Ersatzanspruch zu. Yvonne sollte das Begehren des Käufers ausdrücklich unter Hinweis auf die Gründe ablehnen.

165

Was passiert aber, wenn Steve nun **nachträglich eine Frist** zur Nacherfüllung setzt? Die Nacherfüllung ist mit Kauf eines neuen Netzteiles durch Steve nicht unmöglich geworden, da das defekte Netzteil immer noch repariert oder ausgetauscht werden kann[292]. Nun muss Yvonne handeln und die von Steve gewünschte Reparatur oder Nachlieferung durchführen, sofern die gewünschte Art der Nacherfüllung nicht tatsächlich unmöglich oder aus wirtschaftlichen Gesichtspunkten unverhältnismäßig ist. Wenn Steve eine Reparatur wünscht, müsste Yvonne sich einen Kostenvoranschlag bei einer Reparaturwerkstatt einholen, wenn nicht offensichtlich eine Reparatur nach allgemeiner Lebenserfahrung unverhältnismäßig wäre. Meist wird sich jedoch eine Reparatur wirtschaftlich nicht lohnen, wenn zum Beispiel Reparaturkosten in Höhe von 200 Euro anfallen, die Ware jedoch nur einen Wert von 100 Euro hat. Dann wäre Yvonne zur Nachlieferung verpflichtet.

Häufig wird aber auch die Lieferung eines neuen Teils unverhältnismäßig sein[293], wenn die gebrauchte Ware geringwertig ist. Wenn beide Arten der Nacherfüllung für Yvonne unverhältnismäßig sind, kann Steve Minderung des Kaufpreises verlangen. Ob darüber hinaus er auch den Rücktritt erklären kann, ist fraglich, denn dann müsste der Mangel wesentlich sein. Ein Schadensersatzanspruch ist mangels Yvonnes „Verschulden" ebenfalls nicht möglich. Hier kann Steve auf jeden Fall den Kaufpreis mindern und den Differenzbetrag zurückerstattet verlangen (Berechnung siehe Rn. 39f.).

---

[290] auf Veranlassung des Verkäufers.
[291] BGH, Urteil vom 23.2.2005, Az.: VIII ZR 100/04.
[292] BVerfG, Beschluss v. 26.09.2006, Az.: 1 BvR 2389/04.
[293] Nachlieferung auch beim Stückkauf möglich, wenn die Kaufsache im Falle ihrer Mangelhaftigkeit durch eine gleichartige und gleichwertige ersetzt werden kann; BGH, Urteil vom 7. Juni 2006, Az.: VIII ZR 209/05.

166 Macht der Käufer Gewährleistungsrechte geltend, fordern Sie ihn auf, den Mangel schlüssig darzulegen. Der Käufer muss den Mangel beweisen können. Das geschieht im Zweifel durch Rücksendung der Ware an den Verkäufer[294].
Manchmal lässt sich schon durch die erste Kontaktaufnahme klären, dass kein Sachmangel vorliegt. Bedenken Sie auch, dass nicht jeder Defekt automatisch zu Gewährleistungsrechten führt. Bei gebrauchten Sachen kommt es häufig vor, dass die Sache aufgrund ihres Alters kaputt geht oder verschleißt. Typische, altersbedingte Verschleißerscheinungen stellen keinen Mangel dar.
Der Sachmangel muss dem Grunde nach bereits im Zeitpunkt des Gefahrenübergangs vorgelegen haben. Liegt kein Verbrauchsgüterkauf vor, muss das der Käufer beweisen. Häufig wird er den Beweis nur mit Gutachten führen können. Liegt jedoch ein Verbrauchsgüterkauf vor, wird innerhalb der ersten sechs Monate nach Vertragsschluss widerlegbar vermutet, dass der aufgetretene Mangel schon im Zeitpunkt des Gefahrenübergangs vorlag, sofern nichts offensichtlich dagegen spricht.

167 Bei geringwertigen Sachen lohnt sich meistens schon das Zuschicken der Sache zur Überprüfung bzw. Nachbesserung nicht, da Sie beim Vorliegen eines Mangels die Versand- und Wegekosten (und der Reparatur) und das Transportrisiko tragen müssten. Wenn die Sache höherwertig ist, lassen Sie sich die Sache zuschicken. Falls der Kunde sich weigert, dann überweisen Sie ihm das Porto oder weisen Sie ihn an, das Paket unfrei zu verschicken. Wenn Sie die Ware erhalten haben, überprüfen Sie am besten umgehend und unter Zeugen, ob ein Mangel vorliegt. Packen Sie dazu das Paket unter Zeugen aus und prüfen Sie gemeinsam mit dem Zeugen die Ware. Es wird sich im Hinblick auf das mögliche Prozessrisiko oft nicht lohnen, zu bestreiten, dass der Mangel bereits beim Gefahrenübergang vorlag, insbesondere dann, wenn beim Verbrauchsgüterkauf die Beweislastumkehr eingreift.
Wenn Sie sich absolut sicher sind, dass kein Mangel vorliegt oder der Defekt offensichtlich vom Käufer verursacht wurde, erklären Sie das dem Käufer unter Hinweis auf Ihre Zeugen bzw. anhand vor Versand gemachter Produktfotos. Bedenken Sie auch die Möglichkeit, dass ein Mangel bereits bei Gefahrenübergang vorgelegen und sich erst später bemerkbar gemacht haben könnte. Beispiel: Der Fernseher funktionierte im Zeitpunkt des Versendens, geht nach zwei Monaten jedoch kaputt, da Bauteile im Inneren unsauber verlötet waren, die sich erst später gelöst haben. Nur wenn Sie sicher sind, dass der Defekt eindeutig vom Käufer hervorgerufen wurde oder kein Mangel vorliegt, weigern Sie sich. Wägen Sie diesen Schritt gut ab, denn dann kommt es sicher zum Prozess, in dem teure Gutachten bestellt werden. Diese Kosten müssten Sie gegebenenfalls tragen, wenn Sie Ihre Meinung nicht beweisen können. Teilen Sie dem Käufer das Ergebnis Ihrer Prüfung mit und lehnen Sie eine Nacherfüllung ab. Wenn kein Mangel vorliegt, sind Sie auch nicht verpflichtet, die Versandkosten zu bezahlen. Bieten Sie dann dem Käufer die Rücksendung der Ware unfrei an oder fordern Sie einen Versandvorschuss oder versenden Sie die Ware per Nachnahme.

168 Im Regelfall wird jedoch ein Sachmangel vorliegen. Bei gebrauchten Sachen wird es oft **wirtschaftlich unverhältnismäßig** sein, Nachbesserung (Reparatur) oder Nachlieferung zu leisten. Zur Bestimmung der Verhältnismäßigkeit ist insbesondere der Wert der Sache in mangelfreiem Zustand, die Bedeutung des Mangels und die Frage zu

---

[294] BGH, Urteil vom 10.03.2010, Az.: VIII ZR 310/08.

berücksichtigen, ob auf die andere Art der Nacherfüllung ohne erhebliche Nachteile für den Käufer zurückgegriffen werden könnte[295].

Lehnen Sie aber nicht unüberlegt die Nacherfüllung ab. Liegt keine wirtschaftliche Unverhältnismäßigkeit vor, stellt die Ablehnung der Nacherfüllung eine schuldhafte Pflichtverletzung dar, die Schadensersatzansprüche zur Folge haben kann.

> **Checkliste: Kunde behauptet einen Sachmangel**
> - Liegt ein wirksamer Gewährleistungsausschluss vor?
> - Sind die Gewährleistungsrechte eventuell verjährt?
> - Klären Sie vorab den Mangel ab und lassen Sie sich nach Möglichkeit Fotos zuschicken.
> - Überlegen Sie, ob der Warenwert gegen eine Rücksendung der mangelhaften Ware spricht und ob Sie gegebenenfalls gleich unter Verzicht auf die Rücksendung und Prüfung der mangelhaften Sache nachliefern bzw. Minderung akzeptieren oder den Kaufpreis erstatten.
> - Bei höherem Warenwert lassen Sie sich die Ware auf Ihre Kosten zurückschicken und prüfen Sie sie sorgfältig unter Zeugenaufsicht.
> - Liegt ein Mangel offensichtlich vor bzw. lohnt sich Bestreiten nicht, bieten Sie Nacherfüllung an, sofern diese nicht unverhältnismäßig ist.
> - Ansonsten bieten Sie dem Käufer Minderung oder Rückerstattung des Kaufpreises und Rücksendekosten an.

Bedenken Sie: Nur ein zufriedener Kunde kauft wieder bei Ihnen und gibt eine positive Bewertung. Weitere Ausführungen zur Gewährleistung siehe Rn. 24 ff.

4.9. Käufer zahlt nicht

Fall 58: *Ruth verkauft ein nicht mehr benötigtes Buch. Agnes erhält den Zuschlag. Ruth teilt ihr zur Abwicklung ihre Bankverbindung mit. Nach zwei Wochen ist jedoch immer noch keine Zahlung bei Ruth eingegangen. Wie soll sich Ruth nun verhalten?*

Mit automatischer „Zuschlagserteilung" kommt ein Kaufvertrag zwischen Ruth und Agnes zustande. Daraus ist Agnes verpflichtet, den Kaufpreis an Ruth zu zahlen. Verkäuferin Ruth sollte zunächst einmal versuchen über das eBay-Portal mit Agnes Kontakt aufzunehmen und sie zur Zahlung auffordern.

Auch hier gibt es wieder zwei Alternativen. Ruth kann entweder am vertraglichen Anspruch festhalten <u>oder</u> den Rücktritt erklären.

Das Festhalten am vertraglichen Anspruch bietet sich regelmäßig nicht an, da es häufig einfacher ist, die Sache wieder erneut bei eBay reinzustellen, als gegen den Vertragspartner auf Zahlung zu klagen. Will Ruth am Anspruch festhalten, setzt sie Agnes lediglich eine Frist (zehn Tage) zur Zahlung. Nach erfolglosem Fristablauf stehen Ruth neben dem Zahlungsanspruch auch Verzugszinsen zu.

Will Verkäuferin Ruth hingegen vom Vertrag zurücktreten, muss sie den Käufer unter Fristsetzung (ca. zehn Tage) zur Zahlung auffordern mit der Erklärung, dass sie nach

---
[295] siehe §439 Abs.3, S.2 BGB.

171 erfolglosem Ablauf der Frist vom Vertrag zurücktritt und gegebenenfalls Schadensersatzansprüche gegen Agnes geltend macht. Den Zugang dieser Erklärung bei Agnes muss Ruth im Zweifel nachweisen können (siehe Rn. 180 ff.). Zusätzlich kann Ruth sich an eBay wenden und den Fall melden, siehe http://rebulk.eBay.de/ws/eBayISAPI.dll?CreateDispute
Dann wird eBay den Käufer noch mal zur Zahlung auffordern. Wenn der Käufer auch dann nicht zahlt oder reagiert, bekommt Ruth zumindest die entstandenen eBay-Verkaufsgebühren erstattet. Ist die davon unabhängig laufende Frist erfolglos verstrichen, ist Ruth nicht mehr an den Vertrag gebunden und kann das Buch erneut bei eBay anbieten. Darüber hinaus könnte Ruth den ihr entstandenen Schaden von Agnes ersetzt verlangen, zum Beispiel wenn sie nun ein geringeres Gebot erhält.

172 Sie sollten also wie folgt vorgehen:
1. Aufforderung per E-Mail.
2. Meldung an eBay.
3. Mahnung mit Fristsetzung und Rücktrittserklärung.

Nach erfolglosem Fristablauf kann die Ware erneut versteigert werden. Da der Verkäufer regelmäßig über eBay die Versteigerungsgebühren gutgeschrieben bekommt, entsteht meist kein großer Schaden, sodass es sich nicht lohnt, Schadensersatzansprüche geltend zu machen. Die Geltendmachung eines Schadensersatzanspruches macht meist nur bei größeren Schadenssummen Sinn, zum Beispiel wenn Ruth ihren Laptop für 3.000 Euro verkauft, sie in der zweiten Auktion jedoch nur 2.000 Euro erzielt. Der Schaden beträgt hier 1.000 Euro.
Zwar gäbe es zum Rücktritt vom Vertrag auch die Alternative, am Vertrag und somit an der Kaufpreisforderung festzuhalten. Diesen Anspruch müsste Ruth jedoch durch Klage geltend machen, da ein Mahnverfahren hier unzulässig ist. Daher wird es meist einfacher sein, vom Vertrag zurückzutreten und die Ware erneut zu versteigern.

173 **Praxis-Tipp**
So könnte eine Mahnung mit Fristsetzung und erklärtem Rücktritt formuliert werden:

Musterstadt, den ....(Datum)

Sehr geehrte Damen und Herren,
am ..... (Datum) haben Sie über eBay den folgenden Artikel..... (genaue Artikelbeschreibung, Artikelnummer) für ....Euro (Kaufpreis) von mir ersteigert (bzw. bestellt). Daraufhin habe ich Ihnen meine Bankverbindung am .... (Datum) per E-Mail mitgeteilt. Bisher konnte ich auf meinem Konto noch keinen Geldeingang von Ihnen feststellen. Ich bitte Sie daher, den Gesamtpreis (Kaufpreis + Versandkostenpauschale) in Höhe von....... Euro auf mein angegebenes Konto (Inhaber, Kontonummer, BLZ.) zu überweisen. Sollten Sie bis zum ....(Datumsangabe, ca. zehn Tage nach Abschicken des Schreibens) den Betrag nicht überwiesen haben, trete ich vom Vertrag zurück und behalte mir zusätzlich Schadensersatzansprüche vor.
Mit freundlichem Gruß

(Unterschrift)

[*Anmerkung: Zum Zwecke der Beweisbarkeit sollten Sie dieses Schreiben per Einschreiben mit Rückschein versenden.*]

Auch wenn Sie als Verkäufer zuerst die Ware losschicken und dann vergeblich auf die Zahlung des Käufers warten, können Sie ebenfalls so vorgehen. Das kommt zwar selten vor und ist aus Verkäufersicht auch mit gewissen Risiken verbunden, kann aber zum Beispiel in der Weihnachtszeit als sehr guter Service von den Käufern gewertet werden. Der Verkäufer muss dem Käufer eine Mahnung mit Fristsetzung zukommen lassen. Dazu können Sie obigen Mustertext verwenden. Sie sollten jedoch folgenden Satz einfügen: „Die Ware habe ich am....... (Datum) per Postpaket (Nachweis anbei) an Sie verschickt."

Verstreicht die Frist erfolglos, können Sie als Verkäufer Kaufpreis und Versandkostenpauschale mittels Mahnbescheid geltend machen.

5. Bewertungen

eBay bietet seinen Nutzern ein Bewertungssystem an, anhand dessen die Zuverlässigkeit des einzelnen Nutzers abgelesen werden kann. Die Bewertungen setzen sich hauptsächlich aus Standardbeurteilungen (positiv, neutral und negativ) und einem individuellen Bewertungskommentar zusammen und können nach Vertragsschluss durch Käufer abgegeben werden. Verkäufer können seit einigen Jahren jedoch nur noch positive Bewertungen abgeben. Damit wollte eBay negative Rückbewertungen durch Verkäufer verhindern. Käufer können zusätzlich die Genauigkeit der Artikelbeschreibung, die Kommunikation mit dem Verkäufer, die Schnelligkeit des Versands und die Verpackungs- und Versandkosten bewerten, ohne dass der Verkäufer davon Kenntnis erlangen kann.

Die Anzahl der positiven Bewertungen wird dabei in Prozent angegeben. Viele Nutzer sind „stolz" auf ihre 100 % positiven Bewertungen. Da verwundert es kaum, dass manche Nutzer die Möglichkeit einer negativen Bewertung bewusst einsetzen, um dem Vertragspartner zu drohen oder zu einem bestimmten Handeln zu zwingen - häufig leider mit Erfolg. Dabei wird die Grenze zur strafbaren Nötigungshandlung, Beleidigung, üblen Nachrede oder Verleumdung oft überschritten.

Fall 59: *Susann verkauft an Tobias ein Computerbauteil. Da sie es nicht testen konnte, schreibt sie in der Artikelbeschreibung wahrheitsgemäß: „Konnte das Bauteil nicht mehr testen. Ich weiß nicht, ob das Teil noch funktioniert. Daher verkaufe ich es ausdrücklich als defekt." Als Tobias das Teil bekommt und feststellt, dass es tatsächlich defekt ist, verlangt er wutentbrannt von Susann sein Geld zurück. Susann verweist auf den Gewährleistungsausschluss und die Angabe „defekt". Tobias gibt sich damit aus Prinzip nicht zufrieden und droht Susann mit einer negativen Bewertung, falls er nicht sein Geld zurückerstattet bekommt. Susann weigert sich. Tobias bewertet Susann negativ und schreibt als Bewertungskommentar: „Unzuverlässiger eBayer, Betrüger! Verkauft defekte Ware und erstattet Kaufpreis nicht zurück". Susann ist über den Querulanten erbost und fragt sich, was sie nun tun kann.*

Tobias hat hier eine ausdrücklich als „defekt" bezeichnete Ware gekauft. Er hat die Ware in dem vereinbarten Zustand auch geliefert bekommen. Tobias hat sich hier Hoffnungen gemacht, dass er eine funktionstüchtige Sache erwirbt. Dass dessen persönliche Hoffnung enttäuscht wurde, ist irrelevant für eine Bewertung, da Susann den geschlossenen Kaufvertrag ordnungsgemäß erfüllt hat. Die Bewertung ist daher ungerechtfertigt und verleumderisch.

175 Es stellt sich generell die Frage, was der zu Unrecht negativ bewertete eBay-Nutzer in diesem Fall tun kann. Neuerdings bietet eBay jedoch die Möglichkeit der nachträglichen Bewertungsüberarbeitung an. Verkäufer können Käufer innerhalb von 30 Tagen nach Auktionsschluss (Kaufvertragsschluss) bitten, eine negative oder neutrale Bewertung zu überarbeiten, sofern das Problem zuvor geklärt wurde. Das setzt jedoch eine Einigung zwischen Verkäufer und Käufer voraus.
Dazu muss der Verkäufer folgendem Link folgen:
http://www.ebay.de/myb/Summary?MyEbay&gbh=1

176 eBay löscht negative Bewertungen nicht auf Wunsch des Betroffenen, da eBay den Sachverhalt nicht aufklären kann, dazu auch nicht bereit und verpflichtet[296] ist. eBay löscht den Kommentar nur bei einem offensichtlichen Verstoß der Bewertung gegen die eBay-AGB. Danach müssen die Bewertungen wahrheitsgemäß und sachlich gehalten sein und dürfen keine Schmähkritik enthalten. Unter **Schmähkritik** sind Äußerungen zu verstehen, durch die eine Person verächtlich gemacht werden soll und es nicht mehr „um die Sache" geht[297]. Jedoch sind an das Vorliegen von Schmähkritik hohe Anforderungen zu stellen. Bewertungen wie zum Beispiel „Du Arsch", stellen Schmähkritik dar. Die Bezeichnung „Betrüger" stellt hingegen nicht automatisch eine Schmähkritik dar. Derjenige, der tatsächlich und nachweisbar durch eine betrügerische Handlung oder betrügerischem Geschäftsgebaren aufgefallen ist, kann durchaus als Betrüger bezeichnet werden[298]. eBay wird daher keine Löschung vornehmen, da der Fall inhaltlich nicht bewertet wird.

177 Regelmäßig wird sich daher ein **Löschungsanspruch nur gerichtlich gegen den Vertragspartner durchsetzen** lassen. Der betroffene Nutzer hat einen Anspruch auf Rücknahme eines negativen Bewertungskommentars in der Bewertungsplattform[299], wenn die Bewertung unwahr und geeignet ist, das Ansehen des Nutzers zu beeinträchtigen. Dies wird regelmäßig bei negativen unwahren Behauptungen der Fall sein.

178 Hier könnte Susann gegen Tobias gerichtlich vorgehen. Negative Bewertungen können zur Folge haben, dass dem negativ bewerteten Nutzer in Zukunft weniger Käufer ihr Vertrauen schenken. Dies kann sich in Umsatzeinbußen ausdrücken. Sie sollten sich nicht nötigen lassen, um eine ungerechtfertigte negative Bewertung zu umgehen. Des Weiteren könnte Susann hier Strafanzeige bei der Polizei erstatten, da Tobias wusste, dass hier kein Betrug vorlag und er sich somit gegebenenfalls wegen übler Nachrede oder sogar Verleumdung strafbar gemacht haben könnte. Ihnen wird jedoch eine Strafanzeige nicht weiterhelfen. Im Übrigen ist zu erwarten, dass die

---

[296] vgl. LG Potsdam, Urteil vom 21.07.2004, Az.: 2 O 49/04.
[297] siehe BVerfGE 82, 272-285.
[298] LG Berlin, Urteil v. 17.6.2004, Az.: 27 O 324/04.
[299] Anspruch aus: §§ 280 Abs. 1, 241 Abs. 2 BGB und § 823 Abs. 1 BGB i.V.m. § 1004 BGB analog; vergleiche AG Erlangen Az.: 1 C 457/04, NJW 2004, 3720; OLG Oldenburg, Urteil v. 3. April 2006, Az. 13 U 71/05.

Strafverfolgungsbehörden das Strafverfahren sowieso wegen Geringfügigkeit einstellen werden.

> **Praxis- Tipp** 179
>
> So gehen Sie vor, wenn Sie eine negative Bewertung erhalten haben.
> - Prüfen Sie selbstkritisch, ob die Bewertung eventuell sachlich gerechtfertigt sein könnte.
> - Fordern Sie unter Fristsetzung (eine Woche) den Geschäftspartner auf, die Bewertung einvernehmlich durch eBay löschen zu lassen.
> - Fordern Sie den Handelspartner letztmalig unter Androhung einer zivilrechtlichen Klage und einer Strafanzeige auf, der einvernehmlichen Löschung zuzustimmen.
> - Wird immer noch nicht reagiert, bleiben Ihnen nur noch die zivilrechtliche Klage und die Strafanzeige bei der Polizei.

6. Zugang von beweiserheblichen Willenserklärungen 180

Häufig müssen Sie im Fall etwaiger Auseinandersetzungen den Zugang von Willenserklärungen beim Empfänger beweisen, zum Beispiel bei Fristsetzung bei Nacherfüllung, Erklärung des Rücktritts vom Vertrag, Erklärung der Minderung, Erklärung des Widerrufs, Anfechtung, usw. Dabei reicht es nicht aus, nachweisen zu können, dass Sie eine Erklärung losgeschickt haben, sondern Sie müssen beweisen können, dass die Erklärung auch in den „Machtbereich" des Empfängers (z.B. Hausbriefkasten) gelangt ist. Beispiel: Statt den Brief in einen normalen Briefkasten zu stecken, sollte er per **Einschreiben mit Rückschein** verschickt werden. Dann können 181 Sie beweisen, dass der Empfänger ein Schreiben von Ihnen bekommen hat – mehr aber auch nicht. Behauptet nun der Empfänger, er hätte einen Briefumschlag mit einem leeren Blatt Papier bekommen, müssen Sie möglicherweise das Gegenteil beweisen können. Daher macht es auch hier Sinn, die geschriebene Erklärung unter Aufsicht eines Zeugen in den Umschlag zu stecken und gemeinsam zur Post zu bringen. Nur so sind Sie ausreichend geschützt.

Zugegebenermaßen ist das nicht immer praktikabel bzw. wirtschaftlich verhältnismäßig. Gerade die Kosten für ein Einschreiben werden sich bei geringem Warenwert kaum lohnen, da Sie die Kosten vor Verzugsbeginn des Vertragspartners selbst zahlen müssen und nicht ersetzt verlangen können.

Ein **Fax** zur Übermittlung einer Erklärung ist nach neuer Rechtsprechung des 182 Bundesgerichtshofs grundsätzlich nicht ausreichend, sofern als Beleg nur ein Sendebericht mit „OK" - Vermerk ausgedruckt wird[300]. Ein Sendeprotokoll stellt nach Ansicht des BGH zwar ein Indiz für den Zugang beim Empfänger dar, jedoch müssten weitere Indizien dazukommen, um den Zugang beweisen zu können. Der „OK"-Vermerk

---

[300] BGH, Beschluss vom 21.7.2011, Az.: IX ZR 148/10; OLG Dresden, Beschluss vom 15.12.2011; OLG Brankdenburg, Urteil vom 13.02.2008, Az.: 4 U 132/07; **a.A.** OLG Celle, Urteil vom 19.06.2008, Az.: 8 U 80/07; AG Hagen, Urteil vom 02.07.2008, Az.: 16 C 68/08; OLG München, Beschluss vom 08.10.1998, Az.: 15 W 2631/98; OLG Karlsruhe, Urteil vom 0.09.2008, Az.: 12 U 65/08.

kann nach Ansicht des BGH dem Absender keine Gewissheit über den Zugang der Sendung vermitteln, da er nur das Zustandekommen der Verbindung belegt, jedoch nicht die erfolgreiche Übermittlung des Textes beweist.

Fraglich ist jedoch, ob ein Sendebericht eines hochwertigen Faxgerätes, bei dem neben dem „OK-Vermerk" auch ein Ausschnitt des übermittelten Schreibens ausgedruckt wird, geeigneter erscheint, den Zugangsbeweis zu führen. Der BGH äußert sich dazu in seinem Urteil nicht eindeutig.
Faxe haben allgemein den Nachteil, dass sie keine Urkunden im prozessualen Sinne sind. Sie können daher nur als sogenannte „Augenscheinsobjekte" bewertet werden und unterliegen damit der freien richterlichen Beweiswürdigung. Der Richter kann dem Fax inklusive Übermittlungsprotokoll Glauben schenken, muss aber nicht. So ist das Ergebnis immer von der freien Beweiswürdigung des Richters abhängig.

183 Auch beim Versenden von **E-Mails** ist die rechtliche Situation umstritten. Der Absender kann grundsätzlich nicht beweisen, dass die E-Mail auch beim Provider des Empfängers angekommen ist. Zwar gibt es die Möglichkeit der Empfangsbestätigung, doch kann der Empfänger das Absenden einer Empfangsbestätigung verhindern. Aus technischer Sicht kann der Zugang einer E-Mail nur durch eine sogenannte Log-Datei des Providers nachgewiesen werden. Diese werden jedoch nach kurzer Zeit aus Datenschutzgründen wieder gelöscht, sodass es fast unmöglich ist, dieses Beweismittel zu erlangen. E-Mail-Ausdrucke können daher ebenfalls nur als Anscheinsbeweis gewertet werden und unterliegen damit der freien richterlichen Beweiswürdigung[301]. Daher kommt es wieder darauf an, wem der Richter glaubt. Manchmal sehen die Gerichte E-Mail-Ausdrucke als ausreichend an[302], manchmal hingegen nicht[303]. Mit ausgedruckten E-Mails lässt sich daher nur relativ unsicher ein Beweis führen.

Abweichend zur oben dargestellten Problematik bietet eBay jedoch zur normalen E-Mail eine bessere technische Ausgangslage. Der eingeloggte Nutzer kann über ein Portal zur Kontaktaufnahme dem Vertragspartner eine Nachricht schreiben, die durch einen automatischen Vorgang sowohl an dessen E-Mail-Adresse als auch in dessen eBay-Postfach weitergeleitet wird. Zusätzlich gibt es hier die Möglichkeit, dass der Absender sich eine Kopie der Nachricht in sein persönliches eBay-Postfach und an seine persönliche E-Mail-Adresse schicken lässt. Hier wird es dann schon ziemlich unglaubwürdig, wenn der Vertragspartner behauptet, ihm sei weder eine E-Mail noch eine Nachricht im eBay-Postfach zugegangen. Gleichzeitig ist dem Absender die Kopie der Nachricht sowohl in seinem eBay-Postfach, als auch auf seiner E-Mail-Adresse zugegangen. Dass hier zwei Nachrichten beim Absender zugegangen sind und zwei beim Adressaten abhanden gekommen sein sollen, ist technisch höchst unwahrscheinlich, da alle vier Nachrichten durch denselben automatisierten Vorgang zur selben Zeit innerhalb einer Sekunde übermittelt wurden. Durch den Briefkopf von eBay und den Nutzernamen ist hinreichend sichergestellt, dass der Absender der durch das Kennwort authentifizierte Nutzer ist.

---

[301] AG Frankfurt a. M., Urteil vom 23.10.2008, Az.: 30 C 730/08.
[302] AG Ettlingen, Urteil vom 11.05.2001, Az.: 2 C 259/00; LG Berlin, NJW 2002, 2569; LG Nürnberg-Fürth, Urteil vom 7.5.2002, Az.: 2 HK O 9431/01.
[303] AG Bonn, Urteil vom 25.10.2001, Az.: 3 C 193/01; OLG Köln,Urteil vom 06.09.2002, Az.: 19 U 16/02.

Wenn dann zusätzlich mehrmals solche Nachrichten verschickt werden (Rücktrittserklärung zwei Mal an unterschiedlichen Tagen), ist die Wahrscheinlichkeit eines technischen Übertragungsfehlers nahezu unwahrscheinlich. Auch hier kann wieder ein Zeugenbeweis für zusätzliche Sicherheit sorgen.
Diese Argumentation sollte den Richter überzeugen können. Jedoch liegt auch hier nur ein Anscheinsbeweis vor. Ob der Richter dieser Argumentation folgt, liegt in seinem Ermessen.
Sie sollten jedoch bedenken, dass Nachrichten im eBay-Postfach nur eine bestimmte Zeit gespeichert werden und sich daher unter Zeugenaufsicht einen Ausdruck der Nachricht anfertigen.

Fazit: Eine 100 % sichere Beweisführung gibt es wohl nicht. Die sicherste Möglichkeit ist immer noch das Einschreiben mit Rückschein, dessen Inhalt durch Zeugen bewiesen werden kann. Diese Form des Zugangsbeweises sollte daher bei höheren Streitsummen gewählt werden. Bei kleineren Streitsummen wird es sich häufig nicht lohnen, Geld für ein Einschreiben auszugeben. Dann sollten Sie die Kontaktaufnahme über eBay wählen. Hilfreich kann hier das mehrmalige Absenden der gleichen E-Mail sein, um das Risiko des zufälligen Verlustes auf dem Übertragungsweg zu minimieren und dies gleichzeitig durch Zeugen bestätigen zu lassen. Die Faxübertragung macht Sinn, wenn Sie ein Faxgerät haben, welches die erste Seite des übertragenen Textes im Übertragungsprotokoll ausdruckt und der Empfänger seine Faxnummer im Impressum angegeben hat. Hilfreich ist auch die Kombination mehrerer Übertragungswege.

7. Missbrauch Ihres eBay- Nutzerkontos

Fall 60: Als Ute ihre E-Mails abruft, *bekommt sie einen großen Schreck: eBay Verkäufer Michael teilt ihr mit: „Vielen Dank, dass Sie meinen Ferrari F40 ersteigert haben. Bitte überweisen Sie den Kaufpreis in Höhe von 200.000 Euro auf mein Konto". Ute nimmt sofort Kontakt mit Michael auf und stellt fest, dass jemand in ihrem Namen bei eBay auf den Ferrari geboten hatte. Michael hält das für eine Schutzbehauptung und fordert die 200.000 Euro von Ute. Muss Ute zahlen?*

Hier wurde vermutlich Utes eBay- Nutzerkonto „geknackt". Daher stellt sich die Frage, ob ein Kaufvertrag wirksam zwischen Verkäufer und Käufer zustande gekommen ist und ob der Käufer eventuell für den Missbrauch haftet. Früher wurde manchmal vertreten, dass der Beweis des ersten Anscheins dafür spräche, dass der eBay-Nutzer selber unter Benutzung des eigenen Nutzerkontos und des Passworts das Gebot abgegeben hat. Danach müsste der Verkäufer das Gegenteil beweisen. Diese Ansicht scheint durch die neuere Rechtssprechung überholt.

Der Bundesgerichtshof hat nun entschieden, dass eBay-Kunden nicht haften, wenn jemand anderes unter ihrem Namen Angebote ins Internet stellt. Der eBay-Kunde muss es sich nicht zurechnen lassen, wenn jemand ohne sein Wissen unbefugt das Konto für eine Internet-Auktion missbraucht[304]. Nach Ansicht des BGH „bestehe kein Anscheinsbeweis darin, dass ein über ein Mitgliedskonto bei eBay abgegebenes

---

[304] BGH, Urteil vom 11.05.2011, Az.: VIII ZR 289/09.

Verkaufsangebot von dem jeweiligen Kontoinhaber unterbreitet werde". Auch die Grundsätze der Zurechnung fremden Verhaltens aus dem gewerblichen Rechtsschutz[305] sind auf die Zurechnung vertraglicher Erklärungen nicht übertragbar, da sie an andere Voraussetzungen anknüpfen.

Bereits 2006 hatte das OLG Köln[306] entschieden, dass durch die Abgabe des Angebots unter Nutzung des Nutzerkontos der „vermeintlichen Käuferin" (Beklagte) kein wirksamer Kaufvertrag entstanden sei. Grundsätzlich müsse derjenige, der sich auf einen wirksam geschlossenen Kaufvertrag beruft, nachweisen, dass die andere Vertragspartei auch tatsächlich Vertragspartner geworden sei. Die Beweislast treffe somit den Kläger (Verkäufer), der jedoch die Angaben der Beklagten in der Verhandlung nicht widerlegt habe (und wohl auch nur schwer widerlegen kann).

Nach der Rechtsprechung[307] kann der Vertragspartner (egal ob „getäuschter Käufer oder Verkäufer") nicht uneingeschränkt auf einen Vertragsschluss über eBay vertrauen, da auch beim Kennwort geschützten Nutzerkontos des Vertragspartners eine gewisse Manipulationsgefahr durch Dritte besteht.

Somit muss sich Ute nicht das Handeln des „Hackers" automatisch zurechnen lassen, sodass auch kein wirksamer Kaufvertrag mit Michael zustande gekommen ist.

Die Beurteilung, ob der Nutzer selbst geboten hat oder ein Hacker das Nutzerkonto missbraucht hat, beurteilt der Richter nach freier Beweiswürdigung, wenn keine anderen Beweise vorliegen. Er kann daher durchaus gewichten, welcher Partei er mehr Glauben schenkt.

Sie sollten daher nicht nur behaupten, dass Sie nicht geboten haben und daher kein Anspruch besteht, sondern klar und ausführlich Ihre Argumentation darlegen, um später vor Gericht glaubwürdig zu wirken.

Häufig ist der Verkäufer der Getäuschte bei eBay-Transaktionen, bei denen der Kaufvertrag nicht abgeschlossen wurde. Folge: Er muss zunächst für die eBay-Verkaufsprovision aufkommen, kann sie sich aber von eBay erstatten lassen, nachdem er eBay den „Fall" gemeldet hat.

186 ## 8. Das Mahnverfahren

Das Mahnverfahren ermöglicht die Vollstreckung einer Geldforderung ohne Klageerhebung und ohne Urteil. Somit kann es eine schnelle und Kosten sparende Alternative zur Klage sein.

Die Anwendung ist möglich in folgenden Fällen:
- Rückerstattung des Kaufpreises und der Versandkostenpauschale nach erklärtem Rücktritt vom Vertrag, wenn Sie als Käufer bereits gezahlt haben, aber Ware nicht bekommen haben (Rn. 98). (Haben Sie per PayPal gezahlt, so sollten Sie vorrangig den eBay Käuferschutz in Anspruch nehmen)
- Rückerstattung des Kaufpreises und der Versandkostenpauschale nach

---

[305] vgl. BGH, Urteil vom 11.03.2009, Az.: I ZR 114/06.
[306] OLG Köln, Urteil v. 13.1.06, Az.: 19 U 120/05.
[307] OLG Köln, Urteil v. 6.9.02, Az.: 19 U 16/02; LG Bonn, Urteil v. 19.12.03, Az.: 2 O 472/03.

Ausübung des Widerrufsrechtes (Rn. 82 ff.).
- Im Fall des Widerrufs Rückerstattung des Kaufpreises und der ursprünglichen Versandkostenpauschale und der Käufer die Ware bereits an den Verkäufer abgesendet hat (Rn.79ff.)
- Rückerstattung des Kaufpreises und der Rücksendekosten nach erklärtem Rücktritt vom Vertrag wegen eines Sachmangels, wenn der Käufer die Ware bereits an den Verkäufer zurückgeschickt hat und dieser sie angenommen hat (Rn. 41 ff.).
- Sie haben die Ware geliefert (Vorleistung), doch der Kunde zahlt nicht, Mahnung mit Fristsetzung, Mahnbescheid.

Nachdem die Frist abgelaufen ist, sollten Sie mit der Beantragung eines Mahnbescheids noch ein paar Tage warten. Manchmal kommt es vor, dass die Leistung drei bis vier Tage „verspätet" erfolgt. Nun können Sie den Mahnbescheid beantragen. Auf Ihren Antrag hin erlässt das Gericht nach formeller Prüfung einen Mahnbescheid. Legt der Schuldner keinen Widerspruch gegen den Mahnbescheid ein, können Sie Erlass eines Vollstreckungsbescheides beantragen. Mit dem erlassenen Vollstreckungsbescheid können Sie einen Gerichtsvollzieher beauftragen, der Ihre Forderung dann bei Ihrem Schuldner eintreibt.

Verteidigt sich hingegen der Schuldner während des Mahnverfahrens, geht das Mahnverfahren in ein ganz normales Gerichtsverfahren über.

8.1. Risiken

Recht haben und Recht bekommen sind leider häufig zwei voneinander getrennte Dinge. Bedenken Sie, dass Sie selbst nach einem erfolgreichen Mahnverfahren, mit einem rechtskräftigen Vollstreckungsbescheid gegebenenfalls nicht nur mit leeren Händen dastehen können, sondern sogar die Verfahrenskosten aus eigener Tasche zahlen müssen, wenn bei Ihrem Schuldner „nichts zu holen" ist. Wenn Ihr Schuldner zum Beispiel ALG II Empfänger oder Geringverdiener ist, wird in der Regel nichts zu holen sein. Arbeitseinkommen sind grundsätzlich bis zu 930 Euro nicht pfändbar[308]. Kommen dann noch Unterhaltsverpflichtungen dazu, kann die Pfändbarkeitsgrenze sogar bei 2060 Euro im Monat liegen. Zu bedenken ist auch, dass selbst normale, gebrauchte Fernsehgeräte, Stereoanlagen und Computer regelmäßig nicht gepfändet werden.

Auch bei beschränkt haftenden Gesellschaften, wie zum Beispiel einer britischen Limited lohnen sich Zwangsvollstreckungen häufig nicht, da hier ein Rückgriff auf das private Vermögen der Gesellschafter nicht möglich ist[309].

Daher sollten Sie sich gut überlegen, ob das Mahnverfahren durchgeführt werden soll – denn gegebenenfalls bleiben Sie auf den Kosten sitzen.

Praxis-Tipp
Hilfreich ist gerade bei Privatpersonen, sich vor Einleitung kostenintensiver Mahn- und Gerichtsverfahren beim zuständigen Amtsgericht in der Schuldnerkartei zu erkundigen,

---

[308] siehe § 850c ZPO.
[309] OLG Hamm, Urteil v. 27.1.2006, Az.: 12 U 108/05.

ob der Schuldner dort bereits eingetragen ist. Sie können sich das Verfahren sparen, wenn der Schuldner bereits in der Kartei steht, da davon auszugehen ist, dass bereits andere Gläubiger erfolglos versucht haben, beim Schuldner „etwas zu holen". Beachten Sie jedoch, dass die Schuldnerkartei des Vollstreckungsgerichts nur die Angaben beinhaltet, die den Schuldner im Bezirk dieses Amtsgerichts betreffen. Wenn der Schuldner erst in den letzten Jahren umgezogen ist, kann es sein, dass er in ein Schuldnerverzeichnis an einem anderen Ort eingetragen ist.

188 **8.2. Kosten**

Die Kosten des Mahnverfahrens sind vom Streitwert abhängig. Bis zu einem Streitwert von 1000 Euro kostet ein Mahnbescheid ohne Unterstützung eines Rechtsanwalts derzeit **32 Euro (Gerichtskosten).** Dabei ist es egal, ob Sie eine Forderung in Höhe von 1 oder 1000 Euro haben. Nehmen Sie sich für die Durchführung des Mahnverfahrens einen Rechtsanwalt, entstehen Kosten bis zu einer Gesamtforderung von 500 Euro von: 32 Euro Gerichtsgebühren, 45 Euro Rechtsanwaltsgebühren, 9 Euro Auslagen des RA, zusätzlich 10,26 Euro MwSt. Die Gesamtkosten des Mahnbescheids mit Rechtsanwaltsunterstützung belaufen sich daher auf 96,26 Euro. Ab einer Forderung von über 500 Euro steigen die Gebühren für den Rechtsanwalt zu einer Gesamtkostensumme von 114,24Euro.

Bezahlt der Schuldner nach Erlass des Mahnbescheids seine Schulden nicht, muss ein Vollstreckungsbescheid erlassen werden. Der Vollstreckungsbescheid verursacht keine neuen Gerichtsgebühren, sondern nur Anwaltsgebühren, sofern Sie einen Anwalt damit beauftragt haben. Anwaltskosten: Bis 300 Euro Forderungssumme insgesamt 32,13 Euro; über 500 Euro Forderung 52,36 Euro.

Die Gerichtsvollziehergebühren hängen vom Streitwert und von der Tätigkeit des Gerichtsvollziehers ab. Die durchschnittlichen Gebühren liegen zwischen 50 und 150 Euro.

Ist der Schuldner zahlungsunfähig oder die Forderung nicht berechtigt oder brechen Sie die Eintreibung der Forderung aus eigener Entscheidung vorzeitig ab, müssen Sie die angegeben Kosten tragen.

189 **8.3. Der Mahnbescheidsantrag**

Fall 61: Volker kauft von einem privaten Verkäufer einen neuen weißen Helm für seinen Motorroller für 60 Euro. Den Betrag in Höhe von 60 Euro überweist Volker auf das Konto des Verkäufers. 5 Tage später bekommt er jedoch einen schwarzen Helm geliefert. Volker reklamiert den fehlerhaften Helm und schickt ihn per Paket (Kosten 5 Euro) an den Verkäufer zurück. Über den „Tracking-Code" konnte Volker feststellen, dass der Verkäufer das Paket angenommen hat. Obwohl Volker den Verkäufer mehrfach zu einer Neulieferung auffordert, reagiert der Verkäufer nicht. Volker setzt dem Verkäufer per Einschreiben eine Frist zur erneuten Lieferung bis zum 01.08.2015 und erklärt ihm gleichzeitig den Rücktritt vom Vertrag, sollte die genannte Frist nicht eingehalten werden.

Da der Verkäufer auch auf diese Frist nicht reagiert, fordert Volker nun den Verkäufer auf, bis zum 06.08. den Betrag in Höhe 65 Euro zurückzuerstatten. Auch diese Frist verstreicht ergebnislos. Nun möchte Volker einen Mahnbescheid gegen den Verkäufer beantragen.

Während man früher Formulare für Mahnbescheidsanträge im Schreibwarenhandel für 3-5 Euro kaufen musste, kann man heutzutage einen Mahnbescheidsantrag online ausfüllen und ausdrucken. Dazu muss man die Seite der deutschen Mahngerichte: **www.online-mahnantrag.de** aufrufen. Dort können Sie Schritt für Schritt einen Mahnbescheidsantrag mit Hilfestellung ausfüllen.

Für Volker bedeutet das:

1. Schritt: Bundesland auswählen
Hier müssen Sie das Bundesland angeben, in dem Sie wohnen. Volker wohnt in Leipzig. Daher muss er „Sachsen" wählen.

2. Schritt: Versandart wählen
Hier können Sie zwischen zwei Varianten wählen: Bei der ersten Variante („Druck auf Papier") können Sie einen Antrag online schreiben, ausdrucken, unterschreiben und per Post an das zuständige Gericht schicken. Die zweite Variante („Versand per Internet") können Sie nur dann nutzen, wenn Sie über eine elektronische Signatur verfügen. Regelmäßig werden Privatpersonen diese Möglichkeit mangels technischer Voraussetzungen nicht nutzen können, so dass Sie die erste Variante nutzen müssen.
Auch Volker besitzt keine elektronische Signatur, so dass er die erste Variante (Druck auf Papier) nutzen muss.
Nun können Sie in 8 Schritten Ihren Mahnantrag stellen.

3. Schritt: Daten des Antragstellers
Hier müssen Sie angeben, wer Sie sind. Da Sie den Mahnantrag selbstständig stellen wollen und keinen Rechtsanwalt haben, müssen Sie („Ich bin Antragsteller") und „Weiter" anklicken.
Nun können Sie in das Formular Ihren Namen und Ihre Anschrift eingeben. Bitte beachten Sie, dass Sie Ihren vollständigen Namen ohne Abkürzungen eingeben müssen. Die Eingabe einer Postfachadresse ist unzulässig!
Danach müssen Sie angeben, ob Sie durch einen „gesetzlichen Vertreter" vertreten werden. Klicken Sie auf „nein", sofern Sie nicht mehr minderjährig sind und nicht unter rechtlicher Betreuung stehen.

Jetzt müssen Sie angeben, ob Sie einen weiteren „Antragsteller erfassen" wollen. Klicken Sie hier auf „nein", da der Kaufvertrag bei eBay grundsätzlich nur mit dem eBay-Kontoinhaber zustande kommt.

4. Schritt: Daten des Antragsgegners
Hier müssen Sie angeben, gegen wen Sie den Mahnantrag richten wollen.
Volker richtet seinen Mahnantrag gegen den Verkäufer, da dieser ihm die Rückerstattung der 65,- Euro schuldet.
Hier müssen Sie den Namen und die Adresse des Verkäufers angeben. Beachten Sie auch hier, dass Sie keine Postfachadresse eingeben dürfen! Das Kästchen „Antragsgegner fällt unter das Zusatzabkommen zum NATO-Truppenstatut" lassen Sie

frei, da Sie dieses nur dann ankreuzen müssen, wenn der Antragsgegner (hier der Verkäufer) Mitglied in einer Armee des NATO-Truppenverbandes ist.
Jetzt müssen Sie angeben, ob der Antragsgegner einen gesetzlichen Vertreter (Betreuer) hat. Dies wird regelmäßig zu verneinen sein. Klicken Sie auf „nein".
Nun werden Sie gefragt, ob Sie einen „weiteren Antragsgegner erfassen" möchten. Hier können Sie grundsätzlich auf nein klicken, da Sie den Mahnantrag nur gegen den Inhaber des eBay-Kontos (Verkäufer) richten wollen. Nur im Ausnahmefall kann es sinnvoll sein, den Mahnantrag gegen mehrere Personen zu richten.
Volker will seinen Mahnantrag nur gegen den Verkäufer richten und klickt daher auf „nein".

5. Schritt: Art des Mahnverfahrens
Hier sollten Sie grundsätzlich das „reguläre Mahnverfahren" wählen. Ein „Urkunden-Mahnverfahren" ist grundsätzlich nur dann möglich, wenn Sie ausschließlich anhand von Urkunden Ihren Anspruch gerichtlich belegen können. Da selbst dann auch ein reguläres Mahnverfahren zulässig ist, sollten Sie sicherheitshalber das „reguläre Mahnverfahren" vorziehen. Volker wird sich daher für das reguläre Mahnverfahren entscheiden.

6. Schritt: Angaben zu Hauptforderungen und Zinsen
Zunächst müssen Sie angeben, woraus sich Ihr Anspruch ergibt. Dazu wählen Sie im abgebildeten Katalog „Kaufvertrag" (Nr.11) aus. Im darunter befindlichen Feld („Nähere Angaben zum Anspruch") wählen Sie „Schreiben" aus. Im Feld „Rechnungsnummer o.ä." geben Sie das Datum des Schreibens ein, durch das Sie dem Antragsgegner den Rücktritt vom Vertrag erklärt haben. Dahinter schreiben Sie die Worte „eBay" und die eBay-Artikelnummer. In das Feld „Anspruch vom" schreiben Sie das Datum, ab wann der Rückzahlungsanspruch besteht. Der Rückzahlungsanspruch besteht ab dem Tag, der auf den Tag des Fristablaufs folgt. (Volker wird hier den 02.08.2012 angeben)
In das Feld „Betrag" setzen Sie den Betrag für den zu erstattenden Kaufpreis und die Rücksendekosten ein. (Volker wird hier 65 Euro angeben). Beachten Sie, dass grundsätzlich ein Anspruch auf Rückerstattung der ursprünglichen Versandkosten nicht besteht. Ein solcher Anspruch kann nur unter den engen Voraussetzungen als Schadensersatzanspruch geltend gemacht werden (siehe Rn. 47ff.).

Nachdem Sie Ihre Eingaben bestätigt haben, können Sie nun noch Ihre Nebenforderungen (Verzugszinsen, etc.) geltend machen. Klicken Sie dazu auf „Zinsangaben zum Anspruch erfassen". Der Verzugszins beträgt 5 % über dem Basiszinssatz, sofern der Käufer oder der Verkäufer ein Verbraucher ist[310]. Dazu müssen Sie nur 5 % einsetzen und ein Häkchen bei „Punkte über den Basiszinssatz" setzen. Sie müssen „jährliche" Verzinsung einstellen. Das Feld „zu verzinsender Betrag" können Sie offen lassen, da Sie den zu erstattenden Betrag bereits vorher eingegeben haben. Sofern Sie dem Antragsgegner wie Volker bereits eine Frist zur Rückzahlung gesetzt haben, so müssen Sie den Fristbeginn unten angeben.

---

[310] siehe § 288 Abs.1 BGB; Sind sowohl Käufer als auch Verkäufer Unternehmer, so beträgt der Verzugszins 8 Prozent über dem Basiszinssatz, § 288 Abs.2 BGB.

Volker hat dem Verkäufer eine Frist zur Rückzahlung des Betrages bis zum 06.08.2015 gesetzt. Fristbeginn ist der darauffolgende Werktag (außer Samstag)[311], also der 07.08.2015. Hätte Volker keine Frist gesetzt, so müsste das Feld frei bleiben.
Klicken Sie nun auf „keine weiteren Angaben machen..." und auf „weiter".

7. Schritt: Angaben zu Nebenforderungen
Nebenforderungen können nur dann geltend gemacht werden, wenn sich der Antragsgegner bereits in Verzug befindet. Volker kann hier die Kosten für das Einschreiben nicht vom Verkäufer verlangen, da der Verkäufer erst durch dieses Schreiben in Verzug gesetzt wurde. Daher wird Volker dieses Formular nicht ausfüllen und zweimal auf den „Weiterpfeil" klicken.

8. Schritt: Allgemeine Angaben zum Mahnbescheidsantrag
Ein Geschäftszeichen brauchen Sie nicht anzugeben. Hier müssen Sie „Ich erkläre, dass der Anspruch von einer Gegenleistung abhängt, diese aber bereits erbracht ist" anklicken. Der Rückzahlungsanspruch ist von der Rücksendung der Ware abhängig. Volker hat die Ware jedoch bereits zurückgeschickt.

Nun müssen Sie sich noch entscheiden, ob Sie im Falle eines Widerspruchs des Antraggegners automatisch in ein „normales" Gerichtsverfahren vor dem Zivilrichter übergehen möchten. Wenn Sie diese Option nicht anklicken, so führt ein Widerspruch des Antragsgegners dazu, dass das Mahnverfahren eingestellt wird und Sie die Kosten (23 Euro) tragen müssen. Klicken Sie hingegen diese Option an und der Antraggegner erhebt einen Widerspruch, so beginnt ein ganz normaler Zivilprozess vor dem Richter. Zusätzlich können Sie ggf. Prozesskostenhilfe beantragen, sofern Sie bedürftig sind.

9. Schritt: Bankverbindung angeben
Jetzt können Sie noch Ihre Bankverbindung angeben.

10. Schritt: Angaben überprüfen und ausdrucken
Nun können Sie Ihre Angaben nochmals überprüfen. Beachten Sie, dass Sie mit dem PDF-Reader von Google Chrome den Antrag nicht ausdrucken dürfen. Benutzen Sie daher den Adobe Reader. Bestätigen Sie mit einem Häkchen, dass Sie diesen Hinweis gelesen haben. Nun können Sie den Antrag durch Klicken auf die Schaltfläche „Drucken" ausdrucken. Drucken Sie den Antrag zweimal aus (einmal zum Abschicken und einmal für Ihre Unterlagen).
Nun müssen Sie den Antrag nur noch unterschreiben und abschicken.

Nach einiger Zeit erhalten Sie vom Gericht die Zugangsbestätigung und die Aufforderung, die Gerichtskosten an das Gericht zu überweisen. Legt Ihr Schuldner (Antragsgegner) keinen Widerspruch gegen den Mahnbescheid ein, erteilt Ihnen das Gericht nach einer gewissen Zeit den Mahnbescheid und sendet Ihnen einen Antrag auf Erlass eines Vollstreckungsbescheids zu. Frühestens zwei Wochen nach der Zustellung des Mahnbescheids (siehe vermerktes Zustellungsdatum) können Sie einen

---

[311] siehe § 193 BGB.

Vollstreckungsbescheid beantragen. Auf dem Vollstreckungsantrag müssen Sie im Feld 1 und 2 eine 1 eintragen, wenn der Schuldner bisher keine Zahlung an Sie geleistet hat. Im 3. Feld müssen Sie unten links ein Kreuz machen, damit auch weiterhin die Kosten des Verfahrens verzinst werden. Diesen Antrag müssen Sie unten rechts unterschreiben und unten links Ihre Absenderadresse eintragen. Auch hier hat Ihr Schuldner wieder die Möglichkeit Widerspruch einzulegen, sodass in diesem Fall Ihnen nur eine Klage vor Gericht übrig bleibt. Legt der Schuldner jedoch keinen Widerspruch ein, erhalten Sie den Vollstreckungsbescheid. Falls Ihr Schuldner dann immer noch nicht freiwillig zahlen sollte, können Sie einen Gerichtsvollzieher am Wohnort des Schuldners mit der Zwangsvollstreckung beauftragen. Dazu wenden Sie sich am besten an das zuständige Amtsgericht am Wohnort des Schuldners. Legt Ihr Schuldner im Mahnverfahren Widerspruch ein, ist es empfehlenswert, wenn Sie die Hilfe eines Anwalts in Anspruch nehmen.

190   9. Abmahnungen

Seit einigen Jahren schwappt eine riesige Abmahnungswelle über viele eBay-Nutzer. Das ist nicht verwunderlich, da viele gewerbliche Angebote rechtsfehlerhaft sind. Meistens liegen Verstöße gegen die fernabsatzrechtlichen Belehrungen und Informationspflichten vor. Durch Abmahnungen können Mitbewerber so zur Rechenschaft gezogen werden. Aber auch Privatpersonen können abgemahnt werden, wenn Sie beispielsweise gegen Urheber- und Markenrecht verstoßen. Abmahnungen sollen dem Verantwortlichen sein Fehlverhalten aufzeigen und ihn zum künftigen Unterlassen dieses Verhaltens auffordern. Die Abmahnung ist ein Verfahren, durch das ein kostspieliges und zeitaufwendiges Gerichtsverfahren verhindert werden soll. Regelmäßig wird der Abmahnung eine Unterlassungserklärung beigefügt. Der Abgemahnte wird aufgefordert, diese Unterlassungserklärung zu unterschreiben. Darin verpflichtet er sich, eine „saftige" Geldstrafe[312] zu zahlen, wenn er gegen die Unterlassungserklärung verstößt, indem er die gleiche Verletzungshandlung erneut vornimmt.
Im Regelfall erfolgt die Abmahnung durch anwaltliche Hilfe oder durch einen Verband. Häufig ist der Abgemahnte zum Ersatz der entstandenen Abmahnungskosten verpflichtet und das **unabhängig** davon, ob der Abgemahnte die Unterlassungserklärung unterschreibt oder nicht[313]. Der Anspruch besteht auch dann, wenn der Abgemahnte den rechtswidrigen Zustand sofort beseitigt. Die Kosten für eine anwaltliche Abmahnung bestimmen sich nach dem Streitwert. Dieser berechnet sich nicht am Warenwert der einzelnen Auktion. Der Gegenstandswert bei Abmahnungen hängt von der Größe und dem Umsatz des Unternehmens des Abmahnenden, Marktstellung, Umfang und Gefährlichkeit des Verstoßes ab. Dieser wird im gewerblichen Bereich üblicherweise mit Beträgen zwischen 10.000 und 25.000 Euro angesetzt, kann jedoch auch bei 50.000 Euro liegen. Die von Ihnen ersetzt verlangten Anwaltshonorare liegen dann ungefähr im Bereich von ca. 500 bis 1.500 Euro.
Abmahnen dürfen Mitbewerber, die Waren gleicher oder ähnlicher Art vertreiben. Diese müssen keine eBay-Nutzer sein, um aktiv zu werden. Daneben können auch

---

[312] sogenannte strafbewehrte Unerlassungserklärung.
[313] über die Grundsätze der Geschäftsführung ohne Auftrag, da eine Abmahnung einen Prozess verhindern soll und somit im mutmaßlichen Interesse des Abgemahnten steht.

Wettbewerbsverbände, Verbraucherschutzzentralen oder die Industrie- und Handelskammer abmahnen.

9.1. Abmahnung erhalten, was müssen Sie tun?

Wichtigster Grundsatz: Abmahnung unbedingt beachten und nicht ignorieren, da sonst Klage erhoben oder eine einstweilige Verfügung erwirkt werden kann. Bevor Sie die Unterlassungserklärung überstürzt unterschreiben, müssen Sie auf alle Fälle das abgemahnte Verhalten eingestellt haben, zum Beispiel indem Sie ihre Angebotstexte oder AGB überarbeiten.

Da eine Abmahnung hohe Kosten verursacht, sollte anhand folgender Punkte genau geprüft werden, ob ein Unterlassungsanspruch gegen Sie besteht:

- Ist der Abmahnende überhaupt zur Abmahnung berechtigt (Mitbewerber, Wettbewerbsverband, etc.)?
- Liegt überhaupt ein Unterlassungsanspruch vor? Beispiel: Verstoß gegen Urheber- Markenrecht oder Fernabsatzrecht, Verbraucherschutz, etc.
- Ist der Streitwert korrekt?
- Liegt Missbräuchlichkeit vor? Das ist zum Beispiel der Fall bei Abmahnungen, die nur der Erzielung von Einnahmen dienen.
- Sind die Kosten für das Abmahnungsschreiben korrekt?
- Ist die strafbewährte Unterlassungserklärung zu weit gefasst?

Aufgrund der Komplexität des Wettbewerbsrechts können in diesem allgemeinen Ratgeber keine juristischen Verhaltenstipps diesbezüglich gegeben werden, da diese von der rechtlichen Beurteilung des Verstoßes abhängen. Daher ist im Fall einer Abmahnung dringend juristische Hilfe zu empfehlen. Bedenken Sie, dass schon kleine unbedachte Formulierungen im Angebotstext oder in den AGB ausreichen, um gegen Verbraucher schützende Normen zu verstoßen.

10. eBay Kleinanzeigen

Das kleinere Webportal eBay Kleinanzeigen[314] erfreut sich in Deutschland immer größerer Beliebtheit. Während sich eBay in den letzten Jahren von einer Versteigerungsplattform für Private zu einer Verkaufsplattform von Unternehmern an Private gewandelt hat, richtet sich eBay Kleinanzeigen hauptsächlich an Private, die ihre gebrauchten Sachen regional verkaufen wollen. Aber auch Dienstleistungen dürfen angeboten werden. Bereits im Jahr 2009 ging eBay Kleinanzeigen aus dem Portal kijiji.de hervor[315]. Es wird nicht direkt von eBay betrieben, sondern von der niederländischen Tochterfirma "Marktplaats BV"[316].

Bei eBay Kleinanzeigen handelt es sich um eine Art virtuelles "schwarzes Brett", wo Kaufgesuche und Angebote unverbindlich veröffentlicht werden können, wie es zum Beispiel aus größeren Supermärkten bekannt sein dürfte.

---

[314] Mittlerweile unter der eigenen Domain: www.ebay-kleinanzeigen.de aufrufbar. Zuvor wurde eine Subdomain von eBay genutzt.
[315] siehe Website von kijiji.de am 09.09.09 (Memento vom 09.09.09 im *Internet Archiv*).
[316] siehe allgemeine Nutzungsbedingungen für eBay Kleinanzeigen, 1. Absatz.

Im Gegensatz zu "eBay" werden auf eBay-Kleinanzeigen keine verbindlichen Kaufverträge geschlossen. Obwohl es sich um unverbindliche Angebote handelt, sind auch bei eBay Kleinanzeigen zahlreiche rechtliche Bestimmungen zu beachten. Die Nutzung von eBay Kleinanzeigen ist grundsätzlich kostenlos, wobei sich der Betreiber vorbehält, für die Nutzung einzelner weniger Kategorien Nutzungsentgelte zu erheben. Die Nutzer werden in diesem Fall jedoch vorab informiert[317].

Wer Gesuche und Angebote auf eBay Kleinanzeigen einstellen bzw. andere Angebote mit Kontaktdaten anschauen möchte, muss sich zunächst registrieren und damit einen elektronischen Vertrag mit der Firma Marktplaats BV in Amsterdam schließen. Mit der Registratur erkennen die Nutzer die allgemeinen Nutzungsbedingungen für eBay Kleinanzeigen an.

193 **10.1. Nutzungsbedingungen**
Die Nutzungsbedingungen[318] sind im Vergleich zu eBay relativ kompakt und übersichtlich. So sind die Nutzer bereits bei der Registrierung verpflichtet, vollständige und korrekte Daten anzugeben und ein vergebenes Passwort geheim zu halten.

Beim Anbieten von Artikeln oder Dienstleistungen ist Folgendes zu beachten[319]:
- Anzeigen dürfen nur einmalig eingestellt werden. Anzeigenduplikate sind unzulässig.
- Anzeigen sind in die richtige Kategorie einzustellen und mit aussagekräftigen und wahrheitsgemäßen Texten zu beschreiben
- Die Angebote dürfen nicht irreführend sein.
- Rechte Dritter (z.B. Urheberrechte an Fotos und an Beschreibungstexten) dürfen nicht verletzt werden.
- Sie dürfen nur Sachen einstellen, die sich in Ihrem Besitz befinden.
- Es muss ein realistischer Preis angegeben werden.
- Sie dürfen nur Ihre eigenen Texte und Fotos verwenden (Urheberschutz).
- Sie dürfen grundsätzlich nur einen Account innehaben. Ausnahme: Sie dürfen einen privaten und einen gewerblichen Account haben.
- Sie müssen die Sache oder die Dienstleistung in der Überschrift und im Angebotstext hinreichend klar beschreiben.
- Sie dürfen das Dienstleistungsangebot nur in einer Anzeige aufgeben.
- Die Anzeigen müssen in deutscher Sprache verfasst werden.
- Der (Belegenheits-) Standort der Ware muss immer korrekt angegeben werden. Bei Dienstleistungen muss der Ort angegeben werden, wo die Dienstleistung erbracht werden soll.

194 **Generell unzulässig ist:**
- Ausschluss der persönlichen Abholung der Ware durch den Käufer
- Im Angebotstext dürfen keine Telefonnummern, E-Mailadressen, anderweitige Accountnamen zur Kontaktaufnahme angegeben werden. Zur Kontaktaufnahme dienen ausschließlich die von eBay Kleinanzeigen zur Verfügung gestellten

---

[317] § 5 Nr. 1 der Allgemeinen Nutzungsbedingungen von eBay Kleinanzeigen.
[318] siehe dazu: https://www.ebay-kleinanzeigen.de/hilfe/artikel/nutzungsbedingungen
[319] siehe dazu auch: https://www.ebay-kleinanzeigen.de/hilfe/artikel/policy

Kontaktdatenfelder.
- Internetlinks dürfen in Angebotstexten nur dann erwähnt werden, wenn diese ergänzende Informationen zum angebotenen Artikel oder Dienstleistung enthalten, den gesetzlichen Bestimmungen entsprechen, der Betreiber dieser Internetseite mit der Verlinkung einverstanden ist und wenn die Verlinkung nicht zu anderen Angeboten von Wettbewerbern von eBay Kleinanzeigen führt.
- Das Einstellen von Werbung für Firmen, Internetseiten oder Portalen, insbesondere das Schalten von Kontaktanzeigen und Tätigkeiten mit sexuellem Hintergrund
- Das Verwenden von Nacktbildern und unangemessener Ausdrucksweise im Angebotstext.
- Kettenbriefe, Spam und Schneeballsysteme zu verteilen oder zu bewerben
- die Seite von eBay Kleinanzeigen auf sonstige Weise zu manipulieren (z.B. mittels Roboter, Crawler, etc.).

Mit der Anmeldung räumen Sie eBay Kleinanzeigen ein, die von Ihnen eingestellten Waren oder Dienstleistungen weltweit auf einer Vielzahl von unterschiedlichen Plattformen anzubieten[320]. Die **Urheberrechte** an Ihren Fotos und Texten treten Sie an eBay Kleinanzeigen zur weitreichenden Verwendung ab[321], d.h. eBay Kleinanzeigen darf diese Texte und Fotos selbstständig weltweit verbreiten.

10.2. Vertragsschluss

Im Gegensatz zum Verkaufsportal eBay vermittelt eBay Kleinanzeigen als Anzeigenportal lediglich die Vertragspartner, wie man beispielsweise von "Schwarzen Brettern" aus Supermärkten mit Kaufgesuchen und Kaufangeboten kennt. Verkäufer und Käufer müssen sich daher selbstständig um einen Vertragsschluss kümmern, ohne dass sich eBay Kleinanzeigen darin einmischt oder behilflich ist. Somit obliegt es dem Anbietenden und dem Interessenten einen wirksamen Kauf- oder Dienstleistungsvertrag abzuschließen.

Wann kommt ein Kaufvertrag zustande? Hier gelten die allgemeinen zivilrechtlichen Regelungen. Ein Kaufvertrag zwischen Verkäufer und Käufer kommt zustande, wenn ein Vertragspartner ein Angebot zum Abschluss eines Kaufvertrages abgibt und der andere Vertragspartner es annimmt, §§ 145ff. BGB. Die Vertragspartner müssen sich dabei über den wesentlichen Vertragsinhalt (sog. essentialia negotii) einigen, d.h.
1.) der Kaufgegenstand muss klar benannt sein,
2.) es muss vereinbart werden, dass dieser Gegenstand von Person A an Person B verkauft werden soll und
3.) der Preis muss vereinbart sein.

Die Sache selbst muss hingegen noch nicht übergeben worden sein. Nicht notwendigerweise müssen die Begleitumstände (z.B. wann der Kaufgegenstand übergeben werden soll) vereinbart werden. Ein Kaufvertragsschluss kann dabei in aller Regel auch mündlich erfolgen. Nur für bestimmte Vertragstypen (z.B. Kaufverträge über

---

[320] siehe § 4 Allgemeine Nutzungsbedingungen für eBay Kleinanzeigen.
[321] siehe § 6 Nr. 2 Allgemeine Nutzungsbedingungen für eBay Kleinanzeigen.

Grundstücke[322], etc.) bedarf es einer anderen Vertragsform.
Im Streitfall müssen Sie jedoch beweisen können, dass Sie sich mit Ihrem Vertragspartner geeinigt haben. Dazu folgender Fall:

> **Fall 62:** *Bernhard bietet auf eBay Kleinanzeigen ein Fachbuch an. Den Preis gibt er mit 40 EUR an. Uta interessiert sich für das Buch und ruft Bernhard an. Im Gespräch bekundet Uta ihr Interesse am Kauf des Buches. Allerdings sagt Uta, dass sie für das Buch nur 30 EUR bezahlen wolle. Bernhard nimmt diese Äußerung zur Kenntnis und schweigt. Man einigt sich auf einen Besichtigungstermin am nächsten Tag. Uta erscheint am nächsten Tag bei Bernhard und will das Buch für 30 EUR mitnehmen. Bernhard weigert sich, da er 40 EUR dafür haben möchte. Uta dachte jedoch, dass man sich auf 30 EUR am Vortag geeinigt habe. Ist ein wirksamer Kaufvertrag zustande gekommen?*

Dieses Beispiel zeigt deutlich, dass zwei Vertragsparteien durchaus unterschiedliche Wahrnehmungen über das vermeintlich Vereinbarte haben können. Im vorliegenden Fall haben sich Bernhard und Uta gerade nicht über den Kaufpreis geeinigt. Es fehlt daher ein wesentlicher Vertragsbestandteil und daher liegt hier kein Kaufvertrag vor. Um solchen Missverständnissen vorzubeugen, sollten Sie die (mündlich vereinbarten) wesentlichen Vertragsbestandteile immer schriftlich festhalten.
Einen mündlichen Kaufvertrag können Sie sonst schwer nachweisen. Sie sollten daher immer einen schriftlichen Kaufvertrag abschließen.

> **Fall 63:** *Wie im Fall 62, nur haben sich Bernhard und Uta am Telefon über einen Kaufpreis in Höhe von 35 EUR geeinigt. Beide verabreden sich am nächsten Tag zur Übergabe des Kaufgegenstandes. Als Uta bei Bernhard erscheint, möchte dieser plötzlich 50 EUR für das Buch haben. Wie ist die Rechtslage?*

Hier haben sich Uta und Bernhard am Telefon über den Kaufgegenstand und den Kaufpreis geeinigt. Uta hat daher einen Anspruch auf die Herausgabe des Buches für einen Kaufpreis von 35 EUR. Leider wird Uta ihren Anspruch nicht geltend machen können, da sie den Vertragsinhalt nicht nachweisen kann.

10.3. Die vorvertragliche Haftung

Auch vor dem Abschluss eines Kaufvertrages können die Vertragsparteien für ein persönliches Fehlverhalten haften.

> **Fall 64:** *Andrea bietet auf eBay-Kleinanzeigen einen gebrauchten PKW für 1.500 EUR an. Sebastian wittert ein Schnäppchen. Er ruft bei Andrea an und vereinbart für den nächsten Tag einen Besichtigungstermin. Er wolle den PKW unbedingt kaufen, wolle ihn vorher natürlich erstmal probefahren. Der Preis sei ok. Er erzählt Andrea, dass er extra aus dem 300 km entfernten Oppelheim anreisen muss. Beide vereinbaren am nächsten Tag einen Termin. Sebastian teilte Andrea vorsichtshalber seine Rufnummer mit. Als Sebastian bei Andrea ankommt, teilt Andrea ihm mit, dass Sie den PKW bereits am Vortag anderweitig verkauft habe und wünscht Sebastian noch einen schönen Tag. Sebastian ist sauer. Welche Rechte hat er?*

---

[322] siehe § 311b BGB.

Grundsätzlich gilt die Vertragsfreiheit, d.h. jeder potentielle Vertragspartner kann von dem beabsichtigten Vertragsschluss Abstand nehmen. Beide Vertragspartner waren sich grundsätzlich über einen Verkauf einig. Jedoch wollte Sebastian erst die Probefahrt abwarten, bevor er einen verbindlichen Kaufvertrag mit Andrea abschließen wollte. Ein Kaufvertrag war daher noch nicht zustande gekommen.

Grundsätzlich steht es Andrea frei das Auto vorher an andere Personen zu verkaufen. Wird jedoch ein als sicher anzunehmender Kaufvertragsschluss nach den nötigen Vertragsverhandlungen später ohne triftigen Grund durch einen Vertragspartner beendet, kann der andere Vertragspartner seine Aufwendungen als Schadensersatz verlangen, §§ 280 Abs. 1, 311 Abs. 2 Nr.1, 241 BGB.

Hier konnte Sebastian bereits auf den Abschluss des Kaufvertrages vertrauen. Andrea hat die Vertragsverhandlungen vorzeitig abgebrochen. Zwar können bessere Vertragsangebote einen triftigen Grund für einen Abbruch darstellen, doch hätte Andrea Sebastian sofort darüber informieren müssen. Dann hätte sich Sebastian die Fahrt zu Andrea sparen können. Andrea hat damit vorvertragliche Pflichten verletzt. Sebastian kann daher seine Fahrtaufwendungen von Andrea ersetzt verlangen.

> **Praxis-Tipp**
> Wollen Sie sich alle Alternativen offenhalten, so sollten Sie bereits im Angebotstext folgenden Hinweis aufnehmen: "Zwischenverkauf vorbehalten". Diesen Hinweis sollten Sie dann auch im E-Mailverkehr wiederholen, sofern Sie einen Besichtigungstermin vereinbaren.

10.4. Gewährleistung und Haftung

Oftmals werden die über eBay Kleinanzeigen angebotenen Waren durch die Käufer persönlich bei den Verkäufern abgeholt. Kaufpreis und der Kaufgegenstand werden zwischen Käufer und Verkäufer ausgetauscht. Dazu folgender Fall:

> **Fall 65:** *Guido bietet einen gebrauchten Gitarrenverstärker für 500 EUR an. Konrad vereinbart mit Guido einen Besichtigungstermin. Er spielt auf dem Gitarrenverstärker 5 Minuten lang und entscheidet sich für den Kauf. Konrad übergibt die 500 EUR und erhält dafür den Gitarrenverstärker. Einen Tag später bemerkt Konrad, dass sich der Gitarrenverstärker nur 10 Minuten benutzen lässt. Nach 10 Minuten schaltet sich der Gitarrenverstärker für 20 Minuten aus. Offensichtlich liegt ein Defekt vor. Erbost meldet sich Konrad bei Guido und bemängelt den Defekt. Guido meint, dass er für nichts hafte, schließlich habe Konrad den Gitarrenverstärker "gekauft, wie gesehen". Wie ist die Rechtslage?*

Aus den Augen, aus dem Sinn? Das trifft nicht auf Kaufverträge zu, auch wenn diese zwischen zwei Privatpersonen "an der Haustür" geschlossen werden. Ohne gesonderten Gewährleistungsausschluss haftet auch ein privater Verkäufer zwei Jahre lang für Mängel, die im Zeitpunkt der Übergabe (sog. Gefahrenübergang) bereits vorlagen, auch wenn diese erst später entdeckt werden. Insoweit kann Konrad von Guido die Mängelgewährleistungsrechte geltend machen, z.B. eine Reparatur des Gitarrenverstärkers verlangen. Insoweit sei auf die Kapitel 3.5. ff. verwiesen.

Während man in der Praxis solche Gewährleistungsfälle meistens mit einer "Rückabwicklung" klären kann, können im schlimmsten Fall große Haftungsrisiken entstehen.

Dazu folgender Fall:

> **Fall 66:**
> Alexander verkauft an Maik seine alten gebrauchten PKW-Sommerräder, da diese seit einiger Zeit ein merkwürdiges Fahrverhalten aufweisen. Diese Information teilte Alexander dem Käufer Maik nicht mit. Nachdem Maik die Räder auf seinen PKW aufgezogen hat, platzt ihm auf der Autobahn der rechte Vorderreifen. Es kommt zum Unfall. Am PKW von Maik entsteht ein Sachschaden in Höhe von 7.000 EUR. Maik verletzt sich an der Hand und kann nun seinen Beruf nicht mehr ausüben. Die Staatsanwaltschaft ermittelt und befragt die Freundin von Alexander. Diese teilt später bei der polizeilichen Vernehmung mit, dass Alexander gemerkt habe, dass mit den Reifen etwas nicht stimme. Maik verlangt von Alexander einen Schadensersatz in Höhe von 50.000 EUR. Wie ist die Rechtslage?

Hier sieht es schlecht für den Verkäufer Alexander aus. Alexander wusste von einem möglichen Defekt der Räder und hat dies beim Verkauf verschwiegen. Der dadurch eingetretene Verkehrsunfall hat einen hohen Schaden verursacht. Hier haftet Alexander grundsätzlich für den entstandenen Schaden.

Sie sollten daher versuchen, die Haftung weitestgehend auszuschließen, auch wenn der Wert der zu verkaufenden Gegenstände gering erscheint. Insoweit sei auf das Kapitel 3.5.9. verwiesen.

10.5 Der gutgläubige Erwerb

Aber auch für Käufer können sich Risiken ergeben.

> **Fall 67:** *Chantal bietet auf eBay-Kleinanzeigen eine gebrauchte Spielekonsole zum Kauf an. Frank vereinbart einen Termin mit Chantal und kauft die Spielkonsole für 100 EUR an der Wohnungstür. Nach zwei Wochen erhält Frank einen Brief eines Rechtsanwaltes. Der Rechtsanwalt fordert im Namen von Kevin die Herausgabe der Spielekonsole. Die Spielekonsole gehöre Kevin. Ein Kaufbeleg als Eigentumsnachweis liegt bei. Chantal sei gar nicht Eigentümerin der Konsole, sondern habe sich diese nur von Kevin ausgeliehen. Muss Frank die Spielekonsole herausgeben?*

Nein! Hier hat Frank gutgläubig Eigentum an der Spielekonsole erworben, §§ 932 Abs.1, 929 BGB. Frank war im Zeitpunkt der Übergabe der Spielekonsole nicht bekannt, dass die Spielekonsole nicht Chantal gehört. Man kann ihm hierbei keinen Vorwurf machen. Er war gutgläubig.

> **Fall 68:** *Steve benötigt für seinen PKW ein hochwertiges und leistungsstarkes Autoradio. Bei eBay Kleinanzeigen bietet Achim ein fast neuwertiges Autoradio zu einem sehr günstigen Preis an. Der Neupreis liegt bei 800 EUR. Achim möchte für das nur ein Jahr alte Radio nur 100 EUR haben. Man verabredet sich im Stadtpark. Beim Betrachten des Radios bemerkt Steve starke Kratzspuren an der Radioseite, die auf eine gewaltsame Entfernung schließen lassen. Steve denkt sich nichts dabei und kauft das Radio. Das Radio stammte aus einem Diebstahl. Hat Steve Eigentum erlangt und müsste er das Radio ggf. herausgeben?*

Steve müsste das Radio gegebenenfalls herausgeben, da er nicht gutgläubig Eigentum erworben hat. Der gutgläubige Erwerb scheidet jedoch dann aus, wenn der Erwerber wusste, oder hätte wissen können, dass die Sache nicht im Eigentum des Verkäufers steht. Hier hätte Steve erkennen können, dass Spuren von typischen Gewalteinwirkungen am Radio vorhanden waren und dieses womöglich aus einer Straftat stammen könnte. Steve war daher bösgläubig, § 932 Abs. 2 BGB. Aber auch wenn keine Spuren vorhanden gewesen wären, so scheitert ein gutgläubiger Erwerb immer dann, wenn dem Eigentümer die Sache zuvor gestohlen wurde, verlorengegangen oder auf sonstige Weise abhanden gekommen ist, § 935 Abs. 1 BGB. Da das Radio aus einem Diebstahl stammte, konnte Steve kein Eigentum erwerben. Folglich müsste er das Radio ggf. dem rechtmäßigen Eigentümer heraus geben.

> **Praxis-Tipp**
> Ich rate Ihnen grundsätzlich, einen schriftlichen Kaufvertrag abzuschließen. Das erleichtert die Nachweispflicht und schreckt "dubiose Verkäufer" ab. Einen Muster-Kaufvertrag können Sie den folgenden Seiten entnehmen oder unter www.anwalt-berger.de/ebay downloaden.

Kaufvertrag
zwischen

Verkäufer (privater Verkäufer)		**Käufer**	
Name:		Name:	
Vorname:		Vorname:	
Straße:		Straße:	
PLZ:		PLZ:	
Ort:		Ort:	
Geburtsdatum:		Geburtsdatum:	
Geburtsort:		Geburtsort:	
Telefon:		Telefon:	
Personal- bzw. Pass-Nr. und ausstellende Behörde		Personal- bzw. Pass-Nr. und ausstellende Behörde	

1. Kaufgegenstand
Der Verkäufer verkauft an den Käufer folgenden Gegenstand:

Allgemeine Bezeichnung genaue Typenbezeichnung: ggf. Zubehör:	
Der Kaufgegenstand ist::	neu ☐ gebraucht ☐
Zustand einer gebrauchten Sache:	- neuwertig ☐ - dem Alter entsprechende Gebrauchsspuren, aber völlig funktionstüchtig ☐ - funktionstüchtig, jedoch deutliche Gebrauchsspuren ☐ - funktionstüchtig, aber mit Mängeln (s.u.) ☐ - defekt / Bastlerware ☐
Mängel: (genaue Bezeichnung erforderlich) - optische Mängel - technische Mängel - Funktionsmängel - Unfallschäden	

2. Sachmängelhaftung:
Der Kaufgegenstand wird unter Ausschluss der Sachmängelhaftung verkauft. Ansprüche wegen der Verletzung von Leben, Körper oder Gesundheit sowie bei grob fahrlässigem oder vorsätzlichem Verschulden bleiben davon unberührt. Garantien wurden nicht vereinbart. Gegebenenfalls noch bestehende Ansprüche des Verkäufers gegenüber Dritten aus Sachmängelhaftung oder Garantie

werden an den Käufer abgetreten.

3. Übergabe des Kaufgegenstandes:
Der Verkäufer versichert, dass er Eigentümer des Kaufgegenstandes ist. Der Kaufgegenstand wurde dem Käufer durch den Verkäufer übergeben. Der Käufer hat sich den Kaufgegenstand genau angeschaut und auf Funktionsfähigkeit überprüft. Der Kaufgegenstand entspricht dem unter Punkt 1 des Vertrages genanntem Zustand. Beide Vertragsparteien sind sich einig, dass das Eigentum am Kaufgegenstand vom Verkäufer auf den Käufer übergehen soll.

4. Kaufpreis
Verkäufer und Käufer vereinbaren einen Kaufpreis in Höhe von ....EUR. Der Verkäufer hat vom Käufer den Kaufpreis bei der Übergabe des Kaufgegenstandes in bar erhalten.

5. Sondervereinbarungen
Es wurden keine Sondervereinbarungen getroffen ☐

Es wurden zusätzliche Sondervereinbarungen getroffen:
....
....
....
....
....
....
....

Datum: ....   Ort: ....

Unterschrift Verkäufer   Unterschrift Käufer

Praxis-Tipp
Die Muster-Kaufverträge können Sie aus dem Internet im pdf und doc- Format downloaden unter: www.anwalt-berger.de/ebay

201 10.6. Versand

Das Portal eBay-Kleinanzeigen ist als regionales Verkaufsportal konzipiert. Dennoch gibt es immer wieder Anfragen durch Interessenten, ob Gegenstände auch versendet werden können. Eine Pflicht zum Versenden besteht jedoch nicht.

Das Versenden von Gegenständen ist mit einer großen (rechtlichen) Unsicherheit verbunden. Ein rechtssicherer Vertragsschluss ist kaum praktikabel. Regelmäßig werden sich die Vertragspartner per E-Mail oder per Telefon über einen Kaufpreis und über die Versandbedingungen verständigen. Sollte es bei der Vertragsabwicklung zu Streitigkeiten oder Missverständnissen kommen, wird die Beweisbarkeit der vereinbarten Absprachen ein großes Problem darstellen. Die Beweiskraft von unsignierten E-Mails ist sowieso sehr gering.

Eine rechtssichere -aber völlig unpraktikable- Lösung ist, zunächst einen schriftlichen Vertrag mit den Versandbedingungen auszuhandeln, als PDF dem Vertragspartner per E-Mail zusenden, auszudrucken und zu unterschreiben und sich gegenseitig zuzusenden. Erst danach können die Leistungen (Kaufpreis und Kaufgegenstand) ausgetauscht werden.

Eine praktikablere Lösung stellt der Vertragsschluss per E-Mail dar. Dazu verhandeln die Vertragspartner die Einzelheiten (Preis, Versandbedingungen, etc.) per E-Mail oder am Telefon. Ein Vertragspartner formuliert die Vertragsbedingungen und sendet diese dem anderen Vertragspartner per E-Mail mit der Aufforderung zu, diese anzunehmen und die Annahme per E-Mail zu bestätigen. Sodann können die Leistungen (Kaufpreis und Kaufgegenstand) ausgetauscht werden. Um sich vor einem Identitätsschwindel zu schützen, sollten Sie sich ein Foto oder eine Kopie des Personalausweises zusenden lassen.

Aufgrund vorangegangenen Vertragsverhandlungen wird folgender

Kaufvertrag

zwischen

Verkäufer (privater Verkäufer)		**Käufer**	
Name:		Name:	
Vorname:		Vorname:	
Straße:		Straße:	
PLZ:		PLZ:	
Ort:		Ort:	
Geburtsdatum:		Geburtsdatum:	
Geburtsort:		Geburtsort:	
Telefon:		Telefon:	
Personal- bzw. Pass-Nr. und ausstellende Behörde		Personal- bzw. Pass-Nr. und ausstellende Behörde	

geschlossen.

1. Kaufgegenstand
Der Verkäufer verkauft an den Käufer folgenden Gegenstand:

Allgemeine Bezeichnung des Kaufgegenstandes:	
genaue Typenbezeichnung:	
Zubehör:	
Der Kaufgegenstand ist::	neu ☐ gebraucht ☐
Zustand einer gebrauchten Sache:	- neuwertig ☐ - dem Alter entsprechende Gebrauchsspuren, aber völlig funktionstüchtig ☐ - funktionstüchtig, jedoch deutliche Gebrauchsspuren ☐ - funktionstüchtig, aber mit Mängeln (s.u.) ☐ - defekt / Bastlerware ☐

2. Sachmängelhaftung:
Der Kaufgegenstand wird unter Ausschluss der Sachmängelhaftung verkauft. Ansprüche wegen der Verletzung von Leben, Körper oder Gesundheit sowie bei grob fahrlässigem oder vorsätzlichem Verschulden bleiben davon unberührt. Garantien wurden nicht vereinbart. Gegebenenfalls noch bestehende Ansprüche des Verkäufers gegenüber Dritten aus Sachmängelhaftung oder Garantie werden an den Käufer abgetreten.

3. Vertragsschluss:
Dieser Kaufvertrag kommt zustande, wenn dieser
durch den Verkäufer ☐
durch den Käufer ☐

am .... (Datum) ausgestellte Kaufvertrag durch den

Käufer ☐
Verkäufer ☐

per E-Mail bestätigt wurde. Der Vertragsschluss durch den Käufer erfolgt spätestens konkludent mit der Überweisung des Kaufpreises per

Banküberweisung ☐
PayPal-Überweisung ☐.

Der Vertragsschluss des Verkäufers erfolgt spätestens mit der Übergabe der Ware an das Transportunternehmen.

Geht nicht innerhalb von zwei Wochen nach der Versendung des Vertragsangebotes der vollständige Gesamtüberweisungsbetrag auf dem Konto bzw. PayPalkonto des Verkäufers ein, so gilt der Vertrag als von Anfang an nicht zustande gekommen.

4. Kaufpreis
Verkäufer und Käufer vereinbaren einen Kaufpreis in Höhe von ....EUR.

5. Versendung des Kaufgegenstandes:
Es wird ein Versendungskauf vereinbart. Der Verkäufer übergibt die Ware innerhalb von .... Tagen nach Zahlungseingang dem Transportunternehmen:

- DHL ☐
- Hermes ☐
- Deutsche Post ☐
- .... ☐

Die Transportkosten in Höhe von .... EUR und das Transportrisiko trägt der Käufer. Der Käufer hat die Transportkosten zusammen mit dem Kaufpreis an den Verkäufer zu überweisen.

6. Eigentumsvorbehalt
Der Verkäufer versichert, dass er Eigentümer des Kaufgegenstandes und verfügungsbefugt ist. Bis zur vollständigen Zahlung des Gesamtbetrages (Kaufpreis und Versandkosten) bleibt die Ware im Vorbehaltseigentum des Verkäufers.
Der Käufer hat damit insgesamt

.... **EUR**

an den Verkäufer zu überweisen.

7. Sondervereinbarungen
Es wurden keine Sondervereinbarungen getroffen ☐

Es wurden zusätzliche Sondervereinbarungen getroffen:
....
....
....

....
....

Datum: ....

Unterschrift Verkäufer   Unterschrift Käufer

Dieser Vertrag sollte von einem Vertragspartner ausgefertigt (vorausgefüllt) werden. Nicht verwendbare Bestimmungen sind zu streichen. Lassen Sie sich die Annahme dieses Vertragsangebotes von Ihrem Vertragspartner bestätigen (Antwortfunktion bei E-Mail).
Die Muster-Kaufverträge können Sie aus dem Internet im pdf und doc- Format downloaden unter: www.anwalt-berger.de/ebay

11. Steuerrechtliche Aspekte 203

Schnell sind ein paar nicht mehr benötigte private Sachen zusammengestellt, die über eBay oder eBay-Kleinanzeigen verkauft werden. Die Erlöse helfen oftmals die eigene Haushaltskasse aufzubessern. Doch bereits einige regelmäßige Verkäufe können schon ausreichen, um das Interesse des Finanzamtes zu wecken! Glauben Sie nicht?

Fall 69: *Reinhard möchte langfristig seinen Dachboden entrümpeln. Daher bietet er von Zeit zu Zeit zahlreiche Dinge wie Porzellan, Modellbauteile, Füllfederhalter, Münzen, etc. auf eBay an. So stellte er durchschnittlich 7 Gegenstände pro Woche ein. In 3 ½ Jahren kamen so insgesamt 1200 Auktionen zusammen. Als einige Zeit später die Steuerfahndung an seiner Tür klingelte und sein Haus durchsuchte, war Reinhard schockiert. Er hat doch ausdrücklich als Privatverkäufer nicht mehr benötigte private Dinge verkauft! Als er einige Monate später Umsatzsteuer an das Finanzamt zahlen soll, ist er fassungslos! Was hat er falsch gemacht?*

Kurz gesagt: Private Verkäufer brauchen grundsätzlich weder die Einnahmen aus eBay-Verkäufen steuerlich zu erklären, noch müssen sie auf diese Einnahmen Steuern zahlen[323]!
Hingegen müssen gewerbliche Verkäufer ihre Einnahmen gesondert steuerlich erklären, darauf Einkommensteuer entrichten und ggf. sogar Umsatz- und Gewerbesteuer zahlen. Die Grenzen zwischen privatem Verkaufer und gewerblichem Händler sind jedoch fließend und nicht immer eindeutig zu bestimmen[324].

Im oben genannten Fall[325] hat Reinhard die Schwelle vom privaten Verkäufer zum

---
[323] Achtung! Eine Ausnahme vom Grundsatz besteht lediglich bei hochwertigen Gebrauchsgegenständen (z.B. wertvolle Antiquitäten, etc.). Hierbei sind sog. „Haltefristen" einzuhalten, da sonst steuerbare Spekulationsgeschäfte vorliegen.
[324] vgl. BFH, Urteil vom 12.08.2015, Az.: XI R 43/13.
[325] vgl. FG Baden-Württemberg, Urteil vom 22.09.2010, Az.: 1 K 3016/08.

gewerblichen Händler ohne sein Wissen überschritten. Bekanntlich schützt Unwissenheit nicht vor Strafe. So wurde aus der Privatperson Reinhard, der nur seinen Dachboden entrümpeln wollte, ein gewerblicher Händler. Reinhard musste mehrere tauschend Euro Steuern an das Finanzamt nachzahlen.

Wer nun meint, dass man durch den eBay-Nutzernamen für den Fiskus anonym bleibt, irrt gewaltig. Jeder eBay-Verkäufer sollte wissen, dass die Finanzbehörden[326] eine Software namens „Xpider" einsetzen, um Internetseiten zu identifizieren, die auf eine unternehmerische Tätigkeit schließen lassen. Ist der Verkäufer als „privater Verkäufer" angemeldet, so wird geprüft, ob die Verkäufe nach Art und Umfang privater oder gewerblicher Natur sind. Besonderes Interesse haben die Finanzbehörden an umfangreichen Verkaufsaktivitäten oder dem Verkauf von hochwertigen Gegenständen. Erkennt die eingesetzte Software solche Auffälligkeiten, erfolgt eine Meldung an die Finanzämter. Diese können dann gemäß § 93 Abgabenordnung ein Auskunftsersuchen an eBay richten, um an den „Klarnamen" des Nutzers und dessen Anschrift zu gelangen[327]. Rasterfahndungen und „Ermittlungen ins Blaue" sind hingegen rechtlich unzulässig.

Daher Achtung! Auch Privatpersonen können unter Umständen in die Fänge der Steuerfahndung geraten, sofern sie regelmäßig Waren auf eBay anbieten.

Fall 70: *Der Kunstsammler Horst ersteigert günstig ein wertvolles Gemälde. Obwohl er nie Kunstgegenstände verkauft, will er diesmal von seinem Grundsatz abrücken. Dank seines Insiderwissens weiß er, dass sich der Wert des Gemäldes innerhalb eines halben Jahres nahezu verdoppeln wird. Nach einem halben Jahr verkauft er das Gemälde zum doppelten Preis. Er freut sich, dass er so steuerfreie Einnahmen erzielt hat. Hat er recht?*

Da Horst bisher nie Kunstgegenstände verkauft hat, wird dieser Verkauf als privates Veräußerungsgeschäft anzusehen sein, sodass auf den Gewinn eigentlich keine Steuer zu entrichten ist. Davon ausgenommen sind jedoch Erwerbs- und Veräußerungsgeschäfte, deren Hintergrund die Spekulation auf Erträge aus kurzfristigen Wertsteigerungen ist. Spekulationsgeschäfte unterliegen der Steuerpflicht, sofern der Gegenstand[328] nicht mindestens ein Jahr lang im Eigentum des Käufers verbleibt.

Horst muss daher auch als privater Verkäufer den Gewinn bei seiner Einkommensteuer angeben und somit versteuern.

11.1. Wann wird aus steuerlicher Sicht aus einem privaten Verkäufer ein gewerblicher Händler?

Diese Frage kann nicht genau beantwortet werden, da die Grenzen fließend sind[329]. Auch aus steuerlicher Sicht kann daher grob auf die Ausführungen von Randnummer 8ff. verwiesen werden. Gerichte prüfen die tatsächlichen Verkaufsaktivitäten, die Art der Ware und den Umfang der Verkaufsaktivitäten. Maßgeblich für die Abgrenzung wird

---

[326] vgl. Internetauftritt des Bundeszentralamtes für Steuern zur Software Xpider.
[327] vgl. BFH-Urteil vom 16.05.2013, Az. II R 15/12.
[328] bei Immobilien zehn Jahre.
[329] vgl. auch S. Becker in "Verkäufe über eBay- neue Abgrenzungskriterien des BFH" in NWB 45/2015.

dabei immer das Gesamtbild sein.

> **Praxis-Tipp**
> Wer seinen privaten Dachboden innerhalb eines kurzen Zeitraumes entrümpelt und sonst eher selten Gegenstände über eBay verkauft, wird regelmäßig als privater Verkäufer einzustufen sein. Sofern es sich jedoch um zahlreiche hochwertige Gegenstände handelt, die über einen längeren Zeitraum (mehr als drei bis sechs Monate) verkauft werden, besteht die Gefahr, dass die Grenze zur gewerblichen Tätigkeit unbemerkt überschritten wird.

11.2. Der gewerbliche Verkäufer und die Steuern 205

Gewerbliche Verkäufer (auch Kleingewerbetreibende) müssen zunächst ihr (Handels-) Gewerbe beim Gewerbeamt (Stadt bzw. Landkreis) anmelden. Dabei entsteht eine geringe Bearbeitungsgebühr von ca. 30 EUR.
Und dann kann es im Prinzip auch schon losgehen, oder doch nicht?

> **Fall 71:** *Der Bauamtsbeamte Oberamtsrat Flaussen möchte sich sein mickriges Gehalt aufbessern. Er handelt daher auf eBay mit Kopfkissen für den gesunden Büroschlaf. Sein Handelsgewerbe - das er in seiner Freizeit betreibt - hat er ordnungsgemäß angemeldet. Seine Gewinne werden ordnungsgemäß versteuert. Als sein Chef davon erfährt, droht er Flaussen mit Entlassung. Zu Recht?*

Oberamtsrat Flaussen droht Ärger. Beamte dürfen grundsätzlich nur nach vorheriger schriftlicher Genehmigung durch den Dienstherren (Arbeitgeber) eine Nebentätigkeit ausüben[330].
Aber auch bei normalen Angestellten können Arbeitgeber gegebenenfalls Nebentätigkeiten verbieten, insbesondere dann, wenn Sie durch Ihre Tätigkeit in unerlaubten Wettbewerb zu Ihrem Arbeitgeber treten (Ihr Arbeitgeber ist ebenfalls ein Händler) oder wenn Sie durch Ihre Nebentätigkeit nicht mehr in der Lage sind, Ihre eigentliche Arbeit ordnungsgemäß zu erfüllen.
Gewerbliche Nebentätigkeiten sind hingegen dann regelmäßig zulässig, wenn durch die Ausübung keine dienstlichen Interessen des Arbeitgebers beeinträchtigt werden. Aber Achtung! Es reicht bereits die Besorgnis der Beeinträchtigung.

> **Praxis-Tipp**
> Sofern in Ihren Arbeitsvertrag nichts ausdrücklich zu Nebentätigkeiten geregelt ist und Sie auch nicht in Konkurrenz zu Ihrem Arbeitgeber treten, sollten Sie dennoch den Arbeitgeber über Ihre Pläne informieren. Das kann böse Überraschungen ersparen helfen!

11.2.1. Die Steuererklärung

Sofern Sie Arbeitnehmer oder Beamter sind und Ihnen Lohnsteuer vom Gehalt abgezogen wird und Sie –abgesehen von deutschen Zinseinkünften- keine weiteren Einkünfte haben und in der Lohnsteuerklasse 1, 2 oder 4 eingruppiert sind, besteht

---

[330] vgl. §§ 97 ff. BBG.

grundsätzlich keine Pflicht zur Abgabe einer Steuererklärung[331]. Ob eine Pflicht zur Abgabe einer Steuererklärung besteht (sog. Pflichtveranlagung) oder ob Sie freiwillig eine Steuererklärung abgeben (sog. freiwillige Veranlagung), bestimmt sich u.a. nach folgenden Kriterien[332]:

- Sie haben Gehalt nach der Lohnsteuerklasse 5 oder 6 bezogen
- Sie haben parallel von mehreren Arbeitgebern Gehalt bezogen
- Sie haben Gehalt nach der -Lohnsteuerklasse 4 mit Faktor- bezogen
- Sie haben Lohnersatzleistungen (z.B. Elterngeld, Mutterschaftsgeld, ALG, Kurzarbeitergeld) bezogen, die einen Betrag von 410 EUR übersteigen,
- Sie haben weitere Einkünfte ohne Lohnsteuerabzug erwirtschaftet (davon ausgenommen sind grds. Zinseinkünfte aus Deutschland), z.B. Einkünfte aus Vermietung oder Verpachtung, Einkünfte aus einer selbständigen oder gewerblichen Nebenerwerbsquelle
- Sie haben deutsche Zinseinkünfte erhalten, von denen die Bank keine Kirchensteuer abgeführt hat, obwohl Sie einer Kirche angehören
- Sie haben sich Freibeträge im ELSTAM Verfahren (ehemals Lohnsteuerkarte) eintragen lassen haben
- Ihre Ehe wurde geschieden oder ist durch den Tod beendet worden und Sie haben im gleichen Jahr wieder geheiratet[333]
- Sie haben Sonderzahlungen vom Arbeitgeber erhalten
- Die berücksichtigte Vorsorgepauschale war höher als die tatsächlichen Vorsorgeaufwendungen
- Ihr Ehegatte bzw. Lebenspartner im EU-Ausland lebt
- Sie im Ausland leben, aber einen Antrag auf unbeschränkte deutsche Steuerpflicht gestellt haben

Aber auch wenn Sie kein Gehalt beziehen, müssen Sie eine Steuererklärung abgeben, wenn:
- Ihre sonstigen Einkünfte im Jahr 2016 den Grundfreibetrag in Höhe von 8652 EUR übersteigen oder
- Sie einen Verlustvortrag vornehmen lassen wollen.

Beachten Sie: Die oben aufgeführten Punkte sind nicht abschließend.

Auch wenn Sie gelegentlich als privater Verkäufer Artikel über eBay verkaufen, ändert sich daran nichts. Erst wenn Sie die Schwelle zum gewerblichen Verkauf überschritten haben, müssen Sie zwingend eine Steuererklärung abgeben. Aber keine Sorge, die Steuererklärung muss kein Hexenwerk sein!

11.2.1.1. Einkommensteuer
Welche Steuern können anfallen? Diese Fragen stellen sich viele eBayer! Einkommensteuer inkl. Solidaritätszuschlag und ggf. Kirchensteuer; Gewerbesteuer und

---

[331] vgl. Rn. 3 in Berger "Die Steuererklärung 2016 für 2015".
[332] § 149 Abs.1 AO; § 46 EStG; § 56 EStDV.

Umsatzsteuer. Auch Selbständige müssen - wie Angestellte - eine Steuer auf ihr erzieltes Einkommen zahlen – die sogenannte **Einkommensteuer**.
Während die Einkommensteuer bei Arbeitnehmern direkt vom Lohn abgezogen wird (in der Form der sog. Lohnsteuer) müssen Selbständige die Einkommensteuer auf die Höhe ihres Gewinns zahlen[334]. Der Gewinn ist der Überschuss der Einnahmen über die Ausgaben.

> **Fall 72:** Der eBay- Händler Schrottfix hat Waren im Wert von 2.000 EUR gekauft, die er für 4.000 EUR an zahlreiche Käufer weiterverkauft hat. Er hat daneben 500 EUR für die Erstellung einer professionellen Verkäuferseite an einen IT-Dienstleister gezahlt und hat eine Garage als Warenlager gemietet, für die er 500 EUR im Jahr Miete zahlt.
>
> Die Einnahmen aus dem Internethandel belaufen sich auf insgesamt 4.000 EUR. Die Betriebs-Ausgaben belaufen sich auf insgesamt 3.000 EUR. Somit hat Schrottfix einen Gewinn in Höhe von 1.000 EUR erwirtschaftet, den er versteuern muss.

Einkommensteuer muss jedoch erst dann gezahlt werden, wenn der Steuerfreibetrag in Höhe von 8.652 EUR[335] pro Jahr für die Gesamteinkünfte[336] überschritten wird.

11.2.1.2. Umsatzsteuer

Anders verhält es sich mit der Umsatzsteuer (auch Mehrwertsteuer genannt). Die Höhe der Umsatzsteuer beträgt grundsätzlich 19%[337]. Bei der Umsatzsteuer handelt es sich um einen durchlaufenden Posten. Die Umsatzsteuer wird auf alle im Inland vom Händler erbrachten und zu zahlenden Leistungen fällig.

> **Fall 73:** Händler Schrottfix verkauft über eBay ein gebrauchtes Handy für 119 EUR. Der Käufer überweist den Kaufbetrag. Schrottfix muss nun die im Kaufpreis enthaltenen 19 % Umsatzsteuer herausrechnen[338] (insgesamt 19 EUR Umsatzsteuer) und an das Finanzamt abführen. Ihm verbleibt (zunächst) nur der Nettobetrag in Höhe von 100 EUR.

Als gewerblicher Händler verkauft man aber nicht nur Waren, sondern muss diese vorher auch selbst einkaufen.

> **Fall 74:** Der eBay- Händler Schrottfix kauft bei einem Hersteller Waren im Wert von 1.000 EUR (netto). Auf diesen Nettobetrag schlägt der verkaufende Hersteller seinerseits 19% Umsatzsteuer auf, so dass Schrottfix insgesamt 1.190 EUR an den Hersteller zahlen muss.

Die von Schrottfix gezahlte Umsatzsteuer kann er sich vom Finanzamt zurückholen. Die von ihm gezahlte Umsatzsteuer ist für ihn also nur ein durchlaufender Posten, da er die ausgelegte Umsatzsteuer vom Finanzamt erstattet bekommt.

---

[334] Gewinnermittlung nach § 4 Abs. 3 EStG (sog. Einnahmeüberschussrechnung –EÜR) bis zu 500.000 EUR Betriebseinnahmen und bis max. 50.000 EUR Gewinn pro Jahr zulässig.
[335] Grundfreibetrag im Jahr 2016; (6.472,- EUR im Jahr 2015).
[336] Sämtliche Einkünfte (aus Lohn, aus Vermietung und Verpachtung, aus Selbständigkeit, aus Kapitaleinkünften, etc.)
[337] für einzelne Artikel gilt der ermäßigte Steuersatz von 7%.
[338] Formel für das Herausrechnen der Umsatzsteuer (19%) aus dem Bruttobetrag
Bruttobetrag/1,19=Nettobetrag

Diese für den Händler Schrottfix durch betriebliche Ausgaben entstehende Vorsteuer wird von der eigenen zu zahlenden Umsatzsteuer abgezogen. Dieser Vorgang heißt Vorsteuerabzug. Die errechnete Differenz aus Umsatzsteuer und Vorsteuer wird dann an das Finanzamt abgeführt.

Grundsätzlich müssen Sie daher jeden Monat eine Umsatzsteuererklärung (sogenannte Umsatzsteuervoranmeldung) an das Finanzamt abgeben.

Das komplexe Umsatzsteuerrecht überfordert insbesondere kleine Händler. Der Gesetzgeber hat daher für Kleinunternehmer eine Möglichkeit geschaffen, sich von der Umsatzsteuerpflicht befreien zu lassen[339].

Die Kleinunternehmerregelung aus § 19 UStG können jedoch nur diejenigen Händler in Anspruch nehmen, die im vorangegangenen Jahr einen Umsatz inkl. Umsatzsteuer von 17.500 EUR nicht überschritten haben und im laufenden Kalenderjahr einen Umsatz von 50.000 EUR voraussichtlich nicht überschreiten werden. Existenzgründer müssen dem Finanzamt glaubhaft machen, dass Sie im ersten Jahr einen Umsatz von 17.500 EUR nicht überschreiten werden.

Aber Achtung! Soll das Handelsgewerbe nicht vom Anfang des Jahres an betrieben werden, so muss der Umsatz auf das komplette Jahr hochgerechnet werden.

Wird die Umsatzgrenze von 17.500 EUR im Gründungsjahr widererwartend überschritten, so darf die Kleinunternehmerregelung im folgenden Jahr nicht mehr angewandt werden. Verzichtet ein Kleinunternehmer allerdings im Gründungsjahr auf die Geltendmachung der Kleinunternehmerregelung, so ist er an diese Entscheidung fünf Jahre lang gebunden!

> **Praxis-Tipp**
> Kleine gewerbliche eBay-Händler sollten die Kleinunternehmerregelung in Anspruch nehmen und auf die Umsatzsteuer verzichten. Dadurch haben sie neben einem geringeren Buchführungs- und Verwaltungsaufwand sogar einen leichten Wettbewerbsvorteil gegenüber großen eBay-Händlern. Käufer bei eBay sind häufig Privatpersonen, die selbst nicht vorsteuerabzugsberechtigt sind. Da der private Käufer (Endverbraucher) regelmäßig die auf eBay genannten Bruttokaufpreise vergleicht, kann der kleine gewerbliche Händler, der auf die Umsatzsteuer verzichtet, die Ersparnis durch die Nichtabführung der Umsatzsteuer an den privaten eBay-Käufer weitergeben und entsprechend billiger anbieten bzw. seinen Gewinn entsprechend erhöhen.

Aber Achtung! Kleinunternehmer müssen zum Ende des Jahres immer die Umsatzhöhe im Blick behalten. Übersteigt der Umsatz die Höchstgrenze der Kleinunternehmerregelung, so muss der Händler im nächsten Jahr die Umsatzsteuer abführen.

---

[339] vgl. § 19 UStG.

> **Fall 75:** *Der Händler Schrottfix hat im Jahr 2014 von der Kleinunternehmerregelung Gebrauch gemacht. Am Ende des Jahres hat er einen Umsatz von 20.000 EUR erreicht. Er denkt an nichts und verkauft auch im Jahr 2015 weiterhin Artikel, ohne Umsatzsteuer gesondert auszuweisen. Im Mai 2015 hat er Einnahmen von insgesamt 11.900 EUR erzielt. Nun erst fällt ihm auf, dass er gar kein Kleinunternehmer mehr ist. Welche steuerlichen Folgen treten ein?*

Da Schrottfix im Jahr 2014 einen Umsatz von 17.500 EUR überschritten hatte, durfte er im Jahr 2015 die Kleinunternehmerregelung des § 19 UStG nicht mehr anwenden. Er wird vom Finanzamt so behandelt, als würden seine Einnahmen bereits Umsatzsteuer beinhalten. Er muss daher von seinen Einnahmen i.H.v. 11.900 EUR insgesamt 1.900 EUR als Umsatzsteuer an das Finanzamt abführen, obwohl er von seinen Käufern gar keine Umsatzsteuer erhoben hat.

Sofern die gesetzlichen Voraussetzungen vorliegen, tritt die Kleinunternehmerregelung automatisch ein. Nur wenn der Steuerpflichtige gegenüber dem Finanzamt erklärt, dass er diese Regelung nicht nutzen will, „optiert" er zur Umsatzsteuer.

11.2.1.3. Gewerbesteuer
Die Gewerbesteuer spielt für Kleinunternehmer dank eines relativ hohen Freibetrags von derzeit 24.500 EUR im Jahr regelmäßig keine Rolle[340]. Das bedeutet, dass grundsätzlich nur dann Gewerbesteuer anfällt, sofern der Gewinn (also die Differenz aus Betriebs-Einnahmen und Betriebs-Ausgaben) größer als 24.500 EUR pro Jahr ist.
Auch wenn diese Grenze nicht erreicht wird, muss eine Gewerbesteuererklärung abgegeben werden.

---

[340] siehe § 11 Abs. 1 Nr. 1 GewStG.

Sachverzeichnis

(Die Zahlenangaben beziehen sich auf die Randnoten.)

Abgrenzung Verbraucher/Unternehmer 5 ff.
Ablehnung der Nacherfüllung 37
Abmahnungen 190
Abtretung Urheberrechte 195
Abweichen von der vereinbarten Versandart 23, 159
AGB- Klausel 66
AGB- Muster 152
AGB-Falle beim Gewährleistungsausschluss 65, 121ff.
Anfechtung 85 ff., 109 ff.
- Anfechtung durch Verkäufer 109 f.
- arglistige Täuschung 90
- Erklärungsirrtum 87
- Inhaltsirrtum 89
- Motivirrtum 88
- Streichen von Geboten durch Verkäufer 108
- Voraussetzungen Rücknahme v. Geboten 86
Angabe zusätzlicher Liefer- und Versandgebühren 138
Anspruch auf Nachnahmeversand 16
Anspruch auf Selbstabholung 15
arglistige Täuschung 90
arglistiges Verschweigen eines Mangels 63
Artikelbeschreibung ungenau; Fotos 105
Aufwendungsersatzanspruch 52
Ausschluss des Widerrufs- oder Rückgaberechts bei bestimmten Sachen 78
Austauschvorbehalt; Lieferungsvorbehalt; Information über 140
Beispielurteile zur Abgrenzung Verbraucher / Unternehmer 9
Berechnung der Minderung 40
Beschaffenheitsgarantie 70
Betrug, Strafanzeige 97
Beweislastumkehr beim Verbrauchsgüterkauf 26
Beweissituation beim Päckchenversand 21
Bewertungen; Bewertungssystem 174 ff.
- Löschen von Bewertungen, einvernehmliche Löschung 175
- Löschungsanspruch, gerichtliche Durchsetzung 177
- strafrechtliche Verfolgung 178
- Verhaltensregeln bei Erhalt einer negativen Bewertung 179
eBay-Kleinanzeigen 192 ff.
- Nutzungsbedingungen 193
- unzulässige Artikel 194
- Abtretung der Urheberrechte 195
- Vertragsschluss 196
- vorvertragliche Haftung 197
- Haftung 197 f.
- Gewährleistung 198
- gutgläubiger Erwerb 199
- Musterkaufvertrag (normal) 200
- Versand 201
- Musterkaufvertrag (Versand) 202
Einkommensteuer 206
Einschreiben mit Rückschein 181
Einstellen des Artikels; Artikelbeschreibung 104 ff.
E-Mails 183
Endpreis 148
Entbehrlichkeit der Fristsetzung 33 f.
Erheblichkeit des Mangels 44
Erklärungsirrtum 87
Ersatzlieferung 27 ff.
- Ersatzlieferung von gebrauchten Sachen 36
- Fehlschlagen der Ersatzlieferung 34
- wirtschaftliche Unverhältnismäßigkeit 35, 168
Erstattung der eBay Verkaufsgebühren beim gescheiterten Verkauf 172
Erstattung der Versandkosten; Widerruf 80
falsche Lieferung; Betrug; Beweisführung; Zeugen 157
fehlerhafte Versandangabe 159
Fehlschlagen der Ersatzlieferung 34
Fehlschlagen der Reparatur /Nachbesserung 33
Festhalten am Vertrag; Festhalten am Zahlungsanspruch 170
Folgen mangelhafter Informationen 144
Formulierung des Gewährleistungsausschlusses 64
Frist
- Berechnung 130
- Fristsetzung zur Nacherfüllung 28
- Fristsetzung – Festhalten am Vertrag 170
- Widerrufsfrist 76, 129

Gang des Mahnverfahrens; Ablauf des Mahnverfahrens 186 ff.
Garantie 69 ff.
- Beschaffenheitsgarantie 70
- Funktionsgarantie 124
- Haltbarkeitsgarantie 73

Gefahrenübergang 25
Gesamtpreisangabe; Mehrwertsteuer; Umsatzsteuer 140, 150 ff.
Geschmacksmusterrecht 115
Gewährleistung 24 ff., 198
- Ablehnung beider Arten der Nacherfüllung 37 f.
- AGB-Problematik 65, 66, 121, 122
- arglistiges Verschweigen eines Mangels 63
- Aufwendungsersatzanspruch 52
- Ausschluss beim Verbrauchsgüterkauf 61 ff.
- Ausschluss als AGB Klausel 66, 122
- Ausschluss beim Kaufvertrag (kein Verbrauchsgüterkauf) 62
- Ausschluss Verbraucher 120ff., 122
- Berechnung der Minderung 40
- Beweislastumkehr beim Verbrauchsgüterkauf 26
- eBay-Kleinanzeigen 198
- Entbehrlichkeit der Fristsetzung 33 f.
- Erheblichkeit des Mangels 44
- Erstattungsanspruch bei Selbstvornahme 31f.
- Erstattung der ursprüngl. Versandkosten 43, 52
- Ersatzlieferung von gebrauchten Sachen 36
- Fehlschlagen der Nacherfüllung, Reparatur, Nachbesserung 34 ff.
- Formulierung des Gewährleistungsausschlusses 61 ff.,64, 66, 122
- Fristsetzung zur Nacherfüllung 28
- Gefahrenübergang 25
- Gewährleistungsrechte 24 ff.
- Gewährleistungsrechte, Zusammenfassung 68 f.
- großer Schadensersatz 50
- Hinsendekosten Erstattung (ursprüngl. Versandkosten) 43, 52
- Kosten der Nacherfüllung 29
- kleiner Schadensersatz 49
- Lieferung, fehlerhafte 59
- Mangelbegriff 53 ff.
- Mangelfolgeschaden 51
- Minderung des Kaufpreises 39 f.
- Nacherfüllung, Nachlieferung, Nachbesserung 27
- Rechtsfolgen des Rücktritts 42
- Reparaturdauer, angemessene 30
- Prüfungsschema 68
- Rücksendekosten beim Rücktritt, Erstattung 45
- Rücktritt vom Vertrag (Wandelung) 41 ff.
- Sachmangelbegriff 53f f.
- Schadensersatz, wg. Mangel 46f f.
- Verhaltenstipps bei Geltendmachung von Gewährleistungsansprüchen 163, 166 f.
- Verschulden bzgl. Lieferung einer mangelhaften Sache 47
- Verschulden bzgl. Verletzung der Nacherfüllungspflicht 48
- Selbstvornahme, Erstattungsanspruch 31 f.
- sekundäre Gewährleistungsrechte 38 ff.
- Transportrisiko bei Nacherfüllung 29
- Unverhältnismäßigkeit (wirtschaftliche) der Nacherfüllung (Reparatur, Ersatzlieferung) 35
- gewöhnliche Verwendung 56
- vereinbarte Beschaffenheit 54
- vereinbarte Verwendung 55
- Verjährung 60
- Versandkosten, ursprüngliche (Hinsendekosten), Erstattung 43, 52
- Verschleiß 56, 72
- Wandelung (Rücktritt) 41 ff.
- Werbeversprechen 57

Gewerbesteuer 208
Gültigkeitsdauer; befristetes Angebot; Informationspflicht 143ff.
gutgläubiger Erwerb (Kleinanzeigen) 199
Haftung (eBay Kleinanzeigen) 197 f.
Haftung des Account-Inhabers 185
Haltbarkeitsgarantie 71
handels- und gewerberechtliche Pflichten; Informationspflichten 150
Hinsendekosten; Erstattung (beim Rücktritt) 43, 52
Hinsendekosten; Erstattung (beim Widerrufsrecht) 82
Identität des Unternehmers; Offenbarungspflicht 136
Impressumspflicht 111
Informationen zum Vertragsschluss 139
Informationspflichten der Unternehmer 126ff.
Inhaltsirrtum 92

juristische Person als Unternehmer 5
Käuferschutz durch PayPal 98
Kauf zwecks Aufnahme eines Gewerbebetriebes 11
Käufer zahlt nicht; Schuldnerverzug 169
Kaufvertrag 1
keine Ware erhalten 93
keine Zahlung 169 ff.
Kirchensteuer 206
kleiner Schadensersatz 49
Kosten des Mahnverfahrens; Kosten der Zwangsvollstreckung 188
Kosten und Konsequenzen einer Abmahnung 190 f.
Kriterien für Vermutung der Unternehmereigenschaft 8
Löschen von Bewertungen; einvernehmliche Löschung 175
Löschungsanspruch, gerichtliche Durchsetzung eines Löschungsanspruchs 177
Mahnung 94 ff., 186 ff.
Mahnverfahren 186 ff.
• Kosten des Verfahrens 188
• Risiken 187
• Mahnbescheidsantrag 189
Mängelbegriff 53 ff.
Mangelfolgeschaden 51
Markenrecht 116
Mehrwertsteuer 207
Minderung des Kaufpreises 39 f.
Missbrauch des eBay Accounts 185
Motivirrtum 88, 109
Muster-AGB 152
Mustermahnung 96, 173
Mustervertrag (eBay-Kleinanz.) 200, 202
Musterwiderrufsbelehrung 131
Musterwiderrufsformular 132
Nacherfüllung b. geringwertigen Sachen 167
Nacherfüllung; Wahlrecht des Käufers 27
nachträgliche Fristsetzung 165
Nutzungsbedingungen eBay-Kleinanz. 193
Offenbarungspflicht; Unternehmerstatus 136
PayPal, Käuferschutz 98
Postanschrift; ladungsfähige Anschrift 137
Preisangaben 147
Rechtsfolgen des Rücktritts; Wertersatz 42
Reparaturdauer, angemessene 30
Risiken des Gewährleistungsausschluss als AGB Klausel 123
Risiken des Mahnverfahrens 187
Rückgaberecht (siehe Widerrufsrechte) 75

Rücksendekosten beim Widerrufsrecht 80f.
Rücktritt vom Vertrag, Schuldnerverzug 171
Rücktritt vom Vertrag; Mahnung; Verzug; Schadensersatz 95ff.
Sachmangel (siehe Gewährleistung) 53 ff.
Schadensersatz wg. Mangel (siehe Gewährleistung) 46 ff.
Schadensersatz wg. unzureichender Verpackung 20
Schlichtungsverfahren, EU 146a
Schmähkritik 176
Schuldnerverzug 171
sekundäre Gewährleistungsrechte 38
Selbstabholung; Ware selbst abholen 107
Selbstdefinition des persönlichen Status 6 f.
Selbstvornahme 32 f.
sittenwidrige Versandkostenpauschale 22
Solidaritätszuschlag 206
Spaßbieterklausel 110
Steuer 203ff.
• Einkommensteuer 206
• Gewerbesteuer 208
• Kirchensteuer 206
• Solidaritätszuschlag 206
• Steuererklärung 204
• Umsatzsteuer
strafrechtlich Vorgehen gegen Bewertungen 178
technische Schritte zum Vertragsschluss; Informationspflicht 146
Transportrisiko 18 ff., 29, 41, 76a, 155 f.
• Nacherfüllung 27
• Transportversicherung 156
• unzureichende Transportverpackung 20
• Verbrauchsgüterkauf 19
• Verlust 155
• Versendungskauf (kein Verbrauchsgüterkauf) 18
Übergabegarantie; Funktionsgarantie 124
Umsatzsteuer 207
unwirksame Widerrufsbelehrung; Musterwiderrufsbelehrung 131
unzulässige Artikel (eBay-Kleinanz.) 194
Urheberrecht 114 ff., 117, 195
verbotene Artikel; verbotene Ware nach eBay-AGB 119
Verbrauchsgüterkauf 4
Verfristung Widerrufsrecht (siehe Frist) 161
Verhaltensregeln bei Erhalt einer negativen Bewertung (siehe Bewertungen) 179
Verjährung der Gewährleistung 60
Verkaufen; grundlegende Fragen 103

145

Verkaufsagenten 100
Verlust auf dem Transportweg 17 ff., 29, 76a, 81 f., 155 f.
Verpackung, unzureichende 20
Versandart; Schadensersatz 20 ff.
Versandkostenpauschale 22 ff.
Vermutung der Unternehmereigenschaft anhand Umfang 7 ff.
Versand; Angaben zum Versand; Haftung 159
Versand, eBay Kleinanzeigen 201
Versandpflicht; Pflicht zum Versand 158
Versandwahl; Transportrisiko 17 ff.
Verschulden bzgl. Lieferung einer mangelhaften Sache 47
Verschulden bzgl. Verletzung der Nacherfüllungspflicht 48
Verstöße gegen Geschmacksmuster, Marken, Urheberschutz, etc. 114 ff.
Vertragsabwicklung 154
Vertragspflichten beim Kaufvertrag 12
Vertragsschluss 2 f., 139, 196
Vertragsschluss Auktion 2
Vertragsschluss eBay-Kleinanzeigen 196
Vertragsschluss Sofortkauf & Preis Vorschlagen 3
Vertragstextspeicherung; Informationspflicht 145
Verzicht auf Verbraucherschutz durch Vorspiegelung falschen Status 10
Vorabinformation über Widerrufsrecht; Informationspflicht 127

Voraussetzung der Rücknahme von Geboten 86
Vorkasse, Vorleistungspflicht 13, 86, 106
Vorkassevereinbarung 106
Vorleistung beim Rückgewährschuldverhältnis 79
vorvertragliche Unternehmerpflichten 127 ff.
Ware, keine erhalten 93 ff.
Ware, gestohlen 99
Wertersatz bei Ausübung des Widerrufs 88ff., 162
Widerrufsrecht 74 ff.
• Ausschluss bei bestimmten Sachen 78
• Ausübung 160
• Belehrung 131
• Folgen 79 ff.
• Frist 76, 129, 161
• Hinsendekosten 82
• Musterwiderrufsbelehrung 131
• Rücksendekosten 81
• Verbrauchsgüterkauf 75
• Wertersatz 84, 162
• Widerrufsrecht 74
wirtschaftliche Verhältnismäßigkeit, Nacherfüllung 35
Zugang von Willenserklärungen 180 ff.
• Einschreiben 181
• E-Mail 183
• Fax 182
Zahlung nicht erfolgt 169 ff.
Zahlungsbedingungen; Lieferbedingungen 138

Rechts- und Steuerberatung
KANZLEI MALZAHN

Für weitere Fragen rund um das Thema online-Handel und Ebay-Recht steht Ihnen Rechtsanwalt David Malzahn zur Verfügung.

Die Kanzlei Malzahn bietet Ihnen zusätzlich zu dem Leistungsangebot einer Rechtsanwaltskanzlei auch das ganze Leistungsangebot einer Steuerkanzlei. Zum Leistungsspektrum der Kanzlei Malzahn gehören insbesondere:

- Vertretung in gerichtlichen und außergerichtlichen Verfahren;
- (steuer)rechtliche Beratung bei der Unternehmensgründung, Umstrukturierung und Übertragung;
- Gestaltung individueller Verträge;
- Existenzgründungsberatung;
- Erstellung der laufenden Finanz- und Lohnbuchhaltung;
- Erstellung von Jahresabschlüssen und Steuererklärungen;
- Beratung und Vertretung bei steuerlichen Außenprüfungen.

Ein persönliches Beratungsgespräch mit Rechtsanwalt David Malzahn können Sie unter folgenden Kontaktdaten vereinbaren:

David H. Malzahn LL.M.
Rechtsanwalt Steuerberater

Blümnerstraße 21
04229 Leipzig

Tel.: +49 (0) 341 49 55 97 46
Mobil: +49 (0) 172 95 800 49

E-Mail: info@Kanzlei-Malzahn.de
Homepage: www.Kanzlei-Malzahn.de

Martin Berger
Die Steuererklärung 2016 für das Jahr 2015
Der Praxisratgeber für Arbeitnehmer Beamte Rentner und Familien

Dieser Ratgeber richtet sich an Angestellte, Beamte, Arbeiter, Rentner, Studenten und Familien, die sich zum ersten Mal mit der Erstellung einer Einkommensteuererklärung beschäftigen oder das Einkommensteuerrecht und dessen steuerliches Einsparpotential besser verstehen wollen. Im ersten Teil des Ratgebers werden die Grundzüge des Einkommensteuerrechts anhand von zahlreichen Beispielfällen erläutert und Tipps zur Steuerreduzierung gegeben. Der zweite Teil beschäftigt sich detailliert Schritt für Schritt mit dem Ausfüllen der steuerlichen Formulare.

Das Ziel dieses Praxisratgebers stellt einen Spagat dar zwischen verständlicher Ratgeberliteratur für den jährlichen Gebrauch durch Steuerpflichtige einerseits und der vertieften Darstellung steuerrechtlicher Probleme mit der dazugehörigen Rechtsprechung andererseits.

Jedes Jahr aktuell überarbeitet!

Verlag: Books on Demand
ISBN: 978-3848-22514-9
Preis: 9,95 EUR